特殊教育導論

傅 秀 媚　主編

五南圖書出版公司 印行

作者簡介

傅秀媚（第一、三、十四、十五章）

美國哥倫比亞大學特殊教育博士
曾任國立台中教育大學特殊教育學系教授

莊佩珍（第二章）

國立彰化師範大學特殊教育學系研究所碩士
國立台中教育大學特殊教育學系兼任講師
國立台中二中特教班教師

謝建全（第四章）

國立彰化師範大學特殊教育學系研究所博士
國立嘉義大學特殊教育學系教授

杞昭安（第五章）

國立彰化師範大學特殊教育研究所博士
國立台灣師範大學特殊教育學系教授

王淑娟（第六章）

美國猶它州立大學溝通障礙學研究所碩士
國立彰化師範大學特殊教育研究所博士
國立台中教育大學特殊教育學系副教授

劉秀芬（第七章）

私立靜宜大學英語研究所碩士

彰化基督教醫院語言治療師

鄭秀真（第八、九章）

美國北科羅拉多大學幼稚教育碩士

國立台中師範學院兼任講師

彰化仁愛實驗學校老師

洪榮照（第十章）

國立彰化師範大學特殊教育學系研究所博士

國立台中教育大學特殊教育學系教授

朱經明（第十一章）

美國北科羅拉多大學教育博士

美國約翰霍普金斯大學特教碩士

亞洲大學幼教系教授

莊素貞（第十二章）

美國德州理工大學特教博士

國立台中教育大學特殊教育學系教授

黃金源（第十三章）

美國北科羅拉多大學特教博士

曾任國立台中教育大學特殊教育學系教授

編者序

　　融合教育是政府努力的目標，在此原則下部分特殊需求的學生已在普通班級中就讀。而對於普通班教師而言，能否對這些孩子有較清楚的瞭解與認識，直接影響這些孩子的學習成效，也是對「融合教育」政策執行之考驗。

　　近幾年，師資培育管道多元化，各師資培育機構大量提供職前與在職教師之訓練，並且在課程中加入「特殊教育導論」一科，以為融合教育做準備。

　　而特殊教育法自民國八十六年修訂後，增列了多項障礙類別，且定義與鑑定部分亦有部分更動，使坊間所出版之教科書無法完全配合。因此邀集以國立台中師範學院特殊教育學系教師為主之作者群，以配合特殊教育法中之類別編寫「特殊教育導論」一書，期望使修習此科目之學生能透過此書更進一步瞭解特殊需求的孩子。

　　編書的過程承蒙各位作者老師之厚愛與配合，使出書頗為順利，更感謝五南圖書出版公司在特殊教育領域之長期投入，使本書得以出版。

　　特殊教育未來仍有漫長的路要走，只要有心，一定能給這塊園地更多的灌溉，也將能看到更美的成果。

傅秀媚

謹識

目　錄

編者序

1

緒 論

傅秀媚

第一節　特殊教育的意義

　　每一個國家都把教育當成非常重要的施政指標。而只有當一個國家的政治穩定，經濟發展到某一階段，才能有更多的心力來發展義務教育和普通教育外的其他部分。所以特殊教育在各國的發展就不一定。

　　從每個國家的憲法中，大多可以發現，其中有關國民受教育的權利與義務，都只有年齡的規定，並不排除任何弱勢族群。所以，一個人只要到達就學年齡，不論其是否智能優秀、低下，不論其是否生理上受到限制，都有接受教育的權利。換言之，任何一個教育機構亦不能因為兒童有任何的障礙，而拒絕其入學。

　　但是目前爭議最大的仍是身心障礙兒童，接受教育後，真的能提升其能力與一般兒童相當嗎？一個國家需要花費較高的教育成本來教育一群未來仍不一定會有很高成就的兒童嗎？其實，答案是肯定的。即使是身心障礙兒童其學習能力仍存在，進步空間也是很大的。教育的意義在幫助這群兒童發展其最高能力，邁向獨立生活的目標。所以，特殊教育的意義在於：

　　1.特殊兒童不僅應受到社會的照顧，而且在人格上應該受到尊重。他們不僅不應受到歧視與排斥，而且應予關懷、讚賞與鼓勵以肯定其存在的價值。

　　2.即使是嚴重殘障的兒童，只要有合適的特殊教育設施，仍然可獲得教學的效果，亦即「天下沒有兒童是不可教育的」。

　　3.每個學習者在學習能力、學習性向與學習困難上有其獨特性，所以因材施教的個別化教材設計對每個特殊兒童皆有需要。不只身心障礙兒童如此，資優兒童亦是如此。

4.一位特殊兒童除了生理障礙外，可能兼有一些心理上（情緒上）的障礙與社會障礙，所以傷殘復健應從多層面同時考慮。

5.特殊教育的目的不僅在指導特殊兒童獨立技能，充實現代知識，尤其在培養健全的人格與生活態度，所以自我接納的輔導與人生觀的培養非常重要。

第二節　特殊教育的對象

一　特殊兒童的類別

依據民國八十六年新頒布的「特殊教育法」中第三與第四條規定，特殊兒童的類別如下：

特殊教育法所稱身心障礙，指具有下列情形之一者：

1.智能障礙。

2.視覺障礙。

3.聽覺障礙。

4.語言障礙。

5.肢體障礙。

6.身體病弱。

7.嚴重情緒障礙。

8.學習障礙。

9.多重障礙。

10.自閉症。

11.發展遲緩。

12.其他顯著障礙。

特殊教育法所稱資賦優異，係指在下列領域中有卓越或傑出表現者：

1.一般智能。

2.學術性向。

3.藝術才能。

4.創造能力。

5.領導能力。

6.其他特殊才能。

➤ 二　特殊兒童的出現率

教育部於民國七十九年至八十一年曾舉辦第二次全國特殊兒童普查工作。普查的結果發現：

1.六至十五歲學齡兒童中共有七萬五千五百六十二名特殊兒童，其中智能不足兒童三萬一千四百四十人（占 41.61%），學習障礙兒童一萬五千五百一十二人（占 20.53%），多重障礙兒童七千三百一十五人（占 9.68%），性格及行為異常兒童七千零八十九人（占 9.38%），肢體障礙兒童三千四百五十六人（占 4.57%），語言障礙兒童二千九百一十六人（占 3.86%），聽覺障礙兒童二千八百七十六人（占 3.81%），身體病弱兒童二千一百一十一人（占 2.79%），視覺障礙兒童一千九百三十一人（占 2.56%），自閉症兒童五百八十九人（占 0.79%），顏面傷殘兒童三百一十八人（占 0.42%）。出現率占七十九學年度學齡兒童總人數的 2.121%。參見表 1-1。

表 1-1　兩次全國特殊兒童普查結果統計表

類別	第一次特殊兒童人數	第二次特殊兒童人數	占第一次特殊兒童%	占第二次特殊兒童%	占第一次總人口%	占第二次總人口%
智能不足	12034	31440	38.75	41.46	0.512	0.883
視覺障礙	989	1931	3.18	2.56	0.042	0.054
聽覺障礙	2154	2876	6.94	3.81	0.092	0.081
語言障礙		2916		3.86		0.082
肢體障礙	9317	3456	30.00	4.57	0.4	0.097
身體病弱	1185	2111	3.82	2.79	0.050	0.059
行為異常		7089		9.38		0.199
學習障礙		15512		20.53		0.436
顏面傷殘		318		0.42		0.009
自閉症	598		0.79		0.017	
多重障礙	5374	7315	17.31	9.68	0.229	0.205
合計	31053	75562	100.00	100.00	1.321	2.121

　　2.特殊兒童絕大多數均在一般學校及特殊教育學校就讀，人數有七萬一千二百六十一人（占 94.31%）；失學的特殊兒童有二千六百二十二人（占 3.47%）。其餘有學籍在家自行教育者有五百九十五人（占 0.79%），就讀於機構附設特殊教育班者七百九十三人（占 1.05%）；雖有學籍但只在機構接受養護訓練者二百七十二人（占 0.36%）。在接受教育的七萬一千二百六十一名特殊兒童中，有六萬零一百七十人（占 84.44%）是在普通班就讀，未接受特殊教育照顧；能在資源班、特殊教育班及特殊教育學校接受特殊教育之特殊兒童僅有一萬零九百六十七人（占 15.44%）。（特育部，1998）

✎ 三　特殊教育的型態

目前台灣地區針對特殊需求的學生，提供不同型態的安置與服務模式，總括來講約有下列幾種型態：

1.普通班

目前仍有多數特殊學生在普通班就讀，原因上約有幾種：雖領有殘障手冊，但其智力發展與學習能力仍能適應普通班之教學者；家長不同意其就讀特殊班者；輕度障礙以融合方式就讀普通班者；另外有部分資優兒童因考試或家長之選擇而在普通班就讀。雖然，有特殊學生就讀普通班，但是每個學校能提供的資源就差異頗大。有的學校會提供諮詢服務、有的提供補救教學、有的則無任何支援服務。

2.資源班

又稱為部分時間制特殊班。此類班級的學生其學籍仍在普通班，只有部分時間到資源班上課，至於內容，除補救教學外，亦包括行為輔導、資源利用，並已經朝向多元化之服務內容。尤其資優班，目前亦有分散式以資源班型態提供服務者。

3.回歸主流式特殊班

此種方式在台灣地區並不多見，學生是以就讀特殊班為主，但在考量其能力與障礙程度讓其部分時間回到普通班與一般學生共同學習。

4.自足式特殊班級

又稱為全時制特殊班，學生自上學至放學全天都在特殊班就讀。

此型態為大家較熟悉者，例如啟智班、啟聰班、美術資優班等。

5.特殊教育學校

指學生全天都在特殊教育學校就讀，目前台灣地區共有啟智類學校十所、聽障類學校三所、視障類學校三所、肢障類一所，並即將成立多所不分類之特殊學校。

6.在家教育

對於部分特殊學生，由於交通或障礙程度之影響而不便至學校就讀者，依規定應申請在家教育，由縣市政府依學生之能力與需求訂定各別化教育計畫，並由政府派輔導老師定期至家庭教導訪視。

台灣地區特殊教育的發展，近來已逐漸趕上其他已開發國家，除在量的服務提供上持續增加外，在質的方面亦不斷提升。教育部曾在民國八十四年五月召開全國身心障礙教育會議，並於當年提出「中華民國身心障礙教育報告書」綜合出十大課題，以為政府辦理特殊教育的方針，此十大課題為：

1.健全行政措施提供特教服務

(1)加速特殊教育立法的修訂。
(2)健全特殊教育行政組織。
(3)加強各縣市鑑輔會功能。
(4)寬籌特殊教育經費。
(5)加強特殊教育的計畫執行及評鑑。

2.建立彈性學制，實現終身學習

⑴彈性調整修業年限，擴大升學管道及考試服務。

⑵實施幼兒早期教育，普及學前特殊教育。

⑶提供多元教育機會。

⑷加強學業與生活輔導，提供終身教育機會。

3.平衡教師供需，提升人員素質

⑴師資培育多元化。

⑵充實師資培育內涵，陶冶教師專業精神。

⑶落實實習制度，增進教師專業能力。

⑷規劃多元進修網以提升教學品質。

4.改進鑑定評量，強化多元安置

健全學生鑑定制度，增設特殊教育安置設施及改進在家教育服務。

5.調整特教課程，活潑教學方法

⑴規劃各類特殊教育課程，研製優良教材教具。

⑵落實個別化教育方案，協助學生適性發展。

6.重視技職才藝，促進潛能發展

⑴加強職能評估，設置適當職業類科，加強職業教育教師培訓。

⑵結合社政與職訓單位建立就業輔導安置制度，提供具體措施發展學生特殊才藝。

7.加強特殊體育，增進身心健康

研修法規、建置資訊、健全組織、改進教學、研編教材、培訓教師、改善措施、培訓選手及推展特殊教育活動。

8.鼓勵家長參與，提高教學效果

強化家長會組織，建立家長申訴管道，擴大諮詢服務等。

9.善用資源系統，增進教育成效

建立無障礙學習環境、輔助系統，協調醫療、社政、勞政單位，建構完整的支援系統。

10.整建輔導網路，分享特教資訊

統整教育資源，充實資訊網路，以發揮特教輔導功能。（教育部，民 84）

參考書目

教育部（民 87）。中華民國特殊教育概況。

教育部（民 84）。中華民國身心障礙教育報告書。

2

特殊教育的 歷史背景

莊佩珍

第一節　各國特殊教育的發展

西方特殊教育的發展，隨時代不同，特殊兒童所受到的待遇也不同。在基督教興起之前，人們不但漠視特殊兒童的權益，甚而虐待、拋棄他們；在基督教擴展以後，人們基於宗教情懷開始憐憫、保護他們，進而興建養護機構提供教育；到了二十世紀，他們的個人價值及受教權利才獲得重視，也因著人們的瞭解與接納，回歸主流的理念才得以開展。

最初，人們因著宗教的信仰，迷信殘障者是邪靈、惡魔的附身，心生恐懼之餘，或以祈禱求神赦免，或是試圖以巫術加以醫治，甚或以殘酷的手段折磨迫害。希臘羅馬時期就曾制定法規將殘障嬰兒棄之山谷；二次大戰期間，納粹德國有計畫的消滅殘障兒童，甚至偉大的哲學家柏拉圖也主張實施「優生政策」，以建立所謂理想的烏托邦。在這個時期，特殊兒童因著身心上的障礙，常被視為社會安全的威脅與社會經濟的負擔，受到排斥與迫害，或是任其自生自滅，不值得同情。

十六、十七世紀，基督教宣揚博愛的精神，教會組織與熱心人士開始設立各種救濟機構，收容貧苦無依及盲聾傷殘者，至此，殘障者才獲得憐憫與保護。十八世紀，人權主義興起，一些住宿式的機構也收容精神病患、行為異常及心智障礙者。當時，殘障者的生存權雖已獲得正視，但僅止於隔離式的收容與養護，距離尊重其個人價值與受教權益還非常遙遠。

無可諱言，人道主義確實為特殊教育鋪下較平坦的路。到了十九世紀初期，歐洲及美洲相繼有人創辦一些具教育功能的庇護所；二十

世紀，西方社會廣設特殊學校，提供特殊兒童教育性與社會性的支持，而後，許多公立學校又增設特殊班，降低隔離的程度，成為特殊兒童主要的教育安置型態。

一九四八年聯合國提倡「人權宣言」，一九六〇年代歐洲興起人權運動，積極討論「正常化原則」，人們對殘障者的態度正逐漸改變，尤其在發展先進的國家中，為殘障者所規劃的教育，就業，社區服務等方案亦更趨完備。

聯合國於一九八一年「國際殘障年」中，以「機會均等與全面參與」為主題，呼籲世界各國重視殘障者生存、教育、工作與社會參與的平等權利，提供殘障者適性的醫療、教育、就業、復健等服務，以期達到無障礙、無拒絕的社會融合。再者，「融合國際」組織亦於一九九五至一九九八年間倡導「人人皆有受教育的權利」與「融合式教育」兩大主題，呼籲各國政府要保障特殊兒童的受教權，並且讓他們在一般的教育系統內接受教育。

社會大眾對殘障者的態度，由早期的放棄、漠視、排擠，到今日的接納與瞭解，正是由極端的隔離，逐漸朝向開放。這種變化並非一蹴可幾，而是許多關心特殊教育的人士長期努力的結果，才能讓特殊兒童的教育權利獲得重視與保障。

另一方面，科學技術的成熟也是特殊教育發展的重要條件。因著現代醫學復健、心理測驗、精神治療、教育科學的發達，得以對特殊兒童提供較完善的相關專業服務。

綜合而言，特殊教育發展至今，保障特殊兒童的教育權，提供融合式的教育以及充分結合專業團隊的服務型態，已成為世界各國致力發展的趨勢。

第二節　我國特殊教育的發展

我國特殊教育發展的歷程，與其他各國大致相同。特殊教育的對象也是先從盲、聾兒童開始，再逐漸擴及其他各類別。早期的特殊教育機構，多因人道主義由私人開創，而後，再由政府立法，進一步保障特殊兒童受教育的權利。

中國固有文化中，早已提出「鰥寡孤獨廢疾者皆有所養」的思想，尊重人民生存的權利，對於貧苦、傷殘者予以收容或是救濟。而孔子提出的「因材施教」和「有教無類」的教育理想，更是我國實施特殊教育的重要指南，孔子肯定每個人有其自我的價值與受教育的權利，同時也體認到人與人之間存在身心特質的差異，應施予適性適才的個別化教育方式。這些教育理念，在世界教育史中首屈一指。

我國發展特殊教育以來已有百年歷史，尤以近一、二十年來發展最為迅速。早期特殊教育的對象主要是視障、聽障、肢障的兒童，現更擴大至資優、智障、語障、情障、學障、多障、自閉症、身體病弱及發展遲緩等各類特殊兒童；不論其障礙程度是輕、中、重、極重度或是多重障礙，皆有因應其需求提供的服務方案或個別教育設計，訓練其日常生活與社會適應的能力。過去，特殊教育的形式是隔離的、集中的，目前發展的趨勢是朝向融合的、開放的，提供了更多元、更自然的安置形式。

我國特殊教育日漸茁壯，相關的法規與制度亦日趨完備。有關特殊教育的明文規定，首先出現在民國五十七年公布實施的「九年國民教育實施條例」中第十條：「對於體能殘缺、智能不足及天才兒童，應施以特殊教育，或予以適當的就學機會」，顯示教育當局在當時已

開始重視特殊教育存在的必要。

　　教育部於民國五十九年頒布「特殊教育推行辦法」；民國六十二年研訂「加速特殊教育發展計畫」，內政部公布「兒童福利法」；六十八年總統公布「國民教育法」，其中第十四條規定：「國民教育階段，對於資賦優異、肢體殘障、智能不足、性格及行為異常學生，應施以特殊教育或技藝訓練……」；六十九年政府公布「殘障福利法」；七十一年修訂公布「強迫入學條例」及其施行細則，其中已包含身心障礙兒童的就學與輔導，顯示政府對弱勢族群的重視。

　　在專家的呼籲及民間殘障團體的熱切要求下，「特殊教育法」在民國七十三年經立法院三讀通過，成為我國推行特殊教育的有力根據。「特殊教育法」包含二十五條，其中規定特殊教育的課程、教材教法應保持彈性，以因應特殊兒童的個別需求。此外，教育部亦頒訂「特殊教育施行細則」、「特殊教育課程、教材及教法實行辦法」、「特殊教育教師登記及專業人員進用辦法」、「特殊教育設施設置標準」、「私立特殊教育學校（班）獎助辦法」、「特殊學生入學年齡、修業年限及保送甄試辦法」、「鑑定標準及就學輔導原則要點」、「師資培育法」、「高職特殊教育實驗班計畫」等相關法規相繼訂定，使特殊教育的推展有所依循。

　　此外，政府為配合六年國建計畫，教育部積極研擬「發展與改進特殊教育五年計畫」，緊接著規劃完成「發展與改進幼兒教育六年計畫」，將特殊幼兒的教育也歸到正式的教育體系當中，讓教育更有系統的早期介入，收到「早期療育」的效果。

　　整體來說，我國推展特殊教育，即依循「有教無類」、「因材施教」的理念，針對不同類型、不同程度的特殊兒童，提供適切的鑑定、安置、評量、課程及輔導等措施，同時展開各種研究、實驗、推廣的工作。使特殊兒童都能接受適性的教育，充分發展其潛能。

🦅 一　早期盲、聾教育階段

民國前四十二年，英籍牧師莫偉良（Pastor William Moore）首先在北京城內甘雨胡同基督教會內附設「瞽目書院」，教導盲童學習讀書、算數、音樂，是為我國盲教育的開端。「瞽目書院」根據世界通用的布萊爾盲點字的編組原則，創制了中國的盲點字（「瞽目通文」），解決了盲人使用文字的問題。

民國前二十五年，美籍梅耐德夫人（Annettd Thompson Mills）在山東登州府創立「啟瘖學校」，實施聾啞教育，並編輯「啟瘖初階讀本」，教導聾啞生閱讀發音。

早期此類機構均賴宗教團體、慈善機構捐助與支持，規模較小。直至民國五年，張謇在南通創設盲啞學校，才是第一所由國人自創的盲啞學校，在當時全中國約有十二所特殊學校，我國的特殊教育至此初具基礎。

民國十六年，國民政府奠都南京，教育當局在首都創辦市立盲啞學校，完全比照普通學校辦理，是我國第一所公立的特殊學校。同時，政府將各地方的特殊學校加以調整，納盲啞教育於國民教育的施政綱領之內，使盲聾兒童與一般兒童享有同等的教育機會。該校於民國二十一年，又增設中學部、職業部及高中師範部，凡高中師範部畢業成績優異者，可由政府保送至國立中央大學教育系就讀。同一時期，全國各地的慈善團體及熱心教育人士，也紛紛起來籌辦，至民國三十六年時，全國的盲啞學校更增至四十餘所，特殊教育蓬勃發展。

蘆溝橋事變發生時，南京市立盲啞學校隨政府遷至重慶，民國三十一年改制國立，定名為「教育部特設盲啞學校」，全校分為盲、聾兩科，並設小學部、中學部、職業部及師範部等。三十四年，該校遷

回南京，擴充班級，且增加幼稚部及職業類科，同時，添設電化器材與各種專門儀器，成為全國盲啞教育的楷模，其他地區亦群起效之，盲啞學校如雨後春筍般興盛。

台灣地區，則以日據時代設立的台南盲啞學校為最早，也就是今日台南啟聰學校的前身。當時，英籍牧師甘雨霖在台南教堂內設立「訓盲院」，教導盲人學習聖書、點字與手藝。民國四年，該校增設聾生部，改名台南盲啞學校，民國十一年改制為公立，台灣光復後，改稱省立盲啞學校。民國四十五年於豐原鎮成立分部，並於四十九年正式獨立，定名為豐原盲啞學校。民國五十七年將兩校的盲生合併，於台中縣后里鄉新設省立台中啟明學校，原有的台南盲啞學校改制為省立台南啟聰學校，原省立豐原盲啞學校易名為省立台中啟聰學校，兩所皆專收聾生。

另外一所特殊學校也是在日據時代成立，是由日本人本村謹吾所創設的台北盲啞學校，也就是今日台北市立啟聰學校的前身。民國十七年該校改制為公立，台灣光復後，易名為省立台北盲啞學校，民國五十一年改稱為省立台北盲聾學校，民國五十六年改名為台北市立盲聾學校。民國六十四年實施盲聾分校，原校改為台北市立啟聰學校，盲生另外獨立設校，稱為台北市立啟明學校。我國的聽障教育與視障教育，從此分屬兩個不同的領域。民國五十八年彰化縣二林國小首設啟聰班，採口語教學，增進了聽障生與一般生交流的機會。民國六十一年師大成立聾童教育實驗班，招收學齡前聽障幼兒進行口語訓練，開始了聽障教育的早期療育。民國六十四年台北市立新興國中成立聽障生輔導教室，帶動國中、小啟聰班相繼成立。

在視障教育方面，回歸主流的觀念也漸被接納，台灣省教育廳自民國五十五年起推行視障生混合就讀國中、小的計畫，同時，在台南師範學校訓練視障巡迴輔導教師，以支持回歸主流的作法。

❦ 二　輕、中、重度特殊兒童教育的均衡發展

隨著經濟發展，政府也較有餘力照顧在一般教育體制中較不適應的特殊兒童，也因著社會對教育平等觀念的提升及對弱勢團體的尊重，特殊教育所服務的對象範圍逐漸擴大。

最初，特殊教育主要照顧那些殘障程度較嚴重，無法就學的盲童、聾童及肢體殘障兒童，保障他們受教育的基本權利。

接著，特殊教育的對象擴展到那些有機會入學，但所受的教育未必適合他們的能力與需求，以及在一般教育環境中遭受挫折或受到忽視的兒童，例如智能障礙、語言缺陷、重聽或弱視以及資賦優異的兒童。在這個階段，特殊兒童個別的身心特質與需求獲得重視，除了應有受教的機會，他們更應有接受合適教育的權利。

而後，特殊教育朝向「回歸主流」、「開放教育」的趨勢，特殊教育與普通教育密切合作，特殊學生與一般學生混合就讀於普通班級，更多普通班教師接受特殊教育的基礎訓練，而特殊教育教師也協助普通班中學習困難的學生。特殊兒童得到比以前更多的尊重、接納與瞭解。

另一方面，由於特教資源的擴增及醫療科技的進步，以往無力照顧的重度及多重障礙兒童逐漸能獲得較合適的教育與相關服務。他們需要個別化的教育方案，政府所提供的教育也很可能要延長至成人。

特殊教育的完整體制包含了許多不同混合程度（或隔離程度）的教學方案與服務設施。從最開放的回歸普通班就讀到提供二十四小時服務的養護機構，分別提供了不同的特殊兒童不同的需要。國內現有的安置型態包括特殊學校、特殊班、資源班、巡迴輔導以及床邊教學等方式。

1.特殊學校

特殊學校的發展在特殊教育中算是最早，學校中有受過專業訓練的特教老師及專業人員，因應教育對象的特殊需求，提供特殊的課程與教學設施。原則上，特殊學校招收單類的中、重度障礙學生與多重障礙學生為主，較常見的有啟聰學校、啟明學校及啟智學校。

2.特殊班

特殊班設於普通學校中，針對某一類型的特殊兒童提供教育服務。班級中配置有特殊教學用的設備、教具及器材，有受過專業訓練的特教老師，針對學生的情況，運用合適的課程與教材。

特殊班有分三種形式：若特殊學生全時段皆在特殊班中進行學習，且教師亦屬包班制，是為自足式特殊班；若特殊學生只在特殊班接受部分課程，大部分團體活動時間則分散於普通班，是為合作式特殊班；前者有啟智班、啟聰班、資優班等，後者則多應用於視障生與肢障生。另一種型式稱作資源教室，特殊學生大部分時間在普通班上課，只有部分時間到資源教室接受補救教學或輔導，資源教室又分單類或跨類兩種，是近年來漸趨流行的體制。

3.巡迴輔導

由受過訓練的巡迴輔導教師，定期或不定期地巡迴有特殊學生的一般學校，對特殊學生提供直接的服務，或對教師、家長提供諮詢等間接的服務，稱作巡迴輔導。

另外，針對重度智障、肢障、多障、自閉症……等嚴重障礙需接受「在家教育」者，巡迴輔導也提供團隊合作的教育與服務，應用學生及家庭個別化服務計畫，提供親職教育，培養家長生活照顧及教學

的知能，以實用課程為導向，針對學生個別差異，訓練其獨立自主。

4.床邊教學

對於病情嚴重需長期臥床治療的兒童，為免其中斷學業而提供的一種教育方案。目前有台大、長庚……等多所醫院加入床邊教學服務的行列。

⊱ 三　回歸主流的時代

混合制與隔離制何者較優？是個見仁見智的問題。主張混合教育者認為特殊兒童自一般環境中隔離，同時也剝奪了家庭生活的經驗，導致將來適應社會困難，是一種落後的制度。至於贊同特殊學校者則認為，將特殊兒童安置於普通學校，除了少數資質優異者以外，對大部分的特殊兒童而言徒增挫折。因為普通班的教師並無接受特殊教育的專業訓練，一般學校中亦缺乏特殊教學的設備，所以特殊兒童在普通教學環境中能得到的幫助很有限。

這兩種制度分別有其優劣，但為因應不同特殊兒童的需求，事實上兩者可以互補並存。一般而言，特殊學校適合障礙程度較為嚴重或是多重障礙的學童，另外家庭環境較差或住處較遠的特殊兒童也可以考慮寄宿式的特殊學校。而混合教育則可提供特殊兒童正常的社會經驗，同時也可以對與之共處的一般兒童作機會教育，有助於提升他們對特殊兒童的接納與瞭解，進而學習如何協助他們。

早期特殊教育的發展以集中且隔離的養護機構及特殊學校為主，而後在普通中、小學中廣設起自足式特殊班。到了一九六八年，美國道恩氏（Lloyd Dunn）倡導資源教室的型態，一九七五年美國頒布94-142公法，強調特殊教育應在「最少限制的環境」下進行，回歸主

流的聲浪達到頂點；除非是基於教育上的需要，或限制於嚴重的殘障狀態，否則特殊兒童都應儘量回到一般的教育環境中與一般的兒童共同學習、彼此互動，而特殊教育仍視情況提供必要的協助。

　　雖然回歸主流已是特殊教育必然的趨勢，但針對不同類型，不同障礙程度的特殊兒童，不同方案的安置設施仍有其存在的價值，教育當局應提供多元化的安置方式，以滿足特殊兒童不同的需求。然朝向較少隔離、較少限制的教育安置，此一目標是不變的原則。畢竟教育環境中的保護只是一種過渡措施，最終的目的是在幫助特殊兒童克服身心上的障礙及適應上的困難，回到正常的環境去。因此，保護的期限應儘量縮短，且應儘量增加他們與一般環境接觸的機會。

　　美國殘障兒童教育法中所揭示的「反批判」、「反分類」、「反隔離」，正與「回歸主流」的精神不謀而合。不以生理缺陷作分類的依據，不作帶有價值判斷的標記，而是真正面對特殊兒童個別的特質與教育需求，促進他們回歸主流接受一般教育。

參考書目

1. 王文科（民 82）。特殊教育的定義、發展與趨勢。特殊教育通論——特殊兒童的心理與教育。五南圖書出版有限公司。

2. 王文科主編（民 87）。特殊教育導論。心理出版社。

3. 王天苗（民 87）。特殊教育法修正草案評估報告。立法院立法諮詢中心。

4. 林寶貴（民 86）。台灣地區身心障礙教育。1997 年海峽兩岸特殊教育學術研討會論文彙編。教育部。

5. 林寶貴主編（民 88）。中華民國特殊教育概況。教育部特殊教育工作小組出版。

6. 郭為藩（民 82）。特殊兒童心理與教育。文景書局。

7. 陳綠萍（民 87）。特殊教育的趨勢與規劃。國小特殊教育，第 25 期，頁 47-51。

3

智能障礙兒童

傅秀媚

第一節 智能障礙兒童的意義、成因及分類

一 智能障礙的意義

智能障礙兒童其實在特殊兒童中並不是為數最多的，不過卻是大家最耳熟能詳，也最瞭解的一種。在目前台灣地區特殊教育中，屬於智能障礙的班級是普遍的。

智力的定義一般而言包含三個基本要素：(1)學習的空間；(2)個人已經獲取的所有的知識；以及(3)在多種不同環境的適應能力，尤其是在新的環境中（*Robinson & Polloway, 1987*）。而認知發展的主體，包含許多與智力相關的能力。根據 Benner（*1992*）的說法，這些能力與技巧包括注意力、分辨力、模仿力、空間關係、時間關係、歸因、因果能力、分組、歸類、序列，以及解決問題的能力。

至於影響認知發展的因素，則有：

1.大腦或腦神經的病變

由於出生前、生產過程或出生後大腦損傷或感染病毒，引起腦部神經病變，導致智力發展遲緩而影響認知能力的發展。

2.已診斷出之疾病

兒童發展是整體而全面性的，某些疾病雖非直接與大腦的發展相關，卻可能導致學習方面的問題，進而影響認知能力。

3.環境刺激不足

嬰兒出生以後，需靠外界提供刺激幫助其成長。如果外在環境無法適時給予足夠刺激，那麼其生長受到限制，發展上亦呈現遲緩現象。

例如，許多家庭貧窮之兒童，家庭無法提供足夠的營養與資訊，導致其語言與認知能力皆被限制，而與一般同年齡之幼兒相比，則明顯落後。

4.心理因素

兒童本身常因心理方面的問題，而影響其他方面的表現。現在，許多研究均已證實兒童亦有心理困擾與心理疾病（*Caruso,1986*）。

心理困擾與疾病會阻礙個人的注意力、記憶力，而這些皆與認知能力表現息息相關，因此，如果心理方面有問題，將造成認知方面的發展遲緩。

5.不明之原因

除了上述幾點原因之外，認知能力上的缺陷，也與智能不足的原因相同，有許多尚無法解釋的因素。就表現而言，可以評量出兒童在認知方面的確發展較為遲緩，可是並無十分明確之原因可查（引自傅秀媚，民86）。

一般智能障礙不管是什麼原因造成的，我們都是以三種方式來加以定義：

1.他們的適應能力和行為都比他們實際年齡來的低。

2.他們的智力功能比起一般正常的小孩子，很明顯低了很多。智商測驗的成績通常是在七十到七十五以下，或者是低於中數二個標準

差。

　3.這種發展上面的障礙都是在發展階段當中所形成的，通常在十八歲之前，就已經可以被斷定出來。

二　智能障礙的成因

　通常探討智能障礙，可從兩方面著手，一為高危險群，二是已確定為智能障礙者。哪些兒童是日後可能成為智能障礙者——即高危險群，其原因有下列幾種：

　1.產前（懷孕期）

　⑴來自高危險群的母親
　　①曾有早產或死產的紀錄。
　　②曾有先天畸型的孩子（包括智力或肢體、生理異常）。
　　③年齡低於十五歲或高於四十歲。
　　④病毒感染：德國麻疹、腮線炎、AIDS 等。
　　⑤患有嚴重的腎臟或心、肺方面的疾病。
　　⑥患有新陳代謝或內分泌失調的疾病：如糖尿病。
　　⑦患有心理疾病（如精神分裂、憂鬱症）。
　　⑧社經地位較低：可能缺乏產前保健。
　　⑨有煙癮、酗酒或濫用藥物的傾向。
　　⑩母親照射過量之 X 光或遭受意外傷害。
　⑵胎兒有基因異常的現象。

　2.生產過程

　⑴生產過程過長（致使嬰兒缺氧或受傷）。

(2)生產過程中，器械、麻醉劑使用不當。

(3)產道感染。

3.產後

(1)早產

母親懷孕少於三十八週。

　①嬰兒身體器官未完全發展成熟。

　②嬰兒體重過輕，未達一千八百公克。

(2)嬰兒生理發展遲緩或異常

　①嬰兒無吞嚥、吸吮等基本的反射動作。

　②嬰兒對外界刺激（如視、聽等）沒有反應。

　③哭鬧不停或難以安撫。

(3)產後感染或幼兒有身心疾病。

(4)成長環境

　①嬰兒缺乏適量環境刺激，以致發展遲緩。

　②家庭收入過低，導致營養不良或文化刺激不夠。

　③父母有精神性的疾病：如有憂鬱或虐待傾向等。

　④父母酗酒或濫用藥物（傅秀媚，民 85）。

除了高危險群之外，已知會導致智能障礙兒童的原因，則可分為九類：

1.基因異常

最為大眾所熟悉的是唐氏症（Down's Syndrome），為一染色體異常之疾病，原因是第二十一對染色體多了一個，導致外表、智力發展、社會能力方面都異於一般兒童。

2.懷孕時患病

母體在懷孕期間如罹患疾病，如結核病會導致胎兒受到感染，而影響其日後的智力發展。

3.產前受到損傷

有時母親在懷孕時期，不知不覺中受到某些損傷，如照射 X 光，使得胎兒腦部發育受到影響。

4.由中毒及傳染所導致

最為人知的是母親在懷孕期感染德國麻疹、梅毒或住血原蟲等，會導致胎兒受到傳染而影響腦部生長。

5.新陳代謝異常或營養失調

嬰兒出生後，可能由於新陳代謝異常而影響腦部發育，也可能因為營養失調，導致發育期間所需的營養不足，而使得智力發展連帶受到影響。

6.產後腦部病變

這與產前受到感染的情形不同。嬰兒出生時，可能一切正常，但出生後由於鉛中毒等因素而使腦部受損，或者如生殖器潰爛，而使腦部受到病毒破壞，這些都會導致智力發展受到阻礙。

7.因心理失調而導致

目前研究已經顯示，即使幼兒亦有精神與心理方面問題，而這些問題如導致學習、情緒方面的失調，亦將影響智力發展。

8.環境因素

有些兒童由於出生後，家庭無法提供適當的刺激，致使發展遲緩；或者由於家境貧窮、社區文化水準較低等，在幼兒成長過程中，無法接受應有的文化刺激，造成智力發展緩慢。

9.生產過程受傷

較為人所知的，如因難產，生產過程過長，而使嬰兒腦部缺氧；或者由於生產困難，而使用器械協助，如使用生產鉗，而傷及腦部等，都可能導致日後智力發展受限制。

三　智能障礙的分類

目前世界各國在特殊教育領域上都傾向不分類原則。但是，有時基於學術研究上或教學效果上之考量，仍會適時地將特殊兒童分類。就歷史沿革來看，針對智能障礙兒童大都採三分法，說明如下：

聯合國世界衛生組織於一九五四年提出的分類標準——亦採三分法，係根據智力測量來歸類。

1.凡智商在五十至六十九之未成年人，智齡在八歲至十二歲間的成年人，稱為輕度智能不足。

2.凡智商在二十至四十九之未成年人，智齡在兩歲到七歲間的成年人，稱為中度智能不足。

3.智商在二十以下的未成年人，智齡在兩歲以下者，稱為重度智能不足。

美國智能不足協會的分類——兼採行為分類（behavioral classification）與醫學分類。所謂行為分類，實即參據該會定義中所強調適應

行為的八個層面（知覺動作技巧發展、溝通技巧……等等）從智商水準劃分，該會將智能不足分為四類，如表 3-1：

表 3-1　美國智能不足協會對智能障礙的分類

水準	智商 史比量表（標準差 16） 或卡鐵爾（Cattell）量表	範圍 魏氏量表（標準 15）
輕度（mild）	67-52	69-55
中度（moderate）	51-36	54-40
重度（severe）	35-20	39-25
深度（或極重度profound）	19 以下	24 以下

重度與深度在教育處置上往往合為一類，故亦可視為三分法。美國智能不足協會一九六一年分類標準原擬赫柏氏定義，另有接近智能不足（borderline），智商範圍在史比量表上為六八～八三，在魏氏量表上為七○～八四，現已取消。

該會另據病因作醫學分類，分成十類：

1.由於病菌感染與中毒現象，如梅毒引起者。

2.由於腦部損傷或外傷，如出生過程的損傷。

3.由於新陳代謝失調或營養不良，如苯酮尿症。

4.由於出生後之重大腦病引起者，如結節性腦硬化症。

5.由於出生前難以確定之疾病與狀況，如小頭症。

6.由於染色體的異常，如道恩氏症候。

7.由於懷孕的異常，如早產。

8.由於精神病態（未舉例細分）。

9.由於環境因素的影響，如心理社會狀況不利（psychosocial disadvantage）疾

10.其他狀況引起者（未舉例細分）（郭為藩，民82）。

而台灣地區依八十六年所公布的「特殊教育法」和八十七年所修正發布的「特殊教育法施行細則」及「身心障礙及資賦優異學生鑑定原則鑑定基準」所規定的：

特殊教育法（以下簡稱本法）第三條第二項第一款所稱智能障礙，指個人之智能發展較同年齡者明顯遲緩，且在學習及生活適應能力表現上有嚴重困難者；其鑑定基準如下：

1.心智功能明顯低下或個別智力測驗結果未達平均數負二個標準差。

2.學生在自我照顧、動作、溝通、社會情緒或學科學習等表現上較同年齡者有顯著困難情形。

智能障礙兒童依其程度之不同而有不同的安置場所，一般輕度智能障礙兒童大都安置在普通班級中，中度智能障礙兒童則以資源班或啟智班為主，重度智能障礙兒童的安置是以啟智班或啟智學校為考量，至於極重度智能障礙兒童則大部分在家教育或在養護機構中接受服務。

第二節　智能障礙兒童的特質

智能障礙兒童，其認知與社會情緒的發展與過程，和其他兒童一樣，不過，其發展上大部分智能障礙兒童有其特徵與問題：

一 人格特質

首先在人格特質上，會有下列現象：

1.缺乏信心

由於以往的經驗大都是失敗的，因此智能障礙兒童不管在何種情境下，大都不敢嘗試新的經驗。往往尋求外助之支援，對自己缺乏信心。

2.傾向團體行動

許多智能障礙兒童喜歡以模仿來學習新的動作，因此，在活動中傾向看大人或其他兒童之表現而加以模仿。常常給人的感覺是大多以團體行動方式呈現其活動。

3.處理問題之方式較固著

許多人常認為特殊兒童解決問題的能力較缺乏。但是，這並不是說特殊兒童就無法處理問題，而是，通常他們在處理問題的方式上，傾向直接由大人或其他小朋友處習得，或以往經驗中曾經成功的方式，重複使用，不會因為情境、事件的不同，而有所變通。同時，因為其固執性較強，往往對事情非常堅持，如果大人不能適時加以教導，反而妥協，那麼其處理問題的方式將繼續固執己見，不肯加以變通。

◆二　學習特質

其次，在學習上，智能障礙兒童亦有其特質，詳細敘述如下：

1.缺乏重要概念的獲得

在認知領域，概念是相當重要的一環。對智能障礙兒童而言，概念的獲得可能較為困難，例如，物體恒存的概念，通常藏起來的東西仍在，但是對智能障礙兒童來講，看得到的東西才存在，看不到就是不見了，因此，此種概念發展可能與普通兒童相比，要緩慢許多。另外，如因果概念，運用一樣東西來取得其他物品的概念，發展亦是相當緩慢。一名普通幼兒遇到水溝，可能會尋求大人協助或繞道而行，而智能障礙兒童則可能直直向前，而跌落水溝。其他如「假裝」的概念也比較缺乏，所以一般幼兒約兩歲即可辦家家酒，而智能障礙兒童則可能至五、六歲仍無法扮演。

2.學習速度緩慢

研究顯示，人類的生長有兩個最快速的時段，一為胚胎至出生時，一為青少年時期。而次快速時期，則為出生後至兩歲時。就學習角度來，幼兒期應是學習速度最快的時期，此時期如能大量提供刺激，則幼兒發展亦將十分顯著。但是，智能障礙兒童可能是由於生理或心理障礙，或由於外在刺激不夠，而導致學習速度較一般兒童慢。而此種遲緩現象雖在智能障礙兒童中相當普遍，不過遲緩的程度，亦因兒童間的個別差異而有所不同。

3.抽象思考能力較差

在兒童教育中，教育學者們常強調從具體教學到抽象思考。可見兒童的學習，大都由具體事物開始，再進到抽象。例如：好美的花。老師可能先展示各種不同的花給小朋友欣賞，並形容花的顏色、形狀等，進而帶入美的概念，小朋友經由學習、概念保留、類化，有機會便會自行使用「美」來形容事物或人，至此，則已進入抽象思考階段。智能障礙兒童則大都停留在具體事物上之時間較長，至於何時可以進到抽象思考階段，則有賴教師、家長的教導，與兒童本身能力發展而定。

4.類化及遷移的能力較差

一般針對兒童的學習，大都以具體實物呈現，是因為考慮到兒童認知能力的發展，是由具體到抽象。而由具體到抽象的過程，則是類化與遷徙的能力。舉例來說，如果現在要教兒童認識「狗」，教師可能呈現「狗」的圖片或照片，一般幼兒在記憶中，將真實的狗與圖片結合，即將印象中看過的狗，類化至圖片中的狗，而會說出「狗」。但是，有些智能障礙兒童，可能真實生活中，並無實際接觸「狗」的經驗，那麼他們可能認為圖片中那個樣子、那種顏色的才叫狗，而在路上看到狗，也無法把圖片中看過，老師教他唸過的狗，類化到真實的狗上。所以，在智能障礙兒童評量時，許多家長常解釋，他的小孩會唱數、會認顏色等，而這能力在評量情境中，卻無法表現出來，也可能與類化及遷移能力有關。

5.注意力較不集中

注意力在認知發展上，可說是非常重要的。而注意力集不集中，

比注意力長短更加重要。兒童的學習,靠其注意力集中與否來接收。許多智能障礙兒童,注意力無法集中,明顯地影響其學習表現。

6.記憶能力較差

記憶力在認知發展中,與注意力相同,對學習表現具有關鍵性之影響。注意力非常集中的兒童,如果記憶能力不佳,那麼,每天學習的東西,可能返家後就忘記了,教師就得每天重複相同的教材,所以記憶力對兒童之學習不容忽視。而智能障礙兒童大體上而言,在記憶力方面都顯著較一般兒童差。

以上無論是人格上或學習上之特質,雖常存在於智能不足兒童身上,但是並非所有的智能障礙兒童皆會有這些特質存在,也有可能只表現出其中的幾項而已。但是,瞭解這些特質,對老師之教學與輔導意義就顯得相當不同。

第三節　智能障礙兒童的鑑定

一　鑑定方式

通常,針對智能障礙兒童在鑑定上需採用二種以上之評量,至少在智力方面和適應行為上都應加以評量。要特別注意的是兒童的發展是整體的,不管兒童最主要的需求是在其他領域或者是在認知能力的領域,每一個領域之間的發展性是息息相關的,因此,對於疑似智能障礙兒童最好能在各個領域加以評量。

　　一般評量兒童的智力是使用魏氏智力量表或比西量表，但是後者目前由於版權問題，在台灣地區無法使用。因此，台灣師大出版了「中華智能量表」用來鑑定兒童的智力發展。不過要特別注意的是，智力量表有的時候不太適合用在幼小的兒童而且又有智能障礙現象者的身上。另外，我們在解釋智力測驗成績的時候，也要特別的注意，有些量表上面並沒有這類兒童的常模，那麼結果的解釋可能就不是相當的準確。所以，對於智能障礙兒童的智力發展方面如果在早期的話，可能還是輔以觀察發展量表等較為準確。

　　至於適應行為方面，並無標準化的測驗，大都以發展量表為主，評估兒童的行為表現與其實際年齡差距多大作為依據。適應行為領域是相當廣泛的，它包含了很多活動與情境。當評量一個兒童適應能力時，必須考慮年齡方面的合宜度和情境方面的適宜度。除此之外，尚須考慮到文化上的因素。除了專家們的觀察評估之外，家長的資料提供亦對整個評量影響很大。

　　雖然，智力測驗是鑑定智能障礙兒童最常用的工具，但是不是唯一的標準，也不能以一次的測驗成績作為安置的依據（郭為藩，民82）。目前大部分之診斷仰賴智商測驗極深，但是解釋智商測驗時應注意：(1)一個人的智商成績是會變化的；(2)所有的智商測驗都會因文化因素而造成一定程度之誤差；(3)兒童年紀愈小，成績結果愈不可靠；(4)一個人能否有能力過成功的生活，並不只是依賴智商單一因素（Hallahan & Kauffman, 2000）。也因此，適應行為能力檢核就成為必要的鑑定步驟。多種量表與測驗的搭配使用，才能使評量工作愈臻完整。

✌二　鑑定程序

　　目前對智能障礙兒童的鑑定程序，可分為入學前和入學後二種，說明如下：

　　1.入學前

　　⑴行文社會局（科）、醫療單位、幼稚園、家長團體、社會福利機構索取（三～六歲）身心障礙兒童名單，或透過通報系統，由醫療、社政單位、公私立幼稚園（托兒所）、福利機構、家長團體主動通報，藉以建立檔案資料，並應於兒童屆齡入學前（六月份）主動通知家長前來報名。

　　⑵透過新聞、報紙宣傳，請身心障礙兒童家長注意並主動前往指定地點報名、登記。

　　⑶協調強迫入學委員會，於學齡兒童入學通知單上註明疑似障礙兒童之特徵，家長若發現子女有疑似現象，主動前往鑑輔會指定之地點（或學校）報名以利安排篩檢鑑定。

　　⑷彙整領有殘障手冊兒童之名冊與資料。

　　⑸各國民小學應將應屆畢業身心障礙學生資料檢送鑑輔會及學區國中供複檢及安置參考，以儘可能於八月底前安置妥當。

　　2.入學後

　　⑴各校辦理新生身心障礙兒童普查，各班教師參考身心障礙兒童特徵等資料，經初步篩檢發現有疑似之身心障礙兒童，提報學校輔導室，由輔導室人員與家長晤談並觀察後，認定需進一步接受鑑定者，經由家長同意後，填寫轉介表，送鑑輔會或指定學校，進行複檢事

宜。轉介表由教師會同輔導人員填寫（每生一表）。

(2)各校應訪視未入學之學齡兒童，瞭解其未入學原因並追蹤輔導。

(3)已領有殘障手冊者，仍需由教師（或輔導室人員）與家長晤談，並觀察兒童障礙狀況及適應能力，以確定其實際狀況，並彙集晤談資料送鑑輔會作為研判之參考。

※入學後各校身心障礙兒童篩檢工作流程，如圖 3-1：

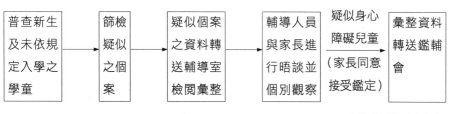

（教育部，民 85）

圖 3-1　身心障礙兒童篩檢工作流程

第四節　智能障礙兒童的教育與輔導

一　教育目標

兒童的發展為一整體，因此對於智能障礙兒童教育的目標在於幫助其各方面的發展，使其能適應家庭、學校、社會的生活。Polloway 和 Patton（1997）指出對於智能障礙兒童教育之最大目的在使他們能有意義的參與社會活動。郭為藩（民 82）也曾提過，智能障礙兒童教育

特別強調下列目標：

1.養成生活的自理能力

儘量使智能障礙者能自行照顧本身的飲食起居生活，將自身需仰他人協助的程度降至最低。

2.增強團體生活的能力

每個人都屬於群體，不可能離群索居，除了本身需適應之外，維持良好的人際關係是群體生活中所必要的。

3.學習生活基本知能

生活基本知能除瞭解自身的生活、認識周遭的環境外，也須體會人際的關係。而對於輕度智能不足兒童也應教導其學業方面之基本能力，如聽、說、讀、寫、算等等，以便有效地處理日常生活中的相關問題。

4.準備將來的職業生活

對於智能障礙兒童除減低其依賴旁人的程度之外，也應積極培養其能獨立自主的生活，進而能自給自足擁有工作的能力。除職業技能的訓練外，亦須注意到工作習性及服務態度的培養。

二　教育原理原則

智能障礙兒童的課程設計乃依據其教育目標而設。而其課程設計的原則有下列四項：

1. 由近處到遠處

從與兒童最相關的日常生活活動開始，慢慢擴大到社會相關活動。

2. 由簡單到繁複

智能障礙兒童的概念大都停留在較為簡單的階段，如何使他們從舊經驗中加進較新較複雜的概念是教育上必須要努力的方向。

3. 由具體到抽象

所有教學活動應先以實物或模型、圖片呈現，再慢慢加進抽象思考，兒童才能較有效的掌控學習。

4. 由已知到未知

對於教過的教材應不斷地複習，並且帶進新的材料，確保兒童能掌握並運用已學習過之資料。

而在智能障礙兒童的教學策略方面，需把握下列十項原則：
1. 給與兒童安全感。
2. 瞭解兒童的差異。
3. 引起學習的興趣。
4. 喚起兒童注意。
5. 給予經常反複練習。
6. 採用生活中心課程。
7. 以具體代替抽象。
8. 教師以身作則。
9. 不斷擴展應用。

10.與家庭密切合作。

最後，教師針對班上有智能障礙兒童時，其教導原則如下：

1.使用簡單、清楚的指令，有時須配合動作手勢。使這些幼兒能正確地接收到訊息。

2.使用工儘分析法，將較為繁瑣的行為目標，分成較多、較小的目標，必要時多給予協助，再慢慢減少協助的程度，使他們能一步步達成所欲之行為目標。

3.多使用稱讚性增強，以建立其自我意識。

4.在回歸主流安置中，多鼓勵他們參與所有活動。

5.儘量利用同儕力來幫助其學習（傅秀媚，民86）。

在最近一本有關智能障礙兒童之書中，作者提到與智能障礙兒童相處時之十項建議：

1.為此類兒童所設立之目標，必須是個人與其居住之社區所能使用到且必要的技能。

2.給予的工作必須適合其能力，步驟從簡單到繁複，儘量給予成功之機會。

3.瞭解其優缺點，設定行為規範，保持高度期望，不要只教導如何求援。

4.以具體概念來解釋所要求的事項。

5.要仔細的給予指令，如：「小華，到校長室，把缺席表給林小姐，再回來這裡」。

6.給完指令，要再重複一次。

7.重複完畢，以問題方式請其回答重要內容，例如：「告訴我，到哪裡取呢？」。

8.給讚美時應指明何事，而非只說「很好」，而應是「你把缺席表給林小姐了，非常好」。

9. 當讚美時要特別強調「你」。

10. 剛學習新技能時，要給予讚美與回饋。（*Patton, Blackbourn, & Fad, 1996*）

🐦 三　教育方式與輔導

針對智能障礙兒童在認知方面的發展特徵與問題，教師與家長在從事教學時，應注意加強下列方式：

1. 多感官經驗的學習

為顧及部分智能障礙兒童伴隨其他感官障礙，因此，教學方式應儘量採用多感官經驗，讓幼兒透過視覺、聽覺、嗅覺、味覺，以及觸覺等不同方式的經驗，增進其認知能力。

2. 由簡單到複雜

許多智能障礙兒童缺乏重要概念，所以教材的呈現或者課程的設計都應該由簡單到複雜。否則，因為學習速度緩慢，而記憶能力也較差的情況下，不易吸收瞭解所應習得的概念。

3. 概念的呈現以一次一個為原則

概念的學習與記憶力、注意力息息相關，如上所述，智能障礙兒童類化能力較差，因此在概念的教導上，不宜太快太急。概念的呈現亦以一次一個為原則，等到已呈現之概念已為幼兒所瞭解之後，再加進新的概念。

4. 第一次就教其正確的觀念

智能障礙兒童大都存在辨認學習困難，因此不論是概念的呈現或行為的教導，應該都在第一次就教導其正確的觀念。盡量避免先提供錯誤的訊息，再教導正確的觀念。因為兒童分辨有問題時，可能會將錯誤的訊息當成正確的概念，而加以接收。

5. 重複不斷的複習

由於智能障礙兒童短暫記憶能力較差，所教導的概念無法立即記住。因此，教材必須不斷地重複練習，才能幫助他們將短期記憶轉為長期記憶，也才算是真正學得此項概念。同時，每次呈現新概念或教材時，也需將相關已習得的經驗，再予以提醒複習。

6. 安排不同學習情境以助其類化及遷移

類化能力與遷移能力也是智能障礙兒童較弱的部分。往往在學校所學得的技能，並不能夠在家中表現出來。所以常常可以聽到家長對於教師所反應的，該名兒童無法從事某項技能，抱持懷疑態度，並說明在家中可以表現出此項技能。此乃該名兒童在家中所習得的技能並不能類化到教室情境中。所以，每當教導一項技能時，教師應儘量安排不同的學習情境，幫助兒童在不同情境中，可以表現出相同的技能。

7. 目前的設定及教學速度須合乎個別情況

對於學齡特殊兒童的教育，已經相當重視個別化教育，而針對智能障礙兒童，此項原則是一樣的。每個兒童之間存在個別差異，即使入園時，彼此之間的程度水準相差不大，但是其學習速度仍有所不相同。因此，對於兒童的學習目標，應視兒童的學習速度與成熟度而設

定。設定之後多久可以達到目標，時間上也是可以彈性調整，不必太急，才能符合個別需要。

8.注意情境轉換之安排

智能障礙兒童由於對遷移的能力較差，因此，教師在安排情境時，應特別小心。有時候，從一個學習情境轉到另一個學習情境時，也需考慮兒童是否能立即適應。對於自閉症兒童尤應如此。而且，學習情境的安排，應儘量多重與多元化，以增進兒童的類化能力。

9.保持彈性

兒童認知能力的發展是循序漸進的。每個兒童的發展速度並不相同。因此，不論是教材的呈現、教導的方法、目標的設定與進度，都應保持彈性，才不至於當兒童無法完成目標時，教師太過於失望。或者是在兒童生理與心理尚未成熟時，即給太多的教導，而無法有效的吸收（傅秀媚，民86）。

▶ 四 預防及早期教育

近來早期介入和學前特殊教育都試著藉由提供嬰兒刺激以及其他方面的環境刺激，用以避免智能障礙和智能發展遲緩的現象產生。而重點則有二方面，一個最主要是預防，一個則是著重在早期教育。在預防方面特別要注意到高危險群嬰幼兒，例如：單親家庭、母親的智能不高、父母親雙方受教育的程度不高，以及家庭貧窮、早產兒與出生時體重過輕者等等。對於高危險群幼兒應特別注意下列四點方式：

1.孩子應該被鼓勵跟周圍的環境產生互動，身體的探索跟環境的互動對小孩子的認知發展有相當大的關係。

2.必須教導小孩子基本的認知技能，像將物品歸類、序列，以及物品的使用功能等等。

3.提供給小孩子較豐富的語言刺激環境，特別是在怎麼樣表達需求以及指令方面。

4.除早期嬰兒的刺激提供外，並輔以高品質的溝通介入（例如：電腦與多媒體的科技輔助），加強多重感官刺激。

而在早期教育方面，對於伴隨中度、重度智能障礙兒童，應集中在怎樣來擴大幼兒的認知成就。在教育上可以把握住下列幾項原則：

1.強調語言的發展，以及概念的獲得，因為這二項有助於日後的學習。

2.強調適應行為，幫助幼兒學習與他們年紀相當的行為。

3.著重應用行為分析的方式，幫助幼兒學得更多學科準備之前的技能。

4.以教師為主的直接教導模式，和與幼兒為主的發展模式，相互配合。

5.提供跟領域團隊合作必須的方式，除教師外，可能需要物理治療和職能治療人員幫助幼兒肌肉方面的發展，語言治療師幫助語言的發展與矯治。

智能障礙兒童的發展與環境的影響關係密切。在幼兒的成長過程中，假如給予足夠的機會探索，而且多安排聽覺、視覺、觸覺等刺激，可以幫助其智力的發展。相反地，如果這些幼兒受到過度的保護，或提供的刺激不夠，其智力發展也會受到限制。

參考書目

中文部分

郭為藩（民 82）。特殊兒童心理與教育。台北：文景書局。

教育部（民 85）。身心障礙學生鑑定及就學輔導工作工作手冊。

傅秀媚（民 85）。特殊幼兒教育診斷。台北：五南圖書出版公司。

傅秀媚（民 86）。特殊幼兒教材教法。台北：五南圖書出版公司。

英文部分

Hallahan, D. P., & Kauffman, J. M.（2000）. *Exceptional Learners*（8th ed）. Boston: All-yn & Bacon.

Patton, J. P., Blackbourn, J. M., & Fad, K.（1996）. *Exceptional Individuals in Focus*. NJ: Merrill.

Polloway, E. & Patton, J. R.（1997）. *Strategies for teaching learners with special needs*（6th ed）. NJ: Merrill.

Robinson, G. A., & Polloway, E. A.（Eds.）（1987）. *Best Practices in mental disabilities*（vol. 1）. DesMoines, IA: Iowa State Department of Bureau of Special Education.

4

資賦優異兒童

謝建全

第一節　資賦優異兒童的意義及其特質

「資賦優異」兒童（簡稱資優兒童），係指在智能、社會領導、創造力及其他才能的表現較優於常人的特殊稟賦者稱之。

馬蘭（*Marland, 1972*）認為資優兒童係指那些由專家鑑定出來，具有優異能力與卓越表現者。他們需要特殊的教育計畫與服務，有別於施予一般普通兒童的教育措施，以實現其自我並對社會能有所貢獻。在以下的領域裡，表現出優異的成績，或顯現優異的學習能力：

1. 一般的智能（general intellectual ability）。

2. 特殊學術性向（specific academic aptitude）。

3. 創造性或生產性思考（creative or productive thinking）。

4. 領導能力（leadership ability）。

5. 視覺與表演藝術（visual and performing arts）。

6. 心理動作能力（psychomotor ability）。

蓋聶（*Gagne, 1985*）認為資優兒童是指在智力、創造力、社交——情緒（socio-emotional）或感覺動作能力（sensori-motor ability）等方面明顯優於一般兒童者；特殊才能優異兒童則是指在一項或多項領域明顯優於一般兒童者。智能優異者並不一定是特殊才能兒童，特殊才能優異者亦不一定是智能優異的兒童。

葛拉格（*Gallagher, 1985*）主張資賦優異的必要條件是具備能巧妙地處理所學習到的抽象符號系統的能力。

阮祖里（*Renzulli, 1977, 1978, 1986*）以較彈性的觀點界定資優者，他提出「資優三環定義」（tree-ring definition of giftedness），資優者應同時具備：(1)高於一般人的智力或特殊才能；(2)高度的工作熱忱（task commitment）；(3)豐富的創造力（creativity）。如圖 4-1。

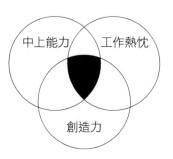

圖 4-1　資優三環定義

　　密爾格蘭（*Milgram, 1989*）提出 4×4 資優結構論（4×4 model of the structure of giftedness），資優是由四個概念組成，它包括智力（一般、特殊的）與創造力（一般、特殊的）。每一個概念可以被視為與資優有關的認知過程；同時，依其表現水準可區分為極資優、中資優、低資優與非資優，因此形成 4×4 的資優結構。除此之外，依資優兒童所處的環境亦反映出一些重要的訊息包括：學習環境（家庭、學校及學區）及個人的內在、外在因素，如：年齡、性別、社經地位、文化、次級文化及人格特質（工作熱忱、學習型態、自主性），這些將整個資優兒童可能涉及的範疇，予以界定。

　　由此可知，對於資賦優異兒童的界定，除了一些不同能力的表現外，須兼具兒童所擁有人格特質，而其所處的環境及成長過程的相關因素，亦是主要的關鍵。

　　早期對資優兒童的身心特質進行長期的研究者，首推推孟（Terman），他在一九二五年即對一千五百二十八名資優兒童做追蹤研究，其研究結果發現（林寶貴譯，民 78）：

1. 生理方面

體格與健康在普通兒童標準之上，而死亡率約為平均數的百分之八十。

2. 興趣方面

對抽象的主題感興趣（文學、歷史、數學），興趣廣泛。

3. 教育方面

大學的就學率是一般人口的八倍，整個學校生涯的成就超過年齡水準許多個年級。

4. 心理衛生方面

不適應與犯罪行為略低，自殺的出現率較低。

5. 婚姻——家庭方面

結婚率合於普通標準，離婚率低於平均數，該團體的兒童所得的智商平均數為一三三。

6. 職業選擇方面

男性選擇的職業（如：醫學、法律等）比一般人口高出八倍之多。

7. 人格測驗方面

少有說話誇張或欺騙的現象，在情緒穩定性的測驗上，顯得較為優越。

戴維斯與瑞姆（*Davis & Rimm, 1998*）亦指出，資優兒童在智能發展上一般常見的特質，主要包括：

1. 語言與思考方面較為早熟

資優兒童在語言與思考方面均較同年齡兒童的發展要快，心理年齡與年紀較長之兒童相似。

2. 閱讀與理解方面較早發展

資優兒童在三、四歲即會閱讀，由父母、幼教老師及週遭事物學習閱讀、識字的能力。同時，藉由豐富的字彙、文字結構的認識，增進複雜抽象的理解能力。

3. 邏輯思考能力方面

與一般兒童比較，資優兒童的思考過程不但快而且很合邏輯。他們有持續的好奇心，凡是總要瞭解其因果，探究原委。

4. 寫、算、音樂與美術方面發展較早

資優兒童在入學前，受到父母、兄弟姊妹及一些視聽資訊的影響，較一般兒童表現出強烈的準備學習、模仿的意願，對於寫字、算數及音樂、美術等藝能均顯現特殊的才能。

5. 強烈的學習動機、毅力及興趣

資優兒童在這一方面所具的特質，往往表現出對事務的專注、好奇及鍥而不捨的精神。資優兒童及成人，無論在學業或成就動機、毅力、挫折容忍力及對週遭事物的好奇心與積極進取等方面，皆有較優異的表現。

　　若就情意方面的特質而言，主要包括：(1)低焦慮、沮喪及較佳的自我概念；(2)獨立自主、自信及內在制握（internal control）；(3)獨立的學習型態，喜愛獨立研究、自我學習、模擬教學（simulation）、同儕教學（peer teaching）；(4)高度幽默感；(5)高度道德情操、同情心及角色取代（role-taking）的觀點。

　　若就創造力而言，資優者的人格特質則包括：創造力的意識、自信、冒險犯難、充沛精力、好奇心、幽默感、好動、理想主義與情感衝動、獨處及對美術、音樂等藝文活動、神秘科幻小說的嗜好等。

　　克拉克（*Clark, 1996*）綜合各家研究將資優兒童的特質，歸納為認知、情意、身體及直覺等四方面；其中認知方面包括直線與空間的（linear and spatial）；情意方面包括情緒的與社交的；身體方面包括感覺與動作（sensing and movement）。上述各方面的特質，可以分別列述如下：

⚑ 一　資優兒童認知方面的特質

1. 知識特別豐富，有不尋常的記憶力。
2. 有高度的理解力。
3. 有不尋常的多樣興趣與好奇心。
4. 高水準的語言發展。
5. 高水準的口語能力。
6. 不尋常的的處理訊息的能力。
7. 急速的思考步調。
8. 思考過程具有變通性。
9. 有統整的理解能力。
10. 具有能看出不尋常與不同的關係之高超能力，統整其想法與原

則。

　　11.能產生有創意的觀念與解決方法。

　　12.有提早表現各種不同的思考型式（如變通性的思考、抽象的詞彙、感覺出結果、視覺思考、使用譬喻及類推的情形）。

　　13.能具備提早地使用與形成概念化架構的能力。

　　14.能評鑑自己與他人的做法。

　　15.能不尋常且密集而持續地表現目標導向的行為。

　　綜合上述，資優者的認知特質，主要是源自於個體對周遭事物的瞭解與經驗的統整，教育方案即需依其認知特質及需要，提供一些學習的環境，增進其分析、綜合、評鑑的能力，以適應社會生活。

二　資優兒童情意方面的特質

　　1.能累積大量有關情緒方面未被知悉的知識與訊息。

　　2.對他人的期待與感受有不尋常的敏感性。

　　3.具有敏銳的幽默感──可能表現出溫和或敵對的。

　　4.具有高度的自我覺察，並有「與眾不同」的感受。

　　5.理想主義與正義感，早年即已出現。

　　6.具有較早的內在制握傾向與滿足感。

　　7.在情緒上具有非常的深度與強度。

　　8.對自我與他人的高度期待，常導致對自我、他人與情境的高度挫折感。

　　9.對抽象的價值與個人的行動之間的一致性，有強烈的需要（對理想與行為之間的不一致具有敏感性）。

　　10.具有高度的道德判斷水準。

　　11.具有強烈自我實現的需求。

12.對概念化與解決社會問題具有高度的認知與情意能力。

13.接受社會對資優者的社會期待與領導能力。

14.熱衷於對社會與環境問題的解決。

15.以社會形而上的需要參與週遭事物與活動（如正義、美、真理）。

　　由此可知，資優者情意方面的特質是由認知發展而來，個體透過對週遭內外在世界的覺知，產生情緒上的反應及社交行為的發展。因此，教育方案設法提供學生增廣見聞，設計人際間互動的相關課程，促進健全發展。

三　資優兒童身體（感覺）方面的特質

1.能經由高度的感官覺識，而從環境獲得非常數量的訊息輸入。

2.在身體與智能發展上有相當差距。

3.對於自己的標準與體育技能之間的遲滯現象，有低度的容受力。

4.往往忽略身體健康，並避免身體的活動。

四　資優兒童直覺方面的特質

1.能提早參與並關心在直覺上的認知、形而上的觀念和現象。

2.能開放上述的經驗；將試驗精神與形而上的現象合而為一。

3.顯然在所有領域的努力，都能表現創造力。

4.有預測未來的能力，對未來充滿興趣。

　　歸納而言，有關資優者的特質涵蓋範圍可能廣泛而多元，如國內學者毛連塭（民80）所認為的，它是一組人類優異特質的組合，若以數學公式表示，則為G=（A×B×C……），G代表資賦優異，A，B，C……，代表各種優異特質。某資優者G，可能只有A特質即G=A；

另一資優者可能同時兼具 A 與 B 的特質組合，即 G＝A×B，甚至有些資優兒童同時兼具 A、B、C 的特質組合，即 G＝A×B×C；依此類推。此與後面所敘內隱及外顯的鑑定理論取向之一「多元智力」有些相互呼應。

第二節　資賦優異兒童的鑑定

一　鑑定方面的理論取向

史騰堡與戴維遜（*Sternberg & Davidson, 1986*）將資優分為兩個主要範疇加以認定：

1. 內隱的理論取向（implicit-theoritical approach）。
2. 外顯的理論取向（explicit-theoritical approach）。

分述如下。

1.內隱的理論取向

強調在本質上先予資優下一個界定，再據以衍生、闡述其涵義，因此較無法以實證方式驗證。其中分別包括：

⑴阮祖里（Renzulli）

提出資優三環概念（three-ring conception of giftedness），認為資優是中上智力、創造力及工作熱忱（task commitment）三種特質的交集；重視個人能力，亦強調學習與環境交互作用的重要性。

⑵葛拉格與考特萊（Gallagher & Courtright）

提出資優心理教育的概念，心理概念強調個別差異；而教育概念

則強調學校學習結果與評量因素。在資優的認定上必須體認此種事實。

(3)費賀遜（Feldhusen）

提出資優的四個基本要素：普通智能（general intellectual ability）、積極的自我概念（positive self-concept）、成就動機（achievement motivation）及特殊才能（talent）。

(4)亨斯里等人（Haensly, Reynold & Nash）

提出四個 C（coalescence, context, conflict, commitment）來說明資優的基本概念：

①統合（coalescence）係指個體具有後設認知（meta cognition）及後設知覺（meta awareness）的能力；個體能在適當的時機，運用適合的步驟去處理訊息，而以特殊的型態表現高效率的工作成果。

②情境（context）係指決定個人工作成果是否有價值的環境因素。

③衝突（conflict）係指個人在邁向成功的過程中不可避免地必須面對外在壓力，並在多種機會及途中作正確的選擇。

④熱忱或專注（commitment）係指個人在追求卓越的歷程中，所表現的堅毅、執著與忍耐的特性。

2. 外顯的理論取向

強調以實證方式尋找資優的某概念與其他理論或資料的相互關聯性。持此理論取向者，往往以個體解決問題的能力作為一種效標。其中分別包括：

(1)外顯的認知論

①傑克遜與伯特斐爾特（Jackson & Butterfield）重視資優行為，而不重資優個人，強調資優兒童的後設認知能力。

②布考斯基與斐克（Borkowski & Peck）強調後設記憶（meta-memory）直接影響行為的品質。

　　③戴維遜（Davidson）認為洞察力（insight）在資優行為表現中扮演重要角色。

　　④史騰堡（Sternberg）提出智力三元論（triarchic theory of intelligence），智力是認知、經驗與環境三者交互作用的結果。

　　(2)外顯的發展論

　　①葛拉伯（Gruber）認為要瞭解「資優」最好的方式就是對個案進行縱貫的研究。

　　②羅賓遜（Robinson）認為要瞭解資優必須瞭解其所處的文化背景及期望，它是外顯的特質，因個人的能力及行為的變化而有所改變。

　　③費德曼（Feldman）認為資優的發展包含：個人的能力、人格特質、社會、文化環境、個人經驗及特殊領域的努力等各方面的綜合。

　　④瓦特斯與葛德納（Walters & Gardner）認為資優是透過後天結晶化（crystallizing）的經驗（亦即學習與成長的結果）而形成的。

　　⑤葛納德（Gardner）認為智力不是一個單獨的架構，它包含多種不同的能力，至少包含語文的、音樂的、數理推理的、空間的、體能的、人際交往的及個己互動形式（interpersonal and intrapersonal）的能力。後來，再增加一種：與大自然環境相處（naturalistic）的能力。

二　資優兒童的分類

　　由於吾人對資賦優異兒童及其特質的瞭解，可能因為研究領域的偏好而產生不同的解釋。因此，在鑑定上的分類及其過程會有不同的考慮，一般而言，資賦優異兒童可以分為：

1. 學術資優（the academically gifted）

係指具有卓越的一般智力或特殊學術性向者。對於抽象思考、邏輯推理及問題解決等具有優異的能力；同時，在數學、語文、音樂、美術、自然、社會科學或文學、戲劇等亦有相當的表現水準。若以比西量表測驗的評量結果而言，此種類型的資優兒童可再分為三種層次（*Gallagher, 1994*）：

(1)學術優異（academically talented）

約占學校總數 15%～20%：IQ 在一一六以上（亦即平均數一個標準差以上）。

(2)資優（gifted）

約占學校學生數 2%～4%：IQ 在一三二以上（亦即平均數二個標準差以上）。

(3)非常資優（highly gifted）

約占學校學生數的 0.1%：IQ 在一四八以上。

2. 創造力資優（creatively gifted）

係指具有卓越創造性或生產性的思考能力者。由於創造是思考的一種方式，其產生是因問題解決而生；因此，它可能為心理能力，亦可視為心理活動的歷程。

華拉氏（*Wallas, 1926*）將此種創造思考活動過程，分為四個階段：準備期（preparation）、醞釀期（incubation）、豁朗期（illumination）及驗證期（verification）。

基爾福（*Guilford, 1967*）認為創造力包含三種特性：即變通性（flexibility）、獨創性（originality）流暢性（fluency）。

陶倫斯（*Torrance, 1962*）在編製創造性思考測驗時，又加了一項精

密性（elaboration）。

3.社會心理能力資優（psychosocially gifted）

係指具有政治與社會的卓越領導才能者。領導才能依其形成的過程，在理論上主要包括下列四種模式（*Foster, 1981*）：

(1)領導者模式（the leader approach）

強調以個人能力、人際關係及特有的人格特質，影響團體的決策者。本質上屬於個人心理結構超乎常人的部分，所謂「天縱英才」偉人、傳奇人物的寫照等。

(2)領導過程模式（the leading approach）

強調領導是一個社會過程；藉由團體成員間自然的互動而促成團體目標的達成，而不是由個人的某些特質所引發。

(3)非領導者模式（the non-leader approach）

強調領導只是因團體社會壓力而產生，他是相互依存的關係。領導者必須符合團體的屬性與期待，其領導功能始能發生作用。

(4)領導地位模式（the leadership approach）

強調領導只是由組織結構所賦予資格的社會角色者。此模式乃是基於社會角色理論與符號互動論，只強調合法化領導者的正式地位。

4.身體知覺能力資優（kinesthetic giftedness）

係指在視覺、表演藝術或心理動作（psychomotor）能力具有高水準表現者。例如：著名的運動員、演員、藝術家、舞蹈家等特殊才能皆屬之。

⅔ 三　資優兒童的鑑定

　　為避免真正資優兒童被排斥於資優教育工作之外，戴維遜在一九
八六年所寫「反對形式的鑑定資優」文章中，提出所有形式的測驗、
評量與提名推薦方式，並不能真正測知資優兒童的智力與特殊才能。
因此，她認為必須遵循下列三項原則（*Davidson, 1986*）：

　　1.設定資優兒童在學校所占的百分比，大約是 15%～20%之間。
此與阮祖里所倡人才庫（talent pool）及旋轉門（revolving door）的哲
學理念相似。

　　2.設定在智力測驗、成就測驗或創造力測驗在百分等級 90%以上
者，即需接受資優教育。

　　3.增加父母、老師正式與非正式推薦的方式；依據創造力邏輯思
考、問題解決或成就動機等加以認定。

　　由此可知，在鑑定層次中最主要的考慮乃在於如何以各種不同的
方式，蒐集兒童是否具備資優的條件。一般而言，資優的鑑定工作，
大致可分成兩階段：第一階段稱為篩選（screening）或初選，其目的
在透過普查的方式，找出具有資優傾向的學生；第二階段稱為鑑定
（identification）或複選階段，其目的在從初選名單中，利用詳密的個
別評量方式，以確定將安置於資優教育方案的人員（何華國，民80）。

　　初選階段的重點，是儘量使每一位兒童皆有機會參選，常見的方
法如：⑴教師推薦（teacher nominations）；⑵團體智力測驗；⑶成就
測驗；⑷家長推薦；⑸同儕推薦（peer nominations）；⑹自我推薦；
⑺學生作品的評定（product evaluations）等。

　　複選階段的重點則在透過個別化的評量，以確切鑑定資優兒童。
其主要的方法包括：⑴個別智力測驗；⑵創造力測驗；⑶特殊才能表

現；(4)領導才能；(5)其他，如人格測驗、自我概念等。

常用的鑑定工具如下：

1. 智力測驗

兩種常被使用的個別智力測驗是斯比量表（Standford-Binet）（*Terman & Merrill, 1973*）與魏氏智力量表（Wechsler Intelligence Scales）（*Wechsler, 1974*）。國內則有修訂比西智力量表第四次修訂本（教育部，民66）、新編中華智力量表（甲、乙種）（國立台灣師大，民85）、魏氏兒童智力量表（陳榮華，民86）、簡易個別智力量表（王振德，民88）。

2. 成就測驗

通常是指學科成就測驗，除了正式的、標準化的成就測驗，如：國語、數學等科外，亦有由老師自行編製，用以評量學生在學校成就的綜合測驗。

3. 創造力測驗

最被熟知的是陶倫斯創造思考測驗（Torrance Tests of Creative Thinking，簡稱 TTCC）（*Torrance, 1966*）。國內已有修訂本，分別為托浪斯創造性思考測驗（劉英茂，民68）、拓弄思語文創造思考測驗（乙式）與拓弄思圖形思考測驗（甲式）（吳靜吉等人，民70）、陶倫斯圖形創造思考測驗（乙式）（陳龍安，民81）。此外，林幸台、王木榮（民76）亦修訂編製威廉斯創造力測驗，除了擴散性思考測驗（Test of Divergent Thinking）及擴散性情意測驗（Test of Divergent Feeling）兩種專為兒童及青少年設計的測驗工具外，尚有三種工具式的威廉斯量表（Williams Scale）。

4.其他評量工具

除了學術領域表現的評量，如作品、技巧的評量；一般常見的評量則有：資優學生行為特質評量表（Scale for Rating the Behavioral Characteristics of Superior Student）測量學生學習、動機、創造力、領導才能、溝通與特殊才能等領域的行為特質（*Renzulli & Hartmam, 1971*）。國內亦有「教師對兒童行為觀察量表」（吳鐵雄等人，民 69）、「學習行為觀察量表」（郭靜姿，民 76）分別提供教師與家長對資優兒童更深切的認識。

四　資優兒童的操作性定義

依據教育部八十八年公布身心障礙及資賦優異學生鑑定基準所稱之一般智能優異、學術性向優異、藝術才能優異、創造能力優異、領導才能優異及其他特殊才能優異。其操作性定義規定如下（教育部，民 88a）：

1.一般能力優異

指在記憶、理解、分析、綜合、推理、評鑑等方面較同年齡具有卓越潛能或傑出表現者；其鑑定基準如下：

⑴智力或綜合性向測驗在平均數正一點五個標準差或百分等級九十三以上者。

⑵專家學者、指導教師或家長觀察推薦，並檢附學習特質與表現等具體資料者。

2.學術性向優異

指在語文、數學、社會科學或自然科學等學術領域,較同年齡具有卓越潛能或傑出表現者;其鑑定基準為下列各款項規定之一:

(1)某領域學術性向成就測驗在平均數正一點五個標準差或百分等級九十三以上,經專家學者、指導教師或家長觀察推薦,並檢附專長學科特質表現等具體資料者。

(2)參加國際性或全國性有關學科競賽或展覽活動表現特別優異,獲前三等獎項者。

(3)參加學術研究單位長期輔導之有關學科研習活動,成就特別優異,經主辦單位推薦者。

(4)獨立研究成果優異,經專家學者或指導教師推薦,並檢附具體資料者。

3.藝術才能優異

指在視覺或表演藝術方面具有卓越潛能或傑出表現者;其鑑定基準為下列各款規定之一:

(1)某領域學術性向成就測驗在平均數正一點五個標準差或百分等級九十三以上,或術科測驗表現優異者。

(2)參加國際性或全國性各該科競賽表現特別優異,獲前三等獎項者。

(3)專家學者、指導教師或家長觀察推薦,並檢附藝術才能特質與表現等具體資料者。

4.創造能力優異

指運用心智能力產生創新及建設性之作品、發明或問題解決者;

其鑑定基準為下列各款規定之一：

　　(1)創造能力測驗或創造性特質量表在平均數正一點五個標準差或百分等級九十三以上者。

　　(2)參加國際性或全國性創造發明競賽表現特別優異，獲前三等獎項者。

　　(3)專家學者、指導教師或家長觀察推薦，並檢附創造才能特質與表現等具體資料者。

　　5.領導才能優異

　　指具有優異之計畫、組織、溝通、協調、預測、決策、評鑑等能力，而在處理團體事務上有傑出表現者；其鑑定基準為下列各款規定之一：

　　(1)領導才能測驗或領導特質量表得分在平均數正一點五個標準差或百分等級九十三以上者。

　　(2)專家學者、指導教師、家長或同儕觀察推薦，並檢附領導才能特質與表現等具體資料者。

　　6.其他特殊才能優異

　　指在肢體動作、工作運用、電腦、棋藝、牌藝等能力具有卓越潛能或傑出表現者；其鑑定基準為下列各款規定之一：

　　(1)參加國際性或全國性技藝競賽表現特別優異，獲前三等獎項者。

　　(2)專家學者、指導教師或家長觀察推薦，並檢附專長才能特質與表現等具體資料者。

　　以上鑑定基準，除每一類資優兒在第一項及第二項有具體的數據資料可以參考，第三項的專家、學者、指導教授或家長觀察推薦，則

較屬多元評估或檔案成果的展現，雖有一定參考意義，有時易流於主觀或見仁見智之議。

其次，由於國內有關藝術才能、創造能力、領導才能及其他特殊才能等，尚未有標準化的測驗工具，因此，訂定各類資優兒童的鑑定基準，通常多以參考其第二、第三項的表現或由相關領域機構及學校加以鑑定；必要時，再加考術科或相關測驗，以評估兒童的可能發展潛能與安置方式。

有關資優兒童的教育安置，在型態上主要包括：全時制同質班級（full-time homogeneous classes）、全時制異質班級（full-time heterogeneous classes）及部分時間或暫時性分組（part-time or temporary groups）等三種型態。分別析述如下：

一　全時制同質班級

1. 磁鐵學校（magnet schools）

亦即以某一科領域為號召的學校，好像磁鐵一般吸引地區資優學生（含低成就、低社經地位者）前來就讀，除可發展重點領域學術外，亦可兼顧地區教育發展的均衡性。

2. 資優特殊學校（special schools for the gifted）

與磁鐵學校類似，整個學校只提供給資優學生，學區依美國教育部對資優者所界定的標準（一般能力、特殊學術性向、創造力、領導能力或視聽表演才能），選擇學區內優秀學生就讀。

3. 私立學校（private schools）

有些私立學校亦提供資優學生某一領域的專業課程，如電腦、外

國語等。

4. 學校內學校的方案（school-within-a-school）

學校對學區內某些資優學生提供某種特殊的班別，依性質它可能是各種不同的資優能力相結合的班級。與後者所述特殊班相似。

5. 特殊班（special classes）

在學校內依年級、性質而規劃一些特殊的班級，提供資優學生學習機會。

二 全時制異質班級

1. 普通班打破年級界限（combined grades in regular class）

即跨年級教室（multi-age classrooms）將不同年級的學生依其能力組合成班；採個別化教學，並以加速制進行學習。

2. 叢集式分組（cluster groups）

將一群資優學生，安置於一種充實制的普通班級內，進行個別的或團體的學習。它們可能進行獨立研究，或與班上同學共同學習，以避免受到孤立。

3. 回歸主流方式（mainstreaming）

亦即考慮資優學生的個別化教育方案（I. E. P），使資優學生在普通班級亦能受到適合其能力與需要的教育，提供相關資源以利學習。

三　部分時間或暫時性分組

1.調出方案（pull-out programs）

這是最為傳統的構想，每週將資優學生自普通班級調出二至三小時，參加由學校或學區各學校間的資優教育方案，並由學區的協同教師（coordinator）授課。

2.資源方案與資源教室（resource programs and resource rooms）

提供資優學生一個特殊的學習環境，每週利用一個上午或下午，將資優學生安置在資源教室進行某一學科的學習，有時甚至跨年級、學校至初中、高中選修課程。

3.部分時間的特殊班（part-time special classes）

與全時制特殊班相似，只是時間不同而已；由學校規劃一些部分時間的特殊班，以自足的班級（self-contain classes）為主。

4.特殊團體（學會）（special interest and clubs）

許多中學都有類似的組織，小學較少；學校通常以吸引資優學生的一些社團、學會等組織，培養學生領導能力及各種特殊才能。

對於資優兒童的教育安置，雷諾與伯齊（*Reynolds & Birch, 1977*）依回歸主流與完全隔離之間提出系列的變通方式，如圖4-1：

充分回歸主流　　　　　　　　　　　　　　　　完全隔離

　　　　　　　　　　　　　　■暑期特殊研習班

　　　　　　　　　　　　■特殊學校

　　　　　　　　　　■普通學校的特殊班

　　　　　　　　　■參加人數受限的研習班

　　　　　　　■資源教室與學習輔導中心

　　　　　■學校中參加人選受限的參觀旅行

■普通班中的能力分組
■參加人選受限的普通班之課外活動
■普通班中的個別輔導
■普通班中的獨立與個別化的學習研究

圖 4-1　資優學生變通的教育安置

（引自何華國，民 80，頁 68）

　　國內有關資優兒童教育安置的方式，主要採集中式與分散式；而時間分配上亦包括全部時間與部分時間二者。集中式是將資優學生安置在特殊班級，屬於完全隔離的教育安置，而分散式是將資優學生安置在普通班級，以全部時間或部分時間在資源教室接受教學，頗具回歸主流的色彩。究竟是集中式較好，或是分散式較好？在現今人人重視升學的教育環境下，資優兒童教育能否收到預期功效？是否受到肯定？恐怕亦是見仁見智的思辯。

　　依據教育部（民 88b）特殊教育概況所載，採集中式與分散式型態，事實上已不能符合每一位學生的需求，部分縣市統一規定單一的安置型態，實不符合彈性化、多樣化的教育安置原則。配合新頒特殊教育法及前述資賦優異學生鑑定基準，未來資優教育對象擴充後，創造、領導及其他特殊才能學生的教學難以已往的兩種型態達到教育目標。因此，資優兒童的教育方式應力求多元而有彈性，國內小學階

段，資優教育安置除已設置的智優班、音樂班、美術班、體育班外，原則將不再增設集中式的安置方式，以期達到特殊教育回歸主流的可能。

資優兒童在普通班可以接受加深、加廣或個別化教學，透過團體活動、假日研習、冬夏令營、競賽方式辦理創造、領導及其他特殊才能學生教育活動；對於偏遠或人口較少的社區則可運用遠距教學、函授學習方式，不一定每校均設資優班或資源班。

第三節　資賦優異兒童的課程與教學設計

由於兒童在類別與特質上呈現相當的差異，因此要設計一套符合所有資優兒童需要的教育方案，似有困難。葛拉格（*Gallagher & Gallagher, 1994*）認為資優課程的內容，主要在於個別化的課程規劃，它包括：(1)加速制（acceleration）；(2)充實制（enrichment）；(3)複雜化（sophistication）；(4)新奇化（novelty）。一般而言，主要的爭議乃在加速制與充實制的相互消長，事實上，二者應互為輔用，相輔相成，均有存在之必要（*Cox & Daniel, 1985*）。茲分別析述如次：

一　加速制

允許資優學生比普通學生以更快的速率完成一般課程的要求。可分為下列幾類（*Davis & Rimm, 1998; Kirk & Gallagher, 1994*）：

1.提早入學

資優兒童的智力發展、社會發展，如已達到相當的水準，即可提早入幼稚園、小學。

2.跳級

讓資優學生跳過某一學年或某一學期的課程而升級。由於這種方法可能帶來潛在性的短期適應問題，所以未被普遍採用。

3.縮短課程

讓資優兒童在更短的時間內完成正規課程，縮短修業年限。

4.提早修習初中、高中課程

讓資優兒童在國小及初中即先修初中及高中課程。

5.提早進入大學

讓特殊資優學生，可能在十三、四歲或十五歲即進入大學就讀。

二　充實制

提供資優學生較為寬廣的學習機會，以擴充其對主題內容的認識。

一般而言，充實制的主要教學策略可歸納為下列幾項（*Davis & Rimm, 1998*）：

1.獨立研究（independence study）與專題研究（research project）

包括圖書館、科學館、博物館、藝術館或實驗室，甚至大學院校設備與學者專家共同研討有關問題。利用社區資源進行主題的探討。

2.學習中心（learning center）

在校內開闢學習的活動與場所，以滿足資優學生的需要。此種學習中心有時亦類似為「資源中心」（resource room）；除了可於校內以某些場所進行學生調出式（pull-out）的學習外，亦可以學區為單位設置。

3.田野旅行（field trip）

亦可作為獨立研究時，資料蒐集的策略之一，透過參觀、訪問的方式，在活動中由學生依個人興趣的主題，隨時提供問題共同討論。

4.週末及暑期參加研習營（Saturday and summer program）

利用暑假參加各項資優研習活動，增進學生研究潛能。

換言之，充實制的方式包括：

1.水平充實（horizontal enrichment）

亦即在課程上加廣的型態；提供資優學生廣泛的「通識課程」，它所重視的是課程的廣度而非深度。

2.垂直充實（vertical enrichment）

強調發展資優學生較高層次的概念與思考技能。換言之，提高教材的深度是此類課程的特色。

綜上所述，誠如史宛西（*Swassing, 1985*）認為，有效的充實制將提供加速經驗；而且加速將對課程提供某種的擴增或充實，選擇不在於

充實或加速間取其一，而是重點有別而已。因此，資優課程的設計，縱有加速與充實之爭，唯多以充實觀點立論，融入加速色彩（王文科，民 82）。若為適應個別差異，可輔以個別化教學方案，以滿足學生個別需求（王文科，民 83）。因此，在探討資優的課程設計，多以充實制為主體進行分析；其中更以阮祖里（Renzulli）的充實三合模式（enrichment triad model, ETM）與費赫遜（Feldhusen）的三段充實模式（tree-stage enrichment model）最具代表性。茲分述如次（*Davis & Rimm, 1998*；王文科，民 *82*）。

▶ 實例說明㈠　資優課程設計──充實三合模式

以充實、認知、研究問題為取向。係由阮祖里（*Renzulli, 1977*）所倡導，為最佳的充實方案之一。主要在於培育兒童能夠運用適當的探究方法，以真正研討實際的問題或主題，並將之與其秉持的假定結合，以達成充實三合方案預期的目標：使學生依自己的期望及個別差異進行學習。其主要順序或步驟，包括下列三項活動類型，詳如圖 4-2：

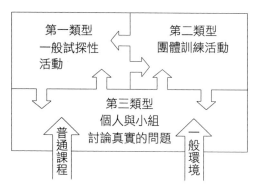

圖 4-2　阮祖里的充實三合模式

1. 第一類型活動（TypeⅠ）

亦即一般試探性活動（general exploratory activities），係為傳授學生一種新的或伸展的學習領域而設計。其目的在於：

(1)提供學生在學校課程外，一些試探性的主題。

(2)提供一般充實性的活動給所有有興趣學習的學生。

(3)引起動機強烈的學生主動發現、追求第三類型活動的獨立研究。

換言之，試探性活動的主題係根據學生的興趣、第三類型活動可能提議的方案、可能傳授學生的學科結構與方法論等而來。希望學生從接觸的各類活動主題或機會中，配合自己感興趣的領域，擴充學習的深度與層次。因此，為使學生順利從事一般試探性活動，學校宜設置資源中心，備妥各類書籍、雜誌或其他媒體資料等，以供學生選擇主題所需的資訊。帶領學生多參觀、訪問，瞭解相關機構、場所（如：消防隊、文化中心、圖書館、自然科學館、天文館……）及一些設施、活動等，以引起學生對於主題的好奇與興趣。

2. 第二類型活動（TypeⅡ）

亦即團體訓練活動（group training activities），泛指包括認知、情意與技能活動在內的歷程活動（process activities），其目的在於（*Renzulli & Reis, 1991*）：

(1)誘導學生創造思考、問題解決、批判思考能力及情意方面的發展（如：對事務的敏覺及鑑賞、評估能力）。

(2)培養學生「學習如何學」的技能（如：傾聽、觀察、摘記、撰寫大綱、晤談、調查、分類、分析、整理資料、下結論等）。

(3)能使學生會運用參考資料（如：讀者指引、目錄、摘要，及一些光碟系統等）。

⑷學生能以書面、口頭及視聽媒體等資訊，將研究成果有效地呈現給所有觀眾。

阮祖里認為透過歷程活動，可使兒童習得上述技巧，而最好的途徑是將之應用於處理實際生活的問題。因此，他建議教師應透過普通班級所能習得的技巧，進行增強與補充教學，透過學生在團體中的互動、討論，增進學生溝通、表達及獨立思考的能力，以奠定第三類型活動的基礎。

3. 第三類型活動（Type III）

亦即個人與小組討論真實問題（individual and small group investigation of real problems），此模式提供了真正為資優教育而安排的分化途徑。其目的在於：

⑴協助年輕人運用適當的探究方法，成為真實問題或主題的實際探討者。

⑵提供學生主動參與確立有待探討之問題，以及採用方法以解決該問題的機會。

⑶允許學生把資訊當作原料處理，而不讓他們根據他人獲得的結論，提出報告。

⑷提供學生從事探究以實際產物為導向的活動。

⑸提供學生應用思考與感受歷程於真實的情境，而非將之應用於結構性作業的機會。

在第三類型的課程中，以教師為學生提供研究方法及實驗室環境（laboratory enrichment）的任務，最具價值。阮祖里認為在此類型活動中，即應讓學生身歷其境成為真正問題的研究者，學生扮演知識的生產者（producers）而非消費者（consumers）而已。因此，教師必須站在引導者的立場，提供真實情境、環境，協助學生釐清問題、設計研

究、安排各項教具、設備，甚至推介社區相關資源及學者專家等，藉此逐漸發展學生能真正深入專研某一議題，並成為該問題的研究者，進而提出研究成果或發現。

☛ 實例說明㈡　資優課程設計──三段充實模式

以發展創造力為重點取向。係由費赫遜等人（*Feldhusen & Kolloff, 1981*；*Kolloff & Feldhusen, 1984*）所提倡。主要重點在以三種類型的教學活動，發展三個層次的技能。三種類型的教導活動，除了以發展創造力為核心外，亦強調聚斂性的解題能力（convergent problem solving）、研究技巧（research skills）及獨立學習（independent learning）等訓練活動。以下將費赫遜的三段模式的教學及其目標，依序分述如次（*Davis & Rimm, 1998*；王文科，民 82）：

1. 第一階段──發展基本的擴散性與聚斂性思考能力（the development of basic divergent and convergent thinking abilities）

本階段應實施的教學活動包括期限較短且由教師引導的作業，此等作業以創造思考性質為主，但也顧及邏輯與批判性質的作業，常見的方式，例如：請列舉垃圾袋的特殊用途；預測未必會發生的事件結果（若沒有電視會怎樣？），藉以發展學生的流暢、獨創、變通、精密等創造能力與態度。

2. 第二階段──設計較複雜的創造性與解題活動（more complex creative and problem-solving activities）

本階段的活動主要是在提供學生較長的思考時間，透過教師較少的指導以啟發學生更具主動的研究精神。常見的方式，例如：以腦力

激盪（brainstorming）與分合法（synetics）增進學習與練習使用創造思考技術。此外，運用有系統的解題模式（systematic problem-solving model），界定問題、列出想法、評鑑想法及付諸實施等步驟，完成複雜的學習任務。

3. 第三階段——設計強化獨立學習能力的活動 （independent learning abilities）

　　本階段的活動主要在讓兒童以迎接挑戰的方式，界定與釐清問題；從書本或其他資源蒐集所需的大量資料，解釋其所發現的問題，進而發展理論架構。換言之，本階段中教師不僅在協助學生使用圖書館中的百科全書，而且在協助他們根據目標擬定學習計畫，並將其所發現的觀念傳遞給他人。因此，本階段的活動，例如：撰寫短篇故事、短劇、短片及研究有關當地空氣污染的報告等。

參 考 書 目

✎ 中文部分

王文科（民 82）。資優課程設計模式舉隅。載於國立彰化師範大學特殊教育研究所：資優鑑定與課程設計。台中：台灣省政府教育廳。

王振德（民 88）。簡易個別智力量表。台北：天馬。

毛連塭（民 80）。資優概念的演變與趨勢。國小特殊教育，*11* 卷，頁 *1-4*。

陳榮華（民 86）。魏氏兒童智力量表。台北：中國行為科學社。

何華國（民 80）。特殊兒童心理與教育。台北：五南圖書出版有限公司。

林幸台、王木榮（民 76）。威廉斯創造力測驗。台北：心理。

林寶貴譯（民 78）。特殊教育新論。台北：幼獅。

吳靜吉、高泉豐、王敬仁、丁興祥（民 70）。拓弄思語文創造思考測驗（乙
　　式）。台北：遠流。

吳鐵雄、陳英豪、Schaffer, E. C.、簡真真（民 69）。教師對兒童行為觀察量表的
　　初步研究。載於教育部國教司編印：資賦優異兒童研究，實驗叢書，6 輯。

教育部（民 88a）。特殊教育法規選輯。

教育部（民 88b）。中華民國特殊教育概況。

國立台灣師範大學（民 85）。新編中華智力量表。

陳龍安（民 81）。陶倫斯圖形創造思考測驗（乙式）。台北：心理。

郭靜姿（民 76）。學習行為觀察量表初步編訂報告。載於國立台灣師範大學：
　　特殊教育研究學刊，*3* 期，頁 171-184。

劉英茂（民 68）。托浪司創造思考測驗（語文甲式）指導手冊。台北：中國行
　　為科學社。

英文部分

Clark, B.（1996）. Growing up gifted: Developing the potential of children at home and at
　　school.（5th ed.）. NY: Macmillian.

Cox, J. & Daniel, N.（1985）. The Richardson survey concludes. *G / C / T*, pp.33-36.

Davidson, K.（1986）. The case against formal identification. *Gifted child today, 9*（6），
　　pp.7-11.

Davis, G. A. & Rimm, S. B.（1998）. *Education of gifted and talented*. Englewood Cliffs,
　　N. Y.: Prentice-Hall.

Foster, W.（1981）. Leadership: A conceptual framework for recognizing and educating.
　　Gifted child quarterly, 25, pp.17-25.

Gagne, F.（1985）. Giftedness and talent: Reexamining a reexamination of the definition.
　　Gifted child quarterly, 29, pp.103-112.

Gallagher, J.（1994）. *Teaching the gifted child*（4th ed）. Boston: Allyn & Bacon.

Guilford, J. P.（1967）. *The nature of human intelligence*. New York: McGraw-Hill.

Kirk, S. A. & Gallagher, J. J.（1994）. *Educating exceptional children*. Boston: Houghton Mifflin.

Marland, S.（1972）. *Education of the gifted and talented*（Report to Congress by the U. S. Commissioner of Education）. Washington, D.C.: U. S, Government Printing Office.

Milgram, R.M.（1989）. *Teaching gifted and talented learners in regular classrooms*. Illinois: Charles C. Thomas Publisher.

Renzulli, J. S.& Hartman, R.（1971）. Scale for rating behavioral characteristics of superior students. *Exceptional children, 38*（3）, pp.221-224.

Renzulli, J. S.（1977）. *The enrichment triad model: A guide for developing defensible programs for gifted and talented*. Mansfield, C. T.: Creative Learning Press.

Renzulli, J. S.（1978）. What makes giftedness? Reexamining a definition. *Phi Delta Kappan, 60*, pp.180-184.

Renzulli, J. S.（1986）. The three-ring conception of giftedness: A developmental model for creative productivity. In R. J. Sternberg & J. E. Davidson（eds.）*Conceptions of giftedness*. Cambridge, M. A.: Cambridge University Press.

Robinson, B. Davis, G. A., Fiedler, E. D. & Helman, I. B.（1982）. *Education of gifted and talented: A primer*. Madison, WI: Wisconsin Department of Public Instruction.

Sternberg, R. J. & Davidson, J. E.（1986）. *Conceptions of giftedness*. N. Y.: Cambridge University Press.

Torrance, E. P.（1962）. *Guiding creative talent*. Englewood Cliffs, N. J.: Prentice-Hall.

Torrance, E. P.（1966）. *Torrance tests of creative thinking*. Bensenville, IL: Scholastic Testing Service.

Wechsler, D.（1974）. *Wechsler intelligence Scale for Children-Revised*. New York: Psychological Corporation.

5

視覺障礙兒童

杞昭安

第一節 視覺障礙的意義

視覺障礙究竟如何界定，有人一眼全盲而另一眼視力測定值為 1.0，因此無法就讀於啟（惠）明學校，也無法申請到殘障手冊；視覺障礙確實帶給人們非常的不方便，究竟什麼原因造成，又如何來防範，以下謹就視覺障礙的定義和視覺障礙的成因來加以說明。

一 視覺障礙的定義

有人身體的器官因醫療上的需要而切除；有人因智能低下，比常人差太多，諸如這些障礙，他們均可以請領殘障手冊，接受政府的照顧和輔導。但如果有人因職業上的傷害；或學生戴眼鏡打球，不小心把一隻眼睛弄瞎了，僅能依靠另一隻眼睛來生活，卻因剩下的眼睛視力極佳，所以無法請領殘障手冊，究竟為什麼，我們首先得來看看視覺障礙的定義。

我國於民國八十八年頒布之身心障礙及資賦優異學生鑑定原則鑑定基準第四條規定，視覺障礙指依萬國式視力表所測定之優眼視力未達 0.3，或視野在二十度以內者。依障礙程度，分為下列兩類（國立台灣師大特教中心，民 88）。

1.弱視

優眼視力測定值在 0.03 以上未達 0.3 或其視野在二十度以內者。

2. 全盲

優眼視力測定未達 0.03 者。

上述之優眼視力，係指經視力矯正之後的最佳視力，而視力表通常有萬國視力表及史乃倫視力檢查表（The Snellen Charf）。在美國通常使用史乃倫視力檢查表測量，而以分數表示視力單位。例如 20/200 表示視覺障礙者在距離物體二十呎的位置才能看清楚，而視力正常者則在二百呎處就可以看到。萬國式以 C 字形測量，而史乃倫式以 E 字形測定，我國規定以萬國式為主。

上述分類均依據醫生的視力證明為之，但國內從事視障研究者，多喜歡採用閱讀工具作分類的標準。例如：

1. 教育盲（Educational blindness）

視覺受損程度足以構成無法再從事學習者。這些人必須以聽覺、膚覺、觸覺為主要的學習方法，因此在教讀寫方面多利用點字教學。

2. 弱視（low Vision）

視力矯正後，優眼的視覺敏銳度在 20/70 至 20/200 之間的嚴重視覺障礙者（郭為藩，民 82）。

前者係以點字書寫閱讀，而後者則以大字體課本為主。依上述特殊教育法之規定，視覺障礙須以優眼來判定，亦即雖一隻眼睛全盲，而一隻眼睛視力正常，依然不符合於視覺障礙界定的標準。

✒ 二　視覺障礙的成因

　　視覺障礙的成因，有人分成先天因素、中毒、腦瘤、傳染性疾病、其他病因及一般疾病導致。但在醫學上則依眼球的結構受損或傷害而分成四大類：保護性結構部分、定向性結構部分、屈光系統及受納器官系統（李德高，民77；郭為藩，民78；賴泉源，民76）。（如圖5-1）

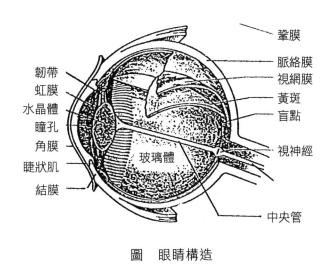

韌帶
虹膜
水晶體
瞳孔
角膜
睫狀肌
結膜

玻璃體

鞏膜
脈絡膜
視網膜
黃斑
盲點
視神經
中央管

圖　眼睛構造

　　在視覺障礙教育中，視力的保健十分重要，因此對於眼睛的各個組成部位及病變，需要有一個初步的瞭解。

1.視力和視野

　　視力0.5表示正常人二十呎以外可以看見的東西，他必須走到十呎的距離才能看清楚；而視野指眼睛所能看見的範圍。

2. 眼皮

眼皮邊緣上長睫毛，當眼睛閉起來時，上下睫毛相互交錯，可防止外物入侵。

3. 淚器

淚器包括淚腺、淚小管、淚囊及鼻淚管。眼淚旨在保持角膜與結膜的濕潤，但不能太濕或太乾。

4. 結膜

透明的黏膜，覆在整個眼球的外部，眼皮內部有一層結膜，所以檢查眼睛要把眼皮外翻，即檢查此一結膜。

結膜能分泌液體，配合淚水濕潤眼睛外部，且其直接與外界接觸，所以受傷機會特別多。

新生兒眼疾，即每個嬰兒出生後均要點眼藥水或擦眼藥膏，此乃一種預防措施，醫師戴手套帽子，穿手術衣，除了保護產婦，同時也是保護新生兒，避免眼睛受感染。

結膜是保護眼球的外圍屏障，有微生物侵入時，它首當其衝，所以常會有發炎、紅腫的現象。但是結膜炎有許多不同的型式，引起的原因均不相同，有時候必須作抹片染色、細菌培養才能正確診斷，如果隨便買眼藥水來應付任何一種「紅眼睛」，一定會造成遺憾。常見的結膜炎有：

(1)流行性角結膜炎

這是發生率最高，傳染性最大的一種，是由濾過性病毒引起，尤其在夏天更為猖獗，主要是經公共場所的接觸傳染，例如游泳池、理髮廳等，患者通常會先有異物感、發癢、眼睛變得很紅、很嚇人，繼

而畏光、流淚，整個病程大約要七天至十天可以痊癒，由於它是濾過性病毒引起，所以治療都是輔助性的，用抗生素（消炎劑）不但一點效果都沒有，還會加重或延長病情。另外還要說明一點，洗眼睛不但不會減輕症狀，反而有加重或傳染給別人的危險，千萬不要有洗眼會比較好的錯誤觀念，對於這種病最好的方法就是預防重於治療，不要有事沒事就去揉眼睛。

(2)過敏性結膜炎

身體對某種物質（可能是空氣中的塵埃或其他），引起過敏反應，在眼睛表現出來，此時患者會覺得眼皮非常的癢，但不會紅腫，相反地，卻有些較為蒼白，通常合併有過敏性鼻炎的症狀，治療針對抗過敏用藥，隨便點什麼黴素，可是一點用也沒有的。

5. 角膜

眼球中央的透明組織，它是「靈魂之窗」的「玻璃」。角膜緊靠著結膜，所以流行性角結膜炎會影響到角膜。

睡覺時有人眼睛半張半開，致淚水蒸發的比較快，眼睛容易乾燥，角膜和結膜都比較容易受傷。一般人眼皮一閉眼睛便自動往上看，雖然眼皮沒有完全封住，但重要的角膜卻完全藏在眼皮之下。

6. 白內障

晶體是完全透明的器官，像一凸透鏡，如果失去透明度，光線即無法透過，眼睛也因此無法看到東西，此即為白內障。七八十歲時，晶體慢慢的變老，顏色慢慢加深，透明度也愈來愈差。

白內障是指原本透明的水晶體變白混濁不清，阻礙了光線的透入，引起視力不良。造成白內障的原因很多，較常見的有：

(1)老年性白內障

人一到六十歲以上，多多少少都有這種老化的現象，所以年紀大了以後，都可能有白內障，除非視力模糊到影響日常生活了，否則可以不必開刀。

(2)先天性白內障

一生下來就有，這種小孩一定要早一點開刀，愈早愈好，因為光線不能進入眼球，視覺細胞及大腦視覺中樞沒有接受刺激就不會發育，變成一種「弱視」，等大了才開刀，視力也好不起來，還有的父母無知，一看到生下這種小孩就趕送到盲校去，這會誤了他的一生，必須在一歲前就開刀才有希望。

(3)外傷性白內障

水晶體受到撞擊、穿破等傷害引起混濁變化。

7.青光眼

眼壓高導致青光眼。眼球內有玻璃體和房水，眼球後半部的網膜、虹彩有豐富的血管組織，新陳代謝所需的養分、氧氣都由血管供應，產生的廢物也由血管運出。但前半部的角膜和晶體，因必須透明才能讓光線通過，因此沒有血管組織，也沒血液流經其中，但養分和氣體交換便須藉助於房水的流動。

睫狀體的血管豐富，能分泌出一種無色、透明，組成和血漿相似的液體，此液體經後房流到前房，晶體和角膜的營養即靠此系統來補給。房水和血液相同，須回流到血管，因此角膜和虹彩間的隅角將房水收集起來，流回眼睛的靜脈中。一旦此系統出問題，房水無法回流，則產生眼壓升高，變成青光眼。

眼球內有一個液體循環系統，負責供應球內各組織的新陳代謝，這液體叫做房水，它由睫狀體分泌出來，從角鞏膜交界處流出眼球進

入血管，如果有任何原因引起阻塞，房水一直分泌出來卻流不出去，眼內壓會升高，持續地升高，壓迫視神經，使其漸漸萎縮，視野缺損，最後導致失明，稱為青光眼。

大部分的青光眼病人，是不會感到任何症狀，只會覺得視力減退，視野縮小，只有少部分病人會有頭痛、噁心、眼球充血脹痛的現象，四十歲以上的中年人，應該特別警覺，定期檢查視力、眼壓、視野，因為青光眼一旦發生，就好像火燒房子一樣，被燒去的部分，再也不能恢復，所以無論吃藥、點藥或手術，都必須早一點開始。

8. 老花眼

老花眼，看遠的地方不必戴眼鏡，但看報紙則須戴眼鏡。因此可以想像老花眼和遠視有相同的情況。

9. 斜視

斜視俗稱「鬥雞眼」，醫生對斜視處理有三個目標：(1)把兩眼擺正，恢復美觀；(2)保持好的視力，防止弱視發生；(3)設法使兩眼能同時看，有融合及立體視覺。因此對患有斜視的病人，首先須了解他的斜視是如何發生的，小孩子有部分內斜視是由於遠視引起，只要給他點藥，配好眼鏡就可以了，不必開刀。另外有些斜視是先天性的，就必須早些開刀矯正，才能達到以上所講三個目的，而外傷或腦內腫瘤，疾病所引起腦神經麻痺性斜視，就必須追查原因，徹底治療，不可光看眼科醫師而已。

第二節　視覺障礙兒童的鑑定與評量

一　視覺障礙兒童的鑑定

1.鑑定步驟

視覺障礙兒童的鑑定，大體上依視力方面、基本能力方面、專業評量方面、特殊需求方面等。

每年三月份左右，申請入學的視覺障礙學生家長即準備填寫表格，依規定得繳交醫師證明的診斷書，因此必須帶視覺障礙學生前往規定之醫院檢查視力，但因鑑定小組對於視力檢查有一些項目需要填寫，因此設計了一份視覺功能醫師診斷評估表，主要的目的在於瞭解視覺功能以及對於學習可能產生的影響，以便找出正確的矯正方法、教學方法與輔助器具。

「視覺功能醫師診斷評估表」可請兒童原來的眼科主治醫師填寫，如果主治醫師無法配合填寫，可改由鑑定小組特約醫院的眼科主任協助施測及填寫，然後將該表格寄回鑑定小組。通常診斷流程為：備妥健保卡自行向特約醫院掛號，就診當日直接至眼科主任診室外等候叫號，不必先作視力檢查，如遇其他醫護人員要求先作視力檢查時再娓婉說明，眼科主任看診後如有需要會主動轉介給其他眼科醫師會診。

六月份正式的鑑定會議上，由鑑定小組安排專業人員進行視覺功效教育評估、基本能力檢核、專業評量診斷、特殊需求分析及建議，

然後再綜合研判最適合之安置環境。

2.鑑定工具

視覺障礙學生的鑑定工具，一般以醫師的診斷證明書為基準（萬國式視力檢查表、視野檢查計、視覺功能醫師診斷評估表），然後再由專業人員設計的視覺功能教育評估表、基本能力檢核表、專業評量診斷推薦表、特殊需求分析及建議表等四個工具為輔，需要時再參考其他認定檢核表之結果。

3.評量方式

評量之方式，視力方面由醫師作醫學之診斷，並由教育專業人員作視覺功能的教育評估。

基本能力方面由教師和家長一起來評量；專業評量診斷推薦表及特殊需求分析及建議表，由資深特教教師或專業人員實施，且均採取個別評量之方式。

4.評量者的條件

由家長配合醫師、資深特教教師、適當專業人員實施鑑定，因此評量者必須具備眼科醫師資格、特殊教育合格教師以及適當之專業人員。

5.綜合研判

視覺障礙學生之鑑定最基本的是要有醫師的診斷證明，視力經矯正後其優眼視力在 0.3 以下，或視野在二十度以內者，均視為視覺障礙兒童。至於如何作最適性的教育安置，則仍需經資深特教教師或適當之專業人員之評估後，再參考學生家長之意願，作綜合研判。當家

長意願和鑑定小組意見一致時，則鑑定工作將圓滿達成，一旦家長意願和鑑定小組不一致時，必須再和家長溝通，並檢討鑑定工作是否出現瑕疵。

二　視覺障礙兒童評量上的問題

視覺障礙兒童的評量，通常需要考慮到下列幾個問題：

1.評量的目的

評量視覺障礙兒童的目的是教師們首先要知道的，究竟是要評量其課業方面還是心理方面，是為了要鑑定還是為了補救教學。通常，我們只是為了建立資料，而為兒童作智力測驗，為了行事曆之安排而舉行段考，而往往忽略了評量的目的。

2.評量的過程

目前視覺障礙兒童缺乏適合的評量工具，而我們卻仍受傳統測驗的影響，強調評量的一致性、標準化、是否有常模等等，事實上，當視覺障礙兒童接受評量時，也正是教師們觀察兒童行為最適當的時機。

3.評量的限制

評量有時是具有特定的方式或目的，例如智力測驗只能用來解釋有關智力方面的問題，成就測驗則可作教學上之參考，不可誤用。至於某些測驗可能涉及文化差異，需要在測驗上多加考量，例如，目前內政部所舉辦的按摩技能檢定考試，學科方面除了備有大字體試卷、點字試卷外，更有國、台語有聲試題。全盲生所使用的性向測驗則為立體影印紙製作，柯氏方塊組合能力測驗也以各種材質布面製成，此

外，為防止因觸覺有障礙而誤判之情形，在測驗之前也必須先作觸覺測驗。

4.視覺的限制

視覺障礙兒童分為全盲和弱視，全盲兒童以及使用點字之弱視兒童，評量時應提供點字測驗卷，使用國字之弱視生，則提供放大約一點五倍的測驗卷，以解決他們在視覺上所受到之限制。

5.感覺功能的問題

視覺障礙是這些兒童的顯著障礙，而聽覺、觸覺、味覺、嗅覺等感覺功能如何，同時也必須加以瞭解。例如，測量視覺障礙兒童的智力，將測驗題目轉換成觸覺型測驗，並不代表可以真正測出其智商，或許他們觸覺遲鈍，無法觸摸出所要測量題目的意思，因此在正式施測之前，必須先測量其觸覺敏感度，以免將觸覺不佳的兒童誤判為智能不足。

6.藥物的影響

視覺障礙兒童中有腦瘤開刀者，有伴隨其他障礙者，或許必須經常服用藥物以控制眼壓、控制情緒、控制內分泌等等，藥物對於視覺障礙兒童之影響是教師們所必須瞭解的。

7.定向與行動

定向行動是視覺障礙兒童最重要的技能，當兒童內向、自我封閉、人際關係不佳時，首先應瞭解是否受其定向行動能力影響，通常視覺障礙兒童均須接受此項課程。

8.行為影響社會互動

視覺障礙兒童的行為表現影響其社會互動，樂觀或悲觀、消極或積極、情緒穩不穩定，均是其社會互動好壞之指標。

9.概念的發展

概念的評量可以看出兒童發展狀況，一般兒童由具體到抽象概念之獲得有一定程序，皮亞傑將它分為感覺動作期、具體操作前期、具體操作期、形式操作期，但視覺障礙兒童對於抽象概念之獲得困難，因此評量視覺障礙兒童時，應注意所使用的辭句，是否兒童所能瞭解者。

10.特殊的評量過程

視覺障礙兒童之評量和一般兒童相同，然而一般教師缺乏評量視覺障礙兒童的經驗，因此，測驗前應作周詳之準備，如果是測量智力，更應先早作彩排，測驗的材料也應適合他們，最好有助手在旁協助，並作各種觀察記錄。

11.視覺障礙兒童測驗編製應注意事項

編製視覺障礙兒童適用的測驗時，應考慮到下列幾項問題：

⑴指導語：應有明確指示，比照一般測驗之規定，以提供教師或學生作答之參考。

⑵避免過度保護：以正常的態度處理，如有必要將試題轉換成點字或大字體，此外不必作額外之提示。

⑶時間限制：視覺障礙兒童摸讀點字之速度只有明眼人的六分之一，因此時間上可以稍為放寬，或加計時，作分析資料參考。

⑷常模參照：視覺障礙兒童為數不多，是否需要建立常模見仁見智，但如果提供視障常模，也可作為視覺障礙兒童相互比較之參考。

⑸標準參照：標準參照是目前教師使用最多的評量標準，兒童可依自己的能力和教師協商，訂定標準，俾作再教學之依據。

⑹非正式的評量：非正式的評量應是視障教育工作者最需要的評量方式，這種評量方式隨時隨地均可實施，對於視障兒童補救教學最有助益。

第三節　視覺障礙兒童的特質

參觀過啟明學校的人大多有一些較為深刻的印象，例如：視覺障礙兒童把手杖讓老師檢查完後即收藏在書包或口袋，主要是怕別人說他是視障；視障兒童壓眼睛可能是眼壓高；身體不停的晃動，是因為缺乏外在適當的刺激所引發的自我刺激現象；視障兒童說他們除了不會開飛機外，其他什麼都可以做，這種自卑及受到社會忽視情況下的一種反應，並不表示他們真的適合各種行業；視障生因行動不便，往往拒絕參加各種活動；諸如此類，心理影響生理或生理影響心理的情況，在視覺障礙兒童最為明顯。以下就從各種層面來管窺視覺障礙兒童的特質：

一　感官補償之問題

一般殘障者在現實環境下，都磨練出一套適應的方式，例如肢體障礙者，可能因坐輪椅而使得上肢特別發達；聽覺障礙者因缺乏聽覺的干擾，可能使得視覺特別靈敏；同理，視覺障礙者，因生活之需

要，常需藉助於聽覺和觸覺來辨別事物，久而久之聽覺和觸覺就變得非常靈敏，這是因後天的因素造成，並非只要是視覺障礙，聽覺或其他感覺就自然而然的獲得補償。凡事只要經由訓練和練習，都可達熟練之程度，一般人如果經由相同的訓練，也會和視覺障礙者有相同敏銳的聽覺和觸覺。

二　視覺障礙兒童的人格特性

視覺障礙兒童的人格問題主要是幻想和焦慮，幻想大致有三種類型：

1.為消除社會煩惱之來源而產生。

2.為獲得自尊心和安全感而生。

3.從主動的情境中退縮而生，如色情的幻想。

至於焦慮方面，由於行動不便，深怕發生意外，而導致安全感的缺乏（郭為藩，民82）。

視覺障礙兒童的特質，經一些研究調查的結果作了以下之歸納：

1.自我中心。

2.退縮、沉默寡言、孤獨。

3.自閉性、幻想、缺乏與他人的協調性。

4.閉鎖性、團結。

5.行動過份慎重。

6.消極。

7.不喜歡行動。

8.固執。

9.依賴性。

10.恐懼心。

11.憂慮、緊張、神經質。

12.自卑感。

13.忘卻行動。

14.猜疑心強。

15.愛情的渴望、引人注意的行動、渴望受讚美。

16.攻擊性、競爭性。

17.易傷害對方或怨憤對方。

18.情緒上的不成熟。

19.內向、膽小、自我意識強。

至於視覺障礙兒童的人格特質如何評量，評量的項目為何，茲稍作說明：

1.人際關係方面

⑴寫出三名要好的朋友及要好的原因。

⑵寫出三名不喜歡的人及不喜歡的原因。

⑶寫出常來往的親友。

2.社會適應商數（SQ）方面

社會適應方面可採用「社會生活能力測驗」或「社會成熟度測驗」，評量的項目有六項：

⑴生活自理（Self-held）。

⑵作業能力（Occupation）。

⑶移動（Locomotion）。

⑷溝通（Communication）。

⑸社會化（Sociallization）。

⑹自我引導（Self-direction）。

3.人格測驗方面

一般人所使用的人格測驗，視覺障礙兒童也大多適用，通常使用問卷法來作「性格診斷測驗」。

三 習癖動作

視覺障礙兒童由於行動上受到限制，無法自由自在的到處走動，導致於體力過剩，加上缺乏外在的刺激，因此常會自我刺激，例如身體前後擺動，或玩弄身體的某一部位以求滿足，久而久之形成了習癖動作。想要改變這種行為可以協助安排一些活動，或以行為改變技術來克服。

視覺障礙兒童的習癖動作簡稱為「盲人癖」，據研究指出，盲人癖隨著成長而漸消失，通常常見的盲人癖分為兩種，一為觸覺性的：例如把指頭放在眼、鼻、口者，或觸摸其耳唇、頭髮者。一為運動性的：例如搖晃身體、轉轉頭、斜斜頭、頭前後左右搖動，全盲比弱視多。至於須注意的是假如勉強阻止這種習癖，大多會產生另一種習癖。

第四節 視覺障礙兒童的教育與輔導

台灣地區有三所特殊學校招收視覺障礙兒童，分別是台北市立啟明學校、省立台中啟明學校和私立台中惠明學校，至於不方便遠離家鄉到台北或台中就學者，則就讀於一般中小學，稱為「混合教育」。

目前啟（惠）明學校之學生人數約在四百名左右，而就讀於混合

教育班級則有八百名，雖年年稍有增減，但總維持在一千二百至一千三百名之間。至於其教育內容及教育型態，茲分述如下。

✦ 一 視覺障礙兒童的教育內容與型態

啟（惠）明學校的教學和普通學校對於視覺障礙兒童的輔導方式有一些差異，茲就混合教育和特殊學校的情況分開說明如次。

1.混合教育方面

視障教育的終極目標在於能回歸主流，目前之情況雖無法全部達成，但混合教育卻是代表著此一理念，雖部分學者認為，視障輔導員兼辦教育局的行政工作，無法專心輔導視障學生，不妨改成資源教室的型態以利輔導。

作者曾經訪視了一些轉入啟明學校的學生，據他們所述，視障輔導員前往輔導的情形如下：有人每週輔導二、三次，也有人每學期才二、三次；台北和高雄市的輔導情況普遍較佳，台灣省則人力稍嫌不足；比較聰明的學生接受輔導的次數較多，成績中下者輔導次數較少。雖然輔導狀況因人因地而異，但大多數認為巡迴輔導老師非常熱心，且迫切希望輔導老師的指導。持平而論，如果只是生活輔導，目前之師資就已足夠，如要兼顧學業輔導，則需更多的師資編制。

衡諸目前國民中小學，每班人數居高不下，想請任課老師對班上的視障學生多費神，恐怕不易辦到。因此，視障學生更顯得需要視障輔導員之協助。視障輔導教師兼辦行政工作是事實，但以輔導視障學生的立場來看，是否可以讓他們辭去行政工作，以便專心投入輔導工作。

如果，行政工作確實需要，是否可以委請南師院師訓班多招收學

員，或求助於各師大、師院之特教系畢業生以應孔急。至於改成資源教室，在彰化師大、文化大學及淡江大學等已實施多年，其模式在台北、高雄應屬可行，但台灣省視障學生較為分散，實施稍感困難，除非能有效規劃視障生所就讀之學校。

2.特殊學校方面

特殊學校之教育迴然不同於混合教育，就學生學習而言，因人數少所以大多能獲得相當妥善之指導，仍遭受嚴重批評，可見仍有待改進之處。

(1)教材

國民教育階段，視障學生除了生活訓練、定向行動及按摩等附加課程外，均和普通教育相同。

教師以一般的教材來施教，必然要使用複製、變更、代替和省略之處理方式。複製旨在使視障生和明眼人所從事的工作，並真正從事活動以獲得明眼人相似的經驗。變更則在不改變內容下，把國字以點字或聲音呈現。一旦有無法複製也無法變更的教材，只好找代替活動來補充，至於不適合視障者之教材則採「省略」方式為之。

基於回歸主流的考慮，教導視障生時，在教材運用上，多藉複製和變更者多，而代替的教材顯得最費神，需花費相當多的時間去蒐集和思考，這種教材最為可貴，惜一直未見教師把使用之教材作系統的記錄和整理。

最令人感困擾的是教材的省略，該不該省略，沒有客觀之標準，且教材一向有一貫性，一旦省略掉某些部分不教，必使得往後之教材難以銜接。何種教材無法複製、變更和代替，是和教師之素養息息相關的，所以教材取捨得當與否影響學生之學習甚鉅。

至於附加課程，一直缺乏系統化的教材，目前正由有關教師編輯

中，如生活訓練教材以智能不足者之教材為主加以增刪；按摩教材則參考日本及大陸之教材以增加篇幅。

(2)教法

教師之傳道、授業、解惑，貴於能不照本宣科，而把教材吸收消化後，整理出一套適合視障學生生活經驗的教材。我們常會因講台上的老師缺乏系統、不生動、枯燥，而憤怒或沈睡。但是否也曾想到學生學習情況不佳，是源於我們的教法不當所致。

傳統講演式的教法，最難引起學生的興趣，即使教材準備充分、舉列傾出，亦難以讓學生全心投入。因此，改變一下教學策略或教學環境，或許會有意想不到之效果。

教學活動之設計須配合學生，勞恩費爾德（Lowenfeld）認為應注意學生之個別差異，力求具體以及從做中學習。

「具體原則」在較高年級以及思考性的學科較難。一些抽象的概念均須借助具體概念來推想，因此讓學生多和外界環境接觸，多利用身體各器官去體會、度量，將有助於日後之學習。實物、教具對於視障生而言迫切需要，然國人似乎較不注重，教具之缺乏相當嚴重。這除了教具製作不易、有關單位應著手成立「視障教具製作中心」。

教學時如以明眼人之觀念和標準硬加諸視障學生，必會失望多於滿意。如看不慣學生的作法而代勞，無形中又剝奪了其學習之機會。如能耐心的讓學生自己動手參與，由弱視指導全盲，讓全盲發展其獨特的想法和作法，共同討論出最適合視障生的作法，結果往往令人有意想不到之效果。但最後也不妨再告知「明眼人的作法」以供其參考，畢竟視障學生有其獨特之次級文化。

(3)教具

視障學生的教具雖然種類繁多，不勝枚舉，然其特色不外以下數點：

①把細小物體放大。如螞蟻、蚊子、蒼蠅，雖可以捕捉讓學生「觀察」，然因過於細小，往往不易「把握」，因此在製作此類模型時，必須將之放大千百倍。

②把巨大的物體縮小。如中正紀念堂，在帶學生前往參觀前，應先把「中正紀念堂模型」給學生觸摸，否則一旦前往參觀，置身偌大的殿堂中，亦不知身在何方。

③加註點字旁白。由教育局統一製作，分發給各校的教具，大部分須經改製或加上點字說明，才適於視障學生使用。如「時鐘模型」。須在每個數字旁附加點字標示。

④配置聲音。聽覺是視障學生資訊輸入的主要管道，假如教具在觸覺上不便傳達給他們時，就必須以聲音替代。如電子有聲水平儀、電子報時鐘、有聲電算機等。

二　視覺障礙兒童的閱讀指導

視覺障礙學生對於資訊之吸收倍感壓力，其訊息的獲得多賴聽覺與觸覺，有聲圖書及點字圖書乃成為其資訊之主要來源，有聲圖書方面，自「聽讀索引」（voice index）卡帶出現後，已能快速的提供資訊給視覺障礙者，惜國內乏人製作，至於點字圖書方面，仍沿用傳統的摸讀方式，一個字一個字的接收，未見改進，這實是視覺障礙學生知識獲得之一大阻礙。

儘管觸讀機（OPTACON）的推出，聽讀索引卡帶的出現，但仍得借助於多方面的配合。欲改變環境以適應視障者之需求，操之在人，而如何改變視障者去適應環境則操之在己，況且目前點字仍是視障者唯一溝通工具，其能在衣物，工具上標示，更可配合自己的速度重複閱讀，甚至在車上也不會因車子搖晃而暈車，因此點字將是視障

者最主要的訊息來源（張訓誥，民 75）。

　　基於這種認識及對視障學生困難的瞭解，專家學者對特殊教育的期許，研究者回顧國外文獻，發現有關點字閱讀之研究指出，英文點字閱讀速度經由教學之後，能從每分鐘九十個字增加到一百二十個（Kirk & Gallagher, 1986）。國內從事視障教育者也曾選擇了一些增進點字閱讀速度的教法（洪錦璧，民 67），然僅止於理論階段，尚未提出實證性之研究資料，因此倘能將速讀的理論及技巧，實際應用到點字閱讀並從事於教學，以探討其效果，將可提供關心及從事視障教育者參考。

　　作者曾進行為期三年的研究：自一九八七年七月至一九九〇年六月止。第一年先初步調查台北啟明學校學生閱讀之相關問題，諸如弱視學生使用之字體要不要放大？要放大幾倍？答案紙如何製作？點字試卷要使用塑膠紙（熱印）、模造紙（滾印）還是點字電腦列表紙？考試時間要不要延長？要延長多久等等問題。第二年則針對點字閱讀進行實驗教學。第三年探討閱讀教學應用在自然科學之效果。

　　點字速讀教學所涉及的有教學目標、教材教法、學生的學習動機以及師生關係等方面，為了因材施教，研究者採取個別化教學方式（IEP），作者所使用之教學目標、教材教法、教學模式、教學活動、觸讀基本技能指導以及評量方法分述如下：

1.教學目標

　　本教學目標旨在增進視覺障礙學生的點字觸讀能力，但為了實施個別化教學，除以國立台北師院附小之「速讀教學」作基礎外，並參考國外有關速讀之文獻，將點字速讀之技巧，依需要而擬訂以下之短程目標，以個別化方式指導視覺障礙學生：

　　⑴建立信心：使視障學生瞭解到改善閱讀能力是可能的。

(2)具有下列增加閱讀速度的技能

　①以兩手快速觸摸。

　②減少口誦。

　③增加聽覺及觸覺。

　④使用舒適的閱讀姿勢。

　⑤增加回航能力（Ralurn Sweeper）。

　⑥減少回搓動作（Regressive Movement）。

　⑦減少指尖的壓力。

　⑧使用記憶策略去增進理解。

　⑨分享點字閱讀者所發現之新技術。

(3)探討新的閱讀類型，如垂直、Z字型之閱讀方式。

(4)逐漸改變舊的閱讀習慣。

(5)能快速的翻頁（每張僅觸讀一行）──以舊雜誌作練習。

(6)能快速的閱讀相同的材料。

(7)能作口頭之讀書報告（指定作業，以強迫練習方式為之）。

(8)能主動記錄每次之成績及訂下一次目標。

(9)藉相互之報告增進其理解程度。

(10)能綜合各個讀書報告，串連成一故事，且具趣味性。

2.教學的方法與教材

　　點字速讀教學屬於閱讀技能之學習，除了講述、討論、示範外，更應使整個教學活動活潑化、趣味化，因此實驗教學時特別注意以下幾點：

(1)瞭解教材

　　研究者事先觀察視障者之不良閱讀習慣，並擬妥欲塑造之良好閱讀習慣，且對教材作深入之瞭解。當學生在讀書報告有錯誤或遺漏

時，能予以更正或補充。

(2)態度誠懇，善用鼓勵

點字速讀適合讓學生發表閱讀內容與心得，然而視覺障礙學生在此種教學情境時，往往過於沉默，因此研究者始終以誠懇的接納態度，鼓勵學生勇於發表，且不論對或不對，均應予以肯定，然後再糾正其錯誤。

(3)進度和時間應妥善控制

速讀須全神貫注，所以不宜教學過久，否則學生易因疲倦而產生反效果，然學生一旦受到鼓勵即勇於表現，因此每堂課之進度和時間均需加以掌握。

(4)激勵學習動機，維持學習興趣

點字是視覺障礙學生之主要工具，觸讀是其原就具備之技能，而速讀和一般之觸讀相似，因此，如何才能激起其學習速讀之動機，又如何來維持其學習速讀之興趣，乃本教學之主要課題，所以本研究於七十篇教材之外，另編選了二十篇速讀測驗，於第三週起，每次上完課即施以一篇測驗，讓學生知道自己之速讀能力，且訂定下次之目標，藉練習和回饋來激勵其學習動機。

(5)教學用語

研究者於教學之前，均先將所要指導的內容加以錄音，藉以自我瞭解發音是否正確，口齒是否清晰，速度是否太快，條理是否分明，所說的話是否有助於學生的思考，且教學時也隨時注意說話的表情態度及速度，能否引起學生注意與理解。

3.教學模式

點字速讀教學，旨在利用一些有趣味的速讀短文、小說作為教材，藉學生觸讀教材來矯正其不良之觸讀習慣，同時也培養其正確的

習慣，及指導理解內容之策略。本研究之教學，乃因學生能力相差太大，所以先將速讀之原理細分為九個項目，由易而難逐項訓練，如學生某一習慣已矯正或已養成，則進行下一目標之練習，如一直未能改正，則該項就得多花些時間練習，並提供一些深度相似的教材。如此，逐項訓練且加深課程內容，這種教學模式，適合於各種程度的學生，不會因一些較差的學生而影響或阻礙了程度較佳者之發展，反之，對於程度較差者，也可藉廣泛的練習而達成目標，因訓練的項目及教材均依學生能力而定。

4. 教學活動

點字速讀教學每節有五十分鐘，因實驗組人數多達十二位，且從國小三年級至國中一年級，個別差異大，所以課前須擬好教學流程，並將各成員之資料以公文夾處理，一個學生一個卷宗，茲將研究者十二週之教學流程詳述如下：

(1)引起動機（約二分鐘）

動機決定行為，引起期待和立即動手去做的渴望。視覺障礙學生注意力較易集中，因此上課前研究者通常以故事或相關教材來作簡要敘述，一來可使其靜下心，二來能引發其學習意願。但視覺障礙學生動機的引起，須考慮到他們的經驗背景和先備知識。

(2)說明觸讀要領（約三分鐘）

指名學生（觸讀速度最快和最慢者各一人）詳述其個人之觸讀方法，並共同討論觸讀速度快慢之原因，但因觸讀是一種習慣，學生對自己習以為常之觸讀習慣反而說不上來，需要一邊讀一邊體會其觸讀要領。

口誦、回搓動作、單手觸讀、指尖壓力過重，是觸讀慢的主要原因，因此向學生說明只要矯正這些不良習慣，再練習回航能力及翻頁

技能，配合一些理解技巧，即可增加觸讀能力。

　　學生一旦瞭解觸讀要領，均恍然大悟並急於嘗試，但拿到速讀教材後往往又以舊習慣觸讀。因此，每一節課均以練習一種要領為原則，至於各項要領又以工作分析法細分成幾個步驟來練習（如 5.點字觸讀基本技能之指導）。

　　(3)示範（約五分鐘）

　　示範對於視覺障礙學生顯得格外重要，研究者通常先示範給弱視學生看，然後由他們指導全盲學生。有時則直接讓全盲生觸摸，揣摩正確的動作，示範時動作不能太快，而且每一個動作均需交代清楚。

　　(4)分發觸讀資料（約一分鐘）

　　每個學生的能力及觸讀習慣都不太相同，所以課前得先檢視每個學生的資料，填妥點字速讀個別化教學方案，依其能力，需要決定所需教材，將教材夾在該生之資料夾中，上課時才不致於慌亂。

　　(5)觸讀練習（約八分鐘）

　　指導學生觸讀時，為使其精神集中，均由研究者倒數計時，如：還有十秒、九秒、八秒……二秒、一秒。「開始」學生練習時，研究者則巡視並隨時糾正錯誤。

　　(6)共同討論（包括大意及疑難詞句）（約四分鐘）

　　觸讀練習完畢後，讓學生提出疑難詞句，由研究者解說，且當學生提出問題時，先予以肯定，嘉勉其求真精神，結果學生均能勇於發表意見，及提出各種問題。

　　(7)綜合指導（約七分鐘）

　　以故事接龍方式，指名說出觸讀內容之片段，每人只說一、二句，最後讓學生綜合他人之報告，說出全文之大意。

　　(8)指定作業和讀書報告（約七分鐘）

　　由學生輪流報告上次作業（觸讀之內容大意），研究者以此法來

約束和強迫學生練習，效果甚佳。

指名學生綜合每位之報告，串連並加上自己之想法，編成一新的故事，以增加趣味性。

結束課程之前，指定課後作業，並列舉該校圖書室中現有的點字版小說，提供學生借閱之參考。

(9)評量（約八分鐘）

研究者發現，學生一向急於知道自己每分鐘之觸讀字數，不但跟自己上次成績比，同時也會和其他同學較量。

報告成績之同時，也告知每位學生觸讀時所存在之缺點。

報告上次每分鐘之觸讀字數，請學生自定下次之目標並記錄之。

分發觸讀時間並評量學生之觸讀習慣且記錄之。

(10)訂正（約五分鐘）

研究者與全體學生共同逐題討論理解度測驗。

5.點字觸讀基本技能之指導

點字觸讀速度緩慢，經分析其原因，不外受到讀者不良習慣（如口誦、指尖壓力過重、單手觸讀等），及缺乏回航能力和學習策略所致，因此，研究者乃就有關項目，以工作分析法細分成幾個小項目，針對學生之需要而加以矯正或訓練，茲分述如下：

(1)兩手快速觸讀

視覺障礙學生因平日得點寫作業，所以養成了左手觸讀右手點寫之習慣，因此多數學生觸讀時均使用左手。欲訓練其以兩手觸讀，研究者分成三個步驟指導。

①以慣用手觸讀（計時），讓學生知道觸讀一篇文章需要多少時間。

②以非慣用手觸讀（計時），告訴學生使用非慣用手需時多

少，通常一開始就使用非慣用手觸讀，需花費雙倍以上時間，但因該文章內容已觸讀過一遍，所以雖使用非慣用手，花費時間和慣用手相差不多。

　　　③兩手一起觸讀（計時），因是第三次觸讀該文章，時間縮短了許多，藉此說明兩手同時觸讀，可以節省一半時間之原理，以建立其信心並培養以兩手觸讀之習慣。

　⑵減少口誦

　　根據研究者之觀察，實驗組十二位成員中，有十一位有伴隨口誦習慣，為了矯正這習慣，乃於每節課之前準備了十二包口香糖，上課時每人發給一包。

　　　①要求學生每人咬住一片口香糖，嘴巴不准動。

　　　②進行觸讀練習。

　　　③結果經十二週之練習，全部矯正過來。

　⑶減少指尖之壓力

　　少數視覺障礙學生觸讀時發出「ㄓㄓ」作響聲，可見其指尖壓力過重，或手部流汗所致。應輕輕觸及點字，如水過鴨背般之滑過。

　⑷快速翻頁

　　　①以點字線裝書或舊雜誌來練習。

　　　②每頁只觸讀最後一行。

　　　③以左手觸讀右手翻頁。

　⑸增加回航能力

　　以模擬書（黏有紗線、冰棒混及車線者）來練習。

　　　①兩手同時觸讀。

　　　②左手在中途迅速回到下一行行首。

　　　③右手繼續觸讀，至行尾時迅速回至左手處。

　　　④兩手再一起觸讀，如此一直循環下去。

⑥找出關鍵字（key word）或關鍵句（topic sentence）

①觸讀一段文章或一篇短文。

②學生以關鍵字或關鍵句來發表。

③討論關鍵字或關鍵句的特徵及位置。

⑺上下文關係

①視覺障礙學生多數有回搓動作，影響觸讀速度，因此可藉瞭解上下文關係之訓練來矯正。如以跳讀方式練習，每段只觸讀一句。

②統整各句內容。

③發表大意。

④從頭到尾觸讀全文。

⑤比較兩種方式之差異。

⑥討論適合個人的觸讀方式。

⑻記憶策略（抓重點）

以六 W 的方法練習：

①觸讀短文，讓學生依次找出下列重點：

・時間（when）。

・地點（where）。

・人名（who）。

・作什麼（what）。

・為什麼（why）。

・如何作（how）。

②每次只要求一項，然後讓學生觸讀全文。

③指名讓學生發表。

④讓學生練習以上述六 W 之結果發表全文大意。

三　視覺障礙兒童的定向行動訓練

「定向行動」課程是盲人的重要課題之一，通常所謂的盲人三大限制，行動上的限制就是其中之一。因此，視障教育工作人員有必要為視障者提供良好的定向，及明確有效的行動策略。這種課程和一般人的生涯規劃十分類似，首先要有一個明確的生活目標，猶如小學生說長大後要當科學家、教師、醫生等等；目標既定，接下來就必須把一生畫分為數個階段，例如二十五歲以前要完成某計畫，五十歲前要完成什麼，七十五歲前要如何如何；套句特殊教育的名詞就是工作分析，既然目標已定，那今年要完成什麼，以筆記本當日記，在第一頁寫下年度目標，以及每個月的工作預定進度，甚至每週的工作內容，最後以小卡片記下每天想要完成的項目，如此下來一天中的每一分鐘均在掌握之中，即使只有五分鐘的時間，打個電話說不定就把事情給解決了；一旦事情處理妥就順手將該項給畫掉，而他人請託交辦之事亦隨時記錄下來，入夜休息時，再查看一下卡片（工作單），有時無法當天完成，只好將其登錄在隔天之卡片上，如此週而復始，每天做完的事情均在自己掌控之中，生活踏實且事情也漸漸的往目標推進。由此可見，定向是行動的先決條件，而行動的效率更是到達目的地之重要因素。

有了上述之認知，指導視障者定向行動課程或許會有另一種感受，而讓人更積極。但是，視障者受限於視力，指導人員應有同理心才能事半功倍。記得有二本書，一敘述「妹妹的裙子」，指作者的妹妹是幼稚園老師，穿著一襲迷地裙，因每天和小朋友說話都得蹲下來，沒多久裙擺就破了，經一而再，再而三的車縫，使該裙子很快變成了迷你裙。這主要在說明老師應隨時隨地的站在學生的立場和觀點

和他們溝通。另一本「螃蟹的媽媽」，則敘述螃蟹的媽媽責罵小螃蟹橫行不雅觀，要求其改善走路姿勢，但小螃蟹困惑的請求牠媽媽示範一遍，結果牠媽媽才恍然大悟，原來自己也有同樣之毛病，因此，指導盲生定向行動之際，指導人員有必要自己先戴上眼罩走走看，感受一下以視覺之外的感官來引導前進之不同。

1.定向行動的概念

(1)定向行動的意義

定向行動是指視障者瞭解個人與環境的相互關係，知道其位置所在，且知道如何利用輔助器材，安全有效的自一地走動到另一地。

(2)定向行動的生理學基礎

視覺障礙者因受視力的限制，因此更需利用殘存的視力，以及其他感官來吸收外界的訊息。例如：

①視覺方面：根據資料指出，視覺的判斷不在眼睛而是在大腦（視在眼睛，覺在大腦），因此常見人們不斷的看手錶但問他現在是幾點鐘時，卻無法告知正確的時刻。外界的景象，全盤的呈現給眼睛，但因每個人的焦點不同，因此所看到感受到的也不盡相同。由此可見視覺障礙者會因視力之不同或有無，而對外界事物有不同之感受。依訊息處理理論之說法，外界的刺激經注意（attention）之後，再經篩選和注意，才會進入短期記憶，假如沒有「注意」，則訊息不易被接收，也因此，教師常常要求學生上課前要預習，預習時學生雖然不瞭解內涵，但當上課老師提到相同的東西時，經「圖型辨認」，他就會加以注意，相同的東西經前後兩次的注意，必然進入記憶中。至於如何引起視覺障礙者的注意力，就是視障教育工作者的一大考驗。通常視障者缺乏察顏觀色的能力，如何指導他們憑其他感覺來推測，實值得重視。

②聽覺方面：聽覺是視障者重要的訊息管道。而傾聽技能之訓練更是視障教育的重要課題。外界聲音複雜，如何使主要的聲音凸顯而其他聲音減弱，通常在餐廳或娛樂場所，均會放音樂，藉著音樂將其他的聲音加以掩蓋，這種「遮蔽（masking）」的作用不易解釋，但它猶如抽水馬桶中殘存的水，藉由它來將化糞池中的臭氧加以阻絕。

③觸覺方面：觸覺幾乎是視障者的眼睛，他們藉由觸覺來探索外界事物。如何藉觸覺來傳遞空間概念是目前極待解決改進的，立體影印機只能傳達平面訊息，但仿照圖學的教學法，將正視圖、上視圖及側視圖給視障者觸摸，然後呈現立體模型，則或可因此建立其正確的空間概念。

④嗅覺方面：視障者的嗅覺訓練，可帶他們逛街，並敘述街道之景象，而歸途則反問他們所到之處目前之現況。如此，他們可以憑嗅覺測知麵包店、皮鞋店、美容院、小吃店……等等。

⑤味覺方面：訓練視障者具備敏銳的味覺，猶如煮湯只要稍取樣一些試試，即能知道其鹹度。

⑥障礙覺：俗稱「小眼睛」。亦即藉顏面視力、壓覺、溫度……等來提供障礙物之訊息。

⑦共感覺方面（感覺連帶）：我們對一件事情的認知，常憑某一感官所得之訊息來加以判斷，例如，聽到火車的聲音，腦海中就可以因此產生火車的影像；聽到某人的腳步聲，同樣的可以浮現其長相；聞到麵包的香味，馬上產生相關之影像，由此可知，視覺障礙者雖然視覺受限，但仍可藉由其他的感官提供訊息進而產生視覺的效果。所謂「補償作用」，如以共感覺來說明，或許比較容易被接受。

⑶定向行動的心理學基礎

視覺障礙者的定向行動之成敗和其心理因素有所關聯，通常他們和一般人相同，存在一些非理性的想法而困擾著自己，有一點點自卑

致產生一些自大心理，他們說除了開飛機之外，每件事他們都可以做。事實上，我們必須提醒他們一些重要的心理適應之問題：

①關於潛能的開發，每個人都有一些潛能，如「周哈里窗」中之未知的自我，因此，應指導視障者去接受任何的挑戰，也只有完成每一件事情，潛能才得以發揮出來。每當視障者獨自完成「獨走技能」時，其信心必然大增。

②自行應驗的預言：自我期許，則必然往期許的方向前進，像自我催眠、自我暗示或座右銘等等。視障者自信能獨立行走時，則其必能克服一切障礙，運用各種感官及人際關係來完成任務。

③自我抑制：一個人的樂觀或悲觀均取決於其觀點。一生之中有四大痛苦：生、老、病、死，然而據說某個民族，其婦女在田裡工作，臨盆時就在田裡，待生產後又繼續做活。初聽此訊息時覺得不太可能，然本人有一次因籃賽而扭傷腳踝，視障生得知即前來協助按摩，卻反而使微血管大量出血，而找上骨科中醫師，醫師在我坐下之後，要我用力咳嗽，心中暗想碰上了蒙古大夫，但礙於當時情境，只好猛咳，誰知就在我咳了十幾聲之際，醫生也已經在我腳上用力的撮了十幾個洞，然而奇怪的是一點痛覺都沒有，此時才恍然大悟，原來痛覺可以用心理因素來控制。因此，學生失戀了，痛不欲生，當告訴他「痛只因為你在乎」，要解決最好的方法就是「不在乎」，而在不在乎，就涉及我們的注意力，當把焦點集中於一處，必然在乎，一旦焦點放在多處，則當某一方面有所損失時，痛覺並不會太令人難受，這也是市場經營投資理論常說的「不要把雞蛋放在一個籃子」的道理。

⑷定向行動的社會學基礎

定向行動除了生理和心理因素外，更因其處在環境中，須不斷的和環境以及其周遭的人互動，依班度拉的環境互動理論，視覺障礙者必須具備「察顏觀色」的能力及良好的人際關係。教師須指導其態度

改變理論及人際關係溝通分析。

　　視覺障礙者的社會化受其定向行動之影響甚大，家庭把他們送到學校，最終目的還是要他們去適應這個社會，但視覺障礙者的定向行動能力不佳時，必然使其生活圈縮小，定向行動影響其社會化，且互為因果。

　　近幾年，學校教育中出現一種「功能性課程」，也就是指導其定向行動之環境，儘量設計的和他們將來所要生活的社區相類似，如此一來，他們日後就可以在自己的社區內活動自如。這種課程設計乍看之下，似乎太僵化，缺乏類化之遠見，但對於多數視覺障礙者信心之建立，卻十分實際。

　　(5)定向行動的輔助器材

　　視覺障礙者的定向行動輔助器材除了手杖、電子輔走器、雷射手杖、求助器之外，公車語音系統、盲人專用紅綠燈、路口播報系統等均將陸續的在國內出現。

2.定向行動的訓練

　　(1)如何和視障者接觸

　　對待視覺障礙者應該要有正向的態度，可是何謂正向的態度，這可由美國總統稱呼盲童「the children with visual impairment」而不說「the visual impairment children」看出，也就是說以正常人的觀點對待他們。此外，尊重失明者的人格、理解失明者的需求、勿涉及私人隱私、勿和他人比較等等也是必須注意的。

　　(2)視障者室內獨走技能

　　視障者如果能具備獨走技能，則呈現出朝氣、希望、擴大視野、健康、積極、進取等現象；反之，則令人有頹廢、可憐、心胸狹隘、病容、消極等感覺。

獨走技能一般而言，由室內而室外，通常要注意的有：

①沿牆行走：手伸出，在腰部間，手背輕觸牆壁。

②徒手軀幹交叉法：以防碰撞異物。

③決定身體方向：和牆壁保持垂直，以便確定方向。

④心理地圖：以 Block 來區分。例如，台北市，由上而下是民族、民權、民生、忠孝、仁愛、信義、和平路等；其中以中山路及忠孝路為縱橫座標，作南北和東西之區分。

⑤以觸覺、聽覺、嗅覺代替視覺：至於室內尋找失物，如果東西掉下後沒聲音，則立刻尋找；如掉下後滾動，則靜聽其靜止點然後再尋找。

(3)人導法介紹

人導法，通常明眼人要把手臂彎曲成九十度，讓視障者抓握，在日本稱為「誘導」，至於誘導的相關資訊茲說明如下：

①誘導的目的：a.正確掌握環境；b.減低心理壓力；c.確保安全；d.提高效率；e.增加運動量；f.增加心理健康。

②誘導基本法：先和視障者接觸→把手臂給視障者把握→視障者在後面半步跟隨。

③說明與確認桌上的物品：將桌上的東西加以描述，東西的位置以在時鐘幾點鐘位置來說明。

④就坐：要視障者就坐前，先將椅背讓其觸摸，以確定椅子的方位。

⑤通過門：帶引視障者通過門時，由明眼人開門，再將門的把手交由視障者帶上。

⑥搭乘電動扶梯：指導視障者抓握扶梯，以及腳的放置位置等。

⑦搭乘汽車：首先誘導其以手探測車門，上車後則手握把手站立。

⑧搭乘電梯：進入後誘導視障者面向電梯門站立。

⑨利用廁所：視障者通常羞於啟齒，因此明眼人應主動詢問視障者要不要上廁所；使用廁所時，應誘導其到裡面，並告知廁所狀況。

⑩下雨天的誘導：天雨路滑，且缺乏聲音線索，視線又不良，因此應以較大型的雨傘，併排行走。

(4)手杖技能

視覺障礙者使用的手杖稱為白杖，其功能主要是：提醒他人和幫助自己。但視覺障礙者中有弱視兒童，他們通常不願讓人知道其視力缺陷，因此出校門之後，多把手杖（折杖）放口袋，且認為手杖是給老師檢查用的。

手杖通常有直杖和折杖兩種，一支約一千兩百元，其長短以在心窩上二～三公分為宜，走路時放置在腳跟前一步，手臂放在身體的中心位置，杖幅振擺應大於體寬且離地五公分，至於步伐，點右邊踏出左腳，點左邊踏出右腳，且要有節奏感。

行走於人行道時，走中央；邊界線的行走，則應採「協置技能」，亦即將手杖末端沿邊界線滑動行走；上下樓梯，則以手杖來探測。

(5)犬導法介紹

Nelson Coon（79）由古代的繪圖中尋找出犬導法的線索，十三世紀中國和日本的繪畫中，人犬的關係為引路、保護、陪伴。一八一九年 Father Klein 著有「盲人教學手冊」，訓練導盲犬。第二次世界大戰期間，德軍所使用的軍犬，於戰後被應用到盲人。

導盲犬以拉不拉多犬和牧羊犬最佳，小犬在三個月大時，須寄養以培養人性減低其獸性，十四個月大開始受訓，以行為改變技術為主，前三個月接受基本技能訓練，第四個月起人犬共同訓練，以便人犬相互制衡。

導盲犬基本上只是盲人的眼睛，因此國外漫畫曾畫一盲人牽著導

盲犬上百貨公司，然後順手抓起犬的尾巴，轉了幾圈，當服務人員趕來問他是否須要幫忙時，他說他只是四處看看而已（把狗當眼睛）。由此可見，盲人要具有心理地圖，而犬僅提供眼睛（視覺）而已。

此外，導盲犬忌搭自動電梯，其平均年齡約十歲，飼養者應將牠視為家中之一分子。導盲犬忠於主人，當主人上班時，牠一直坐在主人旁邊等候，因此下班時必須帶牠散步，否則運動量不足，有礙其健康。至於台灣的交通狀況是否適合導盲犬，仍有待評估。

(6)視障學生的概念發展與感覺訓練

皮亞傑將人的發展分為感覺動作期、前操作期、具體操作期和形式操作期，視障生因視力缺陷，凡事多賴感覺、觸摸而建立概念，因此視障生概念的建立必須提供其充分的感覺訓練課程，尤其是空間位置的概念。目前已有立體影印機，可以將圖形立體化，然而視覺上立體的東西，經立體影印，呈現出來的還是平面圖形，在這方面是否可仿圖學教學模式，將一個立體模型的上視圖、正視圖和側視圖讓視障者觸摸，力圖在其腦中拼出一個空間，然後尋找出正確的模型。

(7)人際關係與溝通技能

依據人際溝通分析理論（P-A-C 理論），人的思考有父母的、成人的和兒童的等三種思考模式，其中有理性的和感性的兩方面，如何使自己具有良好的人際關係，必須先有良好的應對技能。以下試以說話和表情來說明：

①說話方面：力求簡潔和清楚。例如：下面的詩句，無論以何種方式表達，聽的人均能瞭解意思。

清明時節雨紛紛　時節雨紛紛　雨紛紛
路上行人欲斷魂　行人欲斷魂　欲斷魂
借問酒家何處有→酒家何處有→何處有

牧童遙指杏花村　遙指杏花村　杏花村

　　但一般的應對則有時太簡潔反而造成誤會，例如：打電話詢問「請問×××在不在？」如果對方只說「他不在」，再問「請問他去那裡？」他又答「不知道」，這種簡潔的回答讓人感到不真誠，因此有人認為回答時，回答的字數至少應和其問話的字數相同，也就是要有對等性；此外，及時性和說話落點的正確性也應注意，也就是說要馬上回答對方的話且要面對問話者，否則對方會說「您的聲音太大，我聽不到」，也就是說您說話的落點不正確。

　　②表情方面：有人認為美麗是外表占40%，而表情占60%，可惜的是視覺障礙者的表情較一般人木訥或呆滯，因此，表情教育在定向中也應加以注意。

　　⑻視障體驗

　　知道視覺障礙者應如何的利用「殘存感官」去「定向和行動」之後，對於指導他們將有所助益，但理論和實際往往有一些距離，因我們多以一般人的觀點來看問題，然而如何有效的利用視覺、聽覺、觸覺、嗅覺、味覺甚至於「共感覺」，如何求助於人，如何利用輔助器材，如何在缺乏視覺的情況下去建立空間知覺、心理地圖……等等，均需指導者有切身的體驗，然後才能真正知道問題之困難所在。

　　視覺障礙的體驗是指導視障者定向行動必須具備的條件，因此在定向行動師資培訓階段，受訓者均須連續數日一大早即戴上眼罩，在專業人員的保護之下，進行食方住行育樂之生活，通過考驗之後才能成為定向行動教師。

✦ 四　視覺障礙兒童的點字

　　視覺障礙學生中除了弱視學生使用大字體課本外，其餘均以點字圖書為資訊的主要來源，因此點字之學習乃全盲學生首要課題。

　　點字由六個點細胞組合而成，其名稱由上而下，由左而右，分別是１２３點和４５６點。

```
1 ‥ 4
2 ‥ 5
3 ‥ 6
```

　　點字依類別區分有國語點字記號、英文點字符號、音樂點字符號、聶美茲數學與科學點字符號等。

　　國語點字以符號中的聲母加韻母加聲調而成，因此一個字大約有二至三方。就目前注音符號點字記號（59個）來看，可細分為：

1.聲母（21個）

ㄅ	ㄆ	ㄇ	ㄈ	ㄉ	ㄊ	ㄋ	ㄌ	ㄍ	ㄎ	ㄏ	ㄐ	ㄑ	ㄒ

ㄓ	ㄔ	ㄕ	ㄖ	ㄗ	ㄘ	ㄙ

2.韻母（16個）

ㄚ	ㄛ	ㄜ	ㄝ	ㄞ	ㄟ	ㄠ	ㄡ
⠁	⠃	⠊	⠑	⠙	⠋	⠩	⠳

ㄢ	ㄣ	ㄤ	ㄥ	ㄦ	ㄧ	ㄨ	ㄩ
⠧	⠥	⠭	⠵	⠱	⠚	⠔	⠬

3.結合韻（22個）

ㄧㄚ	ㄧㄛ	ㄧㄝ	ㄧㄞ	ㄧㄠ	ㄧㄡ	ㄧㄢ	ㄧㄣ	ㄧㄤ	ㄧㄥ	ㄨㄚ

ㄨㄛ	ㄨㄞ	ㄨㄟ	ㄨㄢ	ㄨㄣ	ㄨㄤ	ㄨㄥ	ㄩㄝ	ㄩㄢ	ㄩㄣ	ㄩㄥ

4.聲調記號

陰平	陽平	上聲	去聲	輕聲

至於國語點字使用規則，有下列幾項需加以注意：

1.避免與英文字母混淆，有七個音單獨成音時，聲母後須加一空韻母ㄦ。

ㄓ	ㄔ	ㄕ	ㄖ	ㄗ	ㄘ	ㄙ
A	B	I	G	H	J	E

2.結合韻以一方表示。

3.每個國字後均須加一聲調。

4.國字以二或三方構成,一個字不可分行點寫。

5.聲母中有三組記號相同。

《 和 ㄐ 均為 13 點。

ㄑ 和 ㄘ 均為 245 點。

ㄒ 和 ㄥ 均為 15 點。

一般使用排除因素來說明,例如其次,使用ㄑ後面不可能出現ㄨ;同理ㄘ後面不可能出現一。

但在聲韻學中,這三組在古音中是相同的,例如:

「江」水:古音念ㄍ(閩南語);

油「漆」:古音念ㄘ(閩南語);

白鷺「鷥」:古音念ㄒ(閩南語)。

五 弱視兒童教育

早期特殊教育尚未普及,在學校裡偶而會看到一、二個白頭髮白皮膚的同學,他們說國語而令我們疑惑,因為多數人都誤以為他們是外國人,竟然不知道他們就是所謂的「白膚症」,也就是弱視的朋友,他們畏光,所以電視曾經將他們的故事拍成專輯,名為「月亮的小孩」。為了對於他們有進一步的瞭解,將就以下幾個向度來探討。

1.弱視兒童的心理特質

弱視兒童的眼球經常震動,視線無法正確對準目標,對於圖畫類之書籍不感興趣,手眼協調能力差,步行時非常小心,常有皺眉現象,坐車易暈車,看電影易疲倦,視覺方面會有模糊感,這種行為特徵往往和其心理特質有相當程度的關聯。所以弱視兒童雖然被歸類為

視覺障礙兒童，但其心理特質卻和全盲之視覺障礙兒童有所不同，例如：

⑴智力方面國外早期之研究指出，弱視兒童的智力多在九十以下，超過正常者為數極少，雖然將測驗以大字體製作，其得分仍沒多大差異，主要問題不在測驗工具本身，而是因弱視兒童的生活經驗淺薄，反應遲鈍。此外，日本五十嵐信敬對一百零三位弱視兒童所作之魏氏智力測驗，發現其語文性的智力不比正常兒童低，但認為弱視兒童不適合使用動作性的智力測驗。

⑵在一九二○和一九三○年代的研究認為弱視兒童的學力和普通兒童沒有差異，但在國語科的成績較普通兒童為低。

⑶人格方面，通常呈現不安定性、對於常人有自卑感而對於全盲者有優越感、依賴心強、缺乏膽量、缺乏強烈的企圖心、有自我中心傾向（引自張紹焱，民 75）。

弱視兒童的個人因素會影響其心理社會功能，而其社會的因素也會影響其心理社會功能，因此，我們協助他們建立自尊心的同時也應有下列之認識：

⑴視障生傾向於相信明眼人不會忘了他們，或對他們有不當的行為。

⑵告訴視障生其視力損失的事實。

⑶學業和社會的學習過程中，口頭上和物質上的回饋是重要的因素。

⑷視障生使用輔具後將變得更獨立。

⑸視障生主要是受其不佳的自我印象（self-image）所影響。

2. 弱視兒童的評量

弱視兒童的評量方式常見的有下列幾種，雖然多用在課業方面，

但在心理評量上亦具參考價值。

(1)形成性評量

平時測驗和段考均可歸類為形成性的評量，視覺障礙兒童的表現是否有進步，其成績之進步情形如何，均需要借助形成性的評量，行為改變技術所使用的單一受試，即是採用此種評量方式記載兒童行為改變的情形。

(2)總結性評量

學生的期末測驗、高中聯考，均屬於總結性評量，這種評量方式能瞭解到兒童整體的學習結果，但為何如此，則不易找到答案。

(3)觀察性評量

對於視覺障礙兒童習癖動作的評量，以觀察記錄方式最為適當，可以持續觀察或時段性的觀察，也可以錄影作事後觀察。下課時間兒童互動情形，以錄影方式為佳。

智力測驗偶而也須採錄影方式，以便作判斷時之參考。

(4)課程本位評量

課程本位旨在瞭解兒童對於所教過的課程是否瞭解，此種評量方式是將課文每隔幾個字就空下來讓兒童填寫，也就是常用的填空法，或所謂的克漏字法。智力測驗中有所謂的「補充圖形」，乃類似此種理念之評量，可以測量兒童對於整體的概念。

(5)能力本位評量

視覺障礙者的按摩技能檢定考試，即是能力本位的評量。職能評估、創造力評量等，也類似於此。

(6)動態評量模式

教師在教學之後所作的評量，是想瞭解兒童學習的情況，然後據此作再指導之參考，如此循環，直至學生學會為止，教學——評量——再教學——再評量，即所謂動態評量。

蘇俄心理學家 Vygotsky 的智力觀點，認為測量之後，經由學習然後再測，前後兩次的差距即為人的潛能，也可稱為人的智力。

⑺生態評量模式

生態評量模式著重於整個環境，亦即兒童在某方面之表現不佳時，可能是兒童本身，可能測量之材料不適當，也可能問題出在測驗的情境上。

這種論點可供測量視覺障礙兒童時，檢核各種問題之參考。

⑻功能性評量模式

一般的測驗多為形式的測量，認為懂得這些測驗題必能對日常生活具有解決問題的能力，因此「相同的圖形」、「補充圖形」、「隱藏圖形」、「圖形關係」、「圖形系列」等等向度之題目構成了一智力測驗題目。然而相對於此理念者提出了功能性評量，亦即以「套筆套」的評量取代了「插洞板」測驗，以實用的生活知識評量取代抽象的題目。在視覺障礙者方面，定向行動教學也盡量配合視障者將來所要回歸社區之環境來設計；目前汽車駕訓班之場地設計，和監理所駕照路考的場地相同，旨在使學員順利通過該項測驗，不必再經由學習遷移之程序，這也就是典型「功能性評量」之例子。

⑼決策性評量模式

班級教學偶而採用協同教學模式，評量時可由多位教師從各方面，採用各種方式評量，然後再共同討論評量結果。視覺障礙兒童的評量在國外由醫師、護士、教師、社工人員、行政人員等等共同來評量，共同決策出兒童發展的目標和方向。

3.弱視兒童的訓練

弱視兒童的視覺技能方案應包括規劃、教學和評鑑。至如何選擇必須加以指導的作業和視覺技能，得依其個別差異情形而定，指導時

應注意之事項為：

(1)教學技術無法增進其視力，應注意其在學校及日常生活中之實際需求和活動，有那些會受視力所影響，並針對該部分加以指導。

(2)就作業方面加以分析，那些部分需要依賴視力，而有那些方法可以促進其表現效能。

(3)找尋任何可以方便他們做作業的方式。

(4)檢視學生的個別化教學方案，看有那些視覺技能和變通方式可以當作教學目標。

(5)確立一些新的教學目標。

(6)假如學生無法瞭解和完成全部作業，應考慮選擇一部分來指導。這在多障和重度視障學生常使用，學生如和其他同學同組，應共同分擔其作業，不可由同學代勞。（即如果需要視力的作業，可由同學做，但不需要用到視力的作業則須自己來完成。）

(7)選擇指導作業項目和技能時，應考慮學生有沒有足夠的時間，假如在該時段有更重要的事，則需要妥協，重新評估優先項目。最好由教師、父母和學生一起來決定。

另外，視覺環境的管理方面，應隨時注意學前兒童的遊戲環境、學前發展遲緩兒童的書桌、青春期兒童的書桌等問題。

視覺技能訓練方面有一些事項足作參考：

(1)改變（調整）顏色及對比方面

①和背景相對照的顏色，可以改善視覺：例如黑色材料配明亮東西、黑色東西配亮麗的櫃台、黑牙刷配白刷柄、黑色運動鞋加白色鞋帶。

②替學生選擇玩具和工具時，應考慮顏色和對比：例如一個色彩剝落的球和一個藍色的球，兒童的注意力將會是後者。

③字母採高度對照的色彩，可改善視覺功能：例如在白紙上寫黑字。有時白色字母在黑色背景中，可使學生更容易看且減少刺眼感覺。

④粗字體比大字體更佳。

⑤黑色筆、馬克筆和軟鉛筆更佳。

⑥光筆可吸引學生的注意力和改善紙張和印刷體的對比。

⑦避免使用薄的紙張。

(2)改變光線方面

應提供較為柔軟的光線，如果需要減少光線，應調整以減少陰影，如使用窗簾、投影機或背光等等。如果需要增加光線，可使用小的桌燈，光線應來自學生的左後方。

(3)改變空間及排列方面

例如改變大小及距離、改變視覺線索、改變材料、改變工作空間、改變較大的環境等等。

參考書目

✎ 中文部分

李德高（民77）。特殊兒童教育。台北，五南圖書出版有限公司。

杞昭安（民76）。視障教育研究之回顧。特殊教育季刊，頁32-35。

杞昭安（民80）。盲人性向測驗之修訂及相關因素之研究。彰化師範大學特殊教育學系。

杞昭安（民80a）。視覺障礙學生智力及相關因素之研究。特教園丁，第六卷第

四期，頁 9-21。

杞昭安（民 81）。視覺障礙兒童「柯氏方塊組合能力測驗」之修訂及相關因素
　　之研究。彰化師範大學特殊教育學系。

杞昭安（民 83）。視覺障礙兒童非語文智力測驗之研究。特殊教育學報，第九期。

國立台灣師範大學特殊教育中心（民 88）。中華民國特殊教育法規彙編。

郭為藩（民 82）。特殊兒童心理與教育。台北，文景。

賴泉源（民 76）。常見的眼科疾病。載於董英義主編：醫學常識選輯。彰化市：
　　彰基院訊社。

英文部分

Birns, S. L.（1986）. Age at onset of blindness and development of space concepts: from
　　topological to projective space. *Journal of Visual Impairment and Blindness, 80*, pp.
　　577-582.

Johnson, D. G.（1989）. An unassisted method of psychological testing of visually impaired
　　individuals. *Journal of Visual Impairment and Blindness, 83*, 2. pp. 114-118.

Nancy Levack（1994）. *Low Vision*（2nd.）. Texas school for the blind and visually imp-
　　aired.

Palazesi, M. A.（1986）. The need for motor development programs for visually impaired
　　preschoolers. *Journal of Visual Impairment and Blindness, 80*, pp.573-576.

Randall T. Jose（1994）. *Understanding Low Vision*（5th.） New York: American Founda-
　　tion for the Blind.

6

聽覺障礙兒童

王淑娟

第一節 聽覺障礙的意義

一 意義

聽覺障礙指的是一個人的聽覺敏銳度減少或聽覺能力喪失。依民國八十六年新頒布的修訂特教法：所謂聽覺障礙係指個人因先天或後天原因導致聽覺器官（外耳、中耳、內耳、聽神經、聽中樞）的構造缺損，聽覺功能因此受到部分或全部的影響，以致個人無法經由聽覺清楚的辨識或聽取外界各種聲音的訊息。由於人類語言說話能力的發展歷程「聽」與「說」必須相輔相成，靈敏的聽覺是學習說話溝通中不可或缺的能力。正常兒童的語言發展必須先經由「聽」才能正確分辨不同的語音和詞句，並從中學習許多不同的語意、語音、語法和語用，進而才可達到與人用「聽」和「說」作為溝通的方法。聽障兒童因聽覺的損失，不但失去了聽取他人說話的能力，又無法清楚地聽到自己的語音，所以在日後的語言溝通能力發展和其它方面的學習勢必困難重重，而必須比一般的小孩花更多的時間、精神與心力，同時要家長、特教老師以及相關專業人員的一同努力協助，聽障孩子才得以跨越溝通障礙，學習而成長。

二 聽力測量的方法

計量聲音的基本單位有二，一為音量大小，即以「分貝」（Decibel，簡寫（dB））為單位；二為音調高低，即指聲音頻率（Frequency 赫

茲，簡寫（Hz））。像目前最常聽到的純音聽力檢查（Pure-Tone Audiometry, PTA）方法，即是看個體對聲音的頻率及音量大小間變化之靈敏知覺度如何的測量，將所作出來的結果記錄在圖表上，便稱之為聽力圖（Audiogram），如圖6-1所示。聽力圖的橫座標即代表頻率，以赫茲（Hz）為單位；縱座標代表音量，則以分貝（dB）為單位；正常人耳的聽力平均為0分貝，能夠忍受最大的音量為130分貝，由於分貝的單位是採相對比較值而來，故0分貝或負值分貝並非代表沒有聲音，-10分貝，-30分貝的聲音是存在的，只是人類耳朵無法像「狗」的耳朵一樣那麼敏銳而可以聽到罷了。在日常生活裡，環境中的各種音量大小則如表6-1所示。至於人耳可聽到的頻率範圍約從16Hz至20000Hz左右，蝙蝠和海豚的聽覺卻可聽到頻率大於20000Hz的超音波聲音，這是人耳聽覺能力所不及之處。

聽力測量檢查方法依檢查之目的、項目、對象和檢查聽覺器官部位不同而有許多不同的設計和檢查儀器，其所涉及之學理相當深廣，非本章篇幅所能涵蓋，一般最常用的基本聽力檢查方法至少應包括下列幾項：

1. 外耳檢查

一般是由醫師使用耳視鏡（otoscope）查看耳管是否有耳垢，並查查看是否耳膜有問題，尤其是中耳的毛病，例：中耳炎、耳膜穿孔等，皆可藉此檢查出來。

2. 電阻聽力檢查（Impedance Audiometry）

主要是瞭解中耳腔功能情況，並藉以診斷中耳與內耳的各種可能病變，其中又以「鼓膜順同檢查」（又稱鼓室壓力電容檢查；所得結果畫出之圖則稱為鼓室圖（Tympanometry））和鐙骨肌反射測驗（Acous-

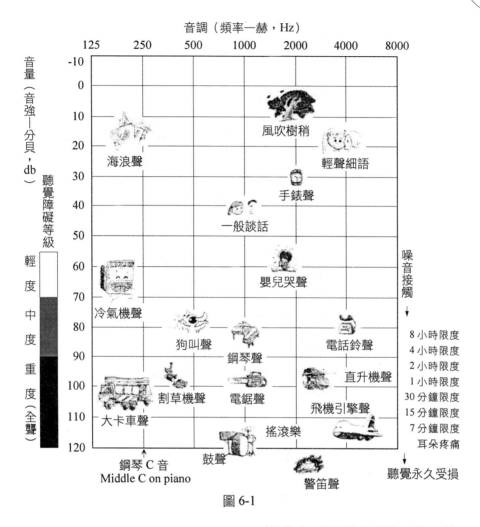

音調（頻率—赫，Hz）

音量（音強—分貝，db）

圖 6-1

（摘錄自：被遺忘的天使，第 3 頁）

tic Reflex Test, ART）以及反射衰退測驗（Acoustic Reflex Decay）等為主。

3. 純音聽力檢查（Pure Tone Audiotory Test）

又可分為氣導檢查方式（Air-conduction Hearing Test, AC）、骨導檢查方式（Bone-conduction Hearing Test, BC）和遮蔽（masking）。氣導

表 6-1　環境音量

音壓分貝	聲　源
0	正常的狀況下，人類耳朵平均能聽到的最弱音量。
10	正常的呼吸聲。
20	非常低聲的耳語，極弱的口哨聲。
30	夜間無車行駛的馬路上；微風中樹葉摩擦聲。
40	夜間住宅區中，安靜的時候。
50	汽車在 10 呎外，發動時的聲音量；百貨公司人很少的時候。
60	一般說話時之正常的音量。
70	交通中度繁忙時的馬路噪音；人在行駛的汽車中所聽到的噪音量。
80	交通繁忙時的音量；收音機大聲時的音量。
90	市區中的交通繁忙時的音量；尼加拉瓜瀑布的水聲。
100	地下鐵路的噪音量。
110	很大聲之雷聲的音量。
120	室內搖滾樂演奏時的噪音量。
130	手持機關槍發射時所聽到的音量。
140	飛機噴射引擎發動時的噪音量。
180	太空梭發射時所產生之巨大音響的音量。

（摘錄自：蕭雅文著，聽力學導論，第 30 頁）

施測主要目的是為得知個體的聽覺閾；骨導方式則可測知耳朵對不同頻率的感音靈敏度，藉由個體每個頻率的氣導和骨導差，而可推測得知每個頻率的傳導靈敏度，進而推測出感音的靈敏度。

4.語音聽力測驗（Speech Audiometry）

日常生活中耳朵之主要功能是聽懂語音，因此，用純音做聽力檢查是不夠的，我們需要再作語音聽力測驗，以瞭解個體聽取別人說話

的程度。

5. 其他

腦幹聽力檢查（ABR），耳音傳射檢查（OAE）等皆屬非自覺性聽力檢查法，故嬰幼兒年紀很小者皆可受測。

✕ 三　形成聽障的原因

聽覺障礙的發生可能是「先天性」的聽障或是屬於「後天性」的聽障；若從生理聽覺器官病變之有無來診斷的話，則有所謂「器質性」或「非器質性」的聽覺障礙。

1. 先天性聽障

指的是出生時或出生後不久就已有聽覺障礙的事實存在的個體而言，其原因可能來自於基因或染色體的異常遺傳，例如：瓦登伯格式症候群（Waardenburg syndrom）的孩子，通常有「藍眼珠」的眼睛並伴隨有聽障、而崔許氏症候群（Treacher Collins syndrom）的孩子，有顏臉部的畸形發育外亦有感音性聽障。另外，母親懷孕時感染或服用藥物也可能造成日後所生下的子女有聽覺障礙，如：母體感染德國麻疹、梅毒等即是；而生產時或產後不久，新生兒的早產、缺氧病毒感染或黃疸過高都極易造成聽障兒。

2. 後天性聽障

有許多的原因會造成後天性聽障，例如：疾病感染的聽神經炎、內耳炎、腮腺炎、麻疹會形成永久性聽障。而兒童因感冒引發的中耳炎或漿液性中耳炎、不當的挖耳朵、游泳時耳朵浸水、外傷、噪音、

老年人之老化聽力衰減等皆是屬於後天性原因的聽覺障礙。

3.器質性聽覺障礙

描述的是個體因聽覺器官系統有所損傷而造成的聽覺障礙，例如：中耳炎、耳蝸病變或萎縮。

4.非器質性聽覺障礙

又稱功能性原因（心因性）的聽覺障礙。此類聽障個體本身之聽覺器官在醫學檢查結果皆正常，但可能因情緒或心理因素而無法聽到，因此，治療時必須配合其他心理或諮商的輔導。

四　聽覺障礙的類型

聽覺障礙的類型依據不同的看法與觀點，各有不同的分類法。下列則分別從教育上的觀點，醫學模式上的觀點以及失聰的年齡三方面作說明。

1.教育觀點分類法

依據在民國七十六年特殊教育法施行細則第十八條，將聽覺障礙依優耳語音頻率損失程度，分為下面四類：
⑴輕度聽覺障礙：聽力損失在 25 分貝以上未達 40 分貝。
⑵中度聽覺障礙：聽力損失在 40 分貝以上未達 60 分貝。
⑶重度聽覺障礙：聽力損失在 60 分貝以上未達 90 分貝。
⑷極重度聽覺障礙：聽力損失在 90 分貝以上者。
對於以上的分類法，於民國八十七年新制定頒布的「身心障礙及資賦優異學生鑑定基準」則有不同的說明，在此鑑定基準中只有訂定

聽障的最低標準，即優耳語音頻率聽閾達二十五分貝以上者，即為聽障，其他則沒有再進一步作分類。

2. 醫學模式觀點分類法

這是依照病灶部分將聽覺障礙分為五種類型：

⑴傳導型聽覺障礙（Conductive Hearing Loss）

這種類型的聽障者內耳功能完整，聽覺受損的部位可能在外耳和中耳部分，一般而言，較有機會可藉醫藥及手術恢復能力。

⑵感覺神經型聽覺障礙（Sensori-neural Hearing Loss）

這類型的聽覺病變部位是在內耳耳蝸或耳蝸後聽神經之處。大部分感覺神經型聽覺障礙比較無法由醫藥來補救，聽力損失的事實會將是一輩子的。

⑶混合型聽覺障礙（Mixed Hearing Impairment）

指的是聽障者同時合併有傳導型和感覺神經聽覺障礙。

⑷中樞性聽覺障礙（Central Auditory Impairment）

指的是腦幹與大腦皮質間聽覺部位發生障礙所引起之聽覺理解力問題，而非聽覺器官在傳導聲音過程中出現障礙所造成的。「有聽沒有懂」的形容詞有可能就是指這一類型聽覺障礙者的表現。

⑸功能性聽覺障礙（Functional Hearing Impairment）

這類型的障礙者在生理聽覺器官上並無病變產生，但卻反應出聽不到聲音的行為，是屬於心理或情緒因素所引起的聽覺障礙問題。

3. 失聰年齡分類法

此乃依據聽障的發生是在個體學習語言前，或者是學習語言後作分類，因此分為下面二類：

⑴語言前失聰（pre-lingual deafness）

多數指的是先天或嬰幼兒時期即有聽障事實存在，由於自小缺乏經由聽覺管道學習語言的經驗，對於口語語言（說話）能力造成極大的缺陷和不良影響，往往有語言遲緩或障礙和說話方面的問題。

(2)學習語言後失聰（post-lingual hearing loss）

具備了基本的語言溝通能力後才突然或逐漸喪失聽覺的狀況，稱之為學習語言後失聰類型。這些人從原本建全的聽力轉變成聽不清楚甚至幾乎毫無聽覺能力，直接影響的即是與人的溝通能力，可能因聽不到、聽不清楚，而無法瞭解別人的真正意思，同時自己的說話語音也易有構音障礙問題。因此造成彼此的誤會，影響其人際關係和性格的發展。

第二節　聽覺障礙兒童的特質

一　生理特徵

由於造成聽障的原因不同，也形成聽障者在生理特徵上各有所不同。如果以外耳和中耳的異常來看，從輕度的外耳殼異常、外耳道狹小、聽小骨發育不全，到中度的只有一小塊皮膚連在耳部，以及重度到耳朵嚴重畸形或欠缺都有。例如：缺少聽小骨、耳朵凹陷、無耳畸型等。而許多症候群（syndrome）卻也經常伴隨有聽障的問題，常見的有瓦登柏格氏症候群（Warrdenberg Sydrome）、艾許症候群（Usher Syndrome）、崔許克林氏症候群（Treacher Collins Syndrome）等皆是。而聽覺障礙者的身體外觀與常人差別並不大，在生理行為表現上，常可發現聽礙兒童常有挖耳朵、肌肉協調不良（由於位於內耳前庭部位

損傷的關係所引起）、走路平衡不穩、容易跌倒、側耳與人說話或注意力不集中等異常現象。

二　心理特徵

聽障者最大的困難是在語言學習和溝通方面，由於經常無法完全理解別人說話的意思，與人交談容易造成彼此曲解意思，產生誤會；或是無法充分表達自己內心真正的意思，形成心理上不良的影響。若是先天自小即有聽力障礙者，整天生活在聽不見或聽不清楚周圍環境的聲音情況下，自然對外界的事務接觸有限，同時比較沒有安全感以及自信心。根據研究報告顯示，下面幾項特徵，常可在與聽障者接觸時見到的心理傾向：

1.如果聽力損失發生的年齡很小，那麼個性較自我中心、固執、不順從、依賴心重、神經質等幼稚且不成熟的人格特質。等其成長後，若是父母師長不知適時給予心理輔導，往往極易導致生活上缺乏自信、自卑、挫折感重、自我防禦強、悲觀等性情；在工作上則怨天尤人、逃避現實、怠惰，並且人際關係不良、容易寂寞、與人相處困難等情況。

2.至於成年後才成為聽障的人士，則常常會感覺生命空虛，同時變得非常沒有安全感，深怕為社會所孤立或排斥，因此，他們比較不信任正常聽人的世界；而沮喪、消極、衝動、易怒、猜疑、壓抑等個性則常是他們所表現出來的一種心理反應。

雖然聽障者在耳朵聽取聲音有困難之下，容易衍生出種種負向的心理反應，不過，這並非聽障所產生的必然結果，有些則與其個人環境及家庭教養態度有關。

▶ 三　社會適應狀況

　　一個人的社會適應狀況乃看其個人社會情緒發展和心理發展是否良好，聽障者雖然沒有明顯特定的社會適應或人格問題，但由於聽覺障礙所帶來的溝通困難，使之與人互動少、自信心低、易衝動、學業成就低、情緒不成熟、職業技能能力不足；因此，對人生的看法，普遍消極且對未來不抱希望。這些偏歧不正確的態度，對聽障者的社會適應能力造成極為不利的影響。學者Greemberg（1990）指出：很多聽障者在日常生活中都感到生活上的壓力，通常原因皆起自於與人溝通有障礙及語言表達缺陷為主因，然而，來自正常聽覺的人對其偏見和標記也是重要的影響因素。

▶ 第三節　聽覺障礙兒童 的語言教學

▶ 一　表達語意的方式

　　人類以口語與人溝通是最方便的方式，在學習說話的歷程中，靈敏的聽覺乃要件之一，可謂「聽」與「說」必須相輔相成。具正常聽覺的兒童經由「聽」才得以分辨不同語音和詞句，進而學習語言（包括語意、語法、語義、語法、語用），建立溝通能力，發展社會性互動。聽障者因聽力損失，隔絕其聽取他人說話的機會，加上又無法清楚地聽到自己話語，達到自我回饋與修正的作用；因此，對語言的學

習可說較常人加倍地辛苦，極需父母及相關專業人員全力指導，以及適當的助聽輔助系統協助。

　　據研究指出，先天聽力損失的幼兒和一般正常兒童大約在同一時期發展聲音，但是在大概六個月大的時候由於缺乏聽覺回饋，他們發聲的行為便消失。在缺乏正式的口語語言教學之後，這些小孩便有發展他們自有的手勢表達系統傾向。如果家庭中有一個聽障兒，父母一開始在其極為年幼時就積極地以符號語言和小孩對話，並鼓勵小孩儘可能表達，同時努力試圖瞭解其所欲表達之意思，那麼，即使自小就為聽障的小孩，語言發展大概類似正常的小孩。不過，由於沒有聲音聽覺經驗，因此儘管聲帶肌肉發聲組織器官都正常，但仍然還是不知道如何正確去使用運作；包括發音位置的擺放、氣流量的大小、音調的高低、語氣的輕重、速度的快慢等都還需要有人在適當時機給予提醒與教導訓練。

✍二　手語口語及併用法

　　一般聽障者其語意表達方法有指語法、手語法、口語法、聽語法、綜合溝通法等。

1.指語法（Finger spelling）

　　這是用手指在空中寫出字母而拼出每一個英文單字的溝通方法；如果要使用中文的話，則可能需要把中文每一個字以手指寫出注音符號音標，然後再一個字一個字拼湊成句子完成意思的傳達，目前在我國啟聰教育上，老師所使用的「國語注音符號標音指法」與「新式注音符號指語法」就是配合國語注音符號與四聲變化的指語法。

2. 手語法（Sign language, manual language）

手語即是利用雙手作出各式不同的動作姿勢型態而達到傳達語意溝通的目的，所以可以說是一種「視覺性的語言」。手語不但可以表示出事物的形，也能將聽障者較難直接以「聽覺性語言」理解之抽象概念具體化，使得對一些較艱澀、隱晦或含蓄的意義，作直接自然的表意。因此，手語不必勉強聽障者使用殘存的聽力或竭盡所能努力學習去猜讀口型，可說是一種最自然的溝通方式，多數人也贊成「手語是聽障聾人的母語」的觀點，甚至有一些已學會以口語和一般社會溝通的聽障者，最後仍再度恢復使用手語作為語言溝通工具，因為手語是具文化特性的，也是一種正式的語言之一，傳遞表意速度快捷無礙且能真正打入聽障者的一些內心世界，莫怪手語仍是有一些聽障人士最喜愛、最自然的溝通方式。

基本上手語又可分為「自然手語法」與「文法手語法」，目前台灣全省的啟聰學校已制定一致的手語比法，以免教學時因不同地域而形成不同的手語比法，造成教學上及日後溝通上的另外衍生出來的問題。

3. 口語法（Oral method）

口語語言是人類比較基本而主要的表達方式，此方式是教聽障者利用殘存聽覺能力，學習讀話的技巧以理解外來的訊息，同時利用觸覺和視覺線索以及殘存聽力學習說話表達出自己的意思。

如果要聽障者學會使用口語為溝通工具，則同時亦需訓練其讀唇（讀話）、聽能訓練、發音說話、筆談等。口語雖廣被多數聽障者家長及某些專業學者推薦，但也並非每個聽障者皆可順利地學習，一切必須視聽障者何時開始發現有聽障？是否配戴合宜有效的助聽器？其

智力程度為何？有否接受聽能及其它訓練？還有家庭所提供之語言環境是否足夠等因素而定。像有些小時候曾接受過口語訓練的聽障兒，因回家後父母並不使用國語交談，家庭生活中所使用的是台語，使得這一些聽障兒沒有充分練習口語的機會，等到成長後，最後仍然無法以口語和人溝通並學習知識，可見聽障者是否能夠使用口語法，必須考慮個別條件因素，配合專人指導其聽能和說話，如此才能使聽障者在日常生活中和一般常人一樣，能自然地使用口語運用自如。

4.聽語法（Auditory-verbal approach）

有時又稱為「單一感覺法」，這種方法主要是讓聽障者施展他們的潛能，祇用聽覺學習語言。聽障者在早期或年幼時，如果父母老師能仔細提供有系統且有計畫的課程與自然的溝通，那麼聽障兒童在早期就可慢慢發展出聽的技巧，同時聽話的能力以及學習說話的能力亦可漸漸逐步發展出來，不過，對於極重度聽力損失者，要學習此方法極難成功，主要仍受限於其聽覺能力之故。

5.綜合溝通法（Total communication）

不論是以手語或口語方式溝通，最重要目的只要能達到溝通者雙方互懂意思並作交流即可；綜合溝通法即是不限制聽障者使用那一種溝通的型式，與聽障者溝通時可合併使用手語、口語和筆談，讓聽障者在溝通過程中，可以充分利用聽覺、視覺，達到傳遞訊息。

其實即使一般常人平日溝通的方式也並非只用口語，所以凡是有助於聽障者作到通曉對方意思，並表達情意以發揮潛能，那麼無論口語或手語都可為聽障者學習的溝通方式。另外，比較重要的是正常聽人應該持有一分體諒且公平的心去與聽障者相處，否則聽障者即使能用任何一種溝通方式與人交談，但在社會工作上難免仍是會有其他的

挫折和困難。

三　聽能訓練與發音練習

1.聽能訓練（Auditory training）

聽能訓練原理的基本假設如下：認為聽障兒童或多或少都存有殘餘的聽力，因此，可以經後天的特殊加強訓練，使殘餘的聽力應用於溝通和學習。聽能訓練主要的內涵包括意識到聲音的存在、發展分辨各種聲音的能力、分辨其所處環境文化下的語言語音，進而有能力分辨語詞和語句，並作文句和文章的聽覺理解。聽障兒童經過以上有系統的訓練後，將大大提高他們日後運用說話方式與人溝通或學習的效果。尤其近年來，人工電子耳、語音生理學、響音學以及個人助聽器、團體助聽器的技術知識大為進步，更擴大了聽障兒童殘餘聽力的利用，而對口語教學的幫助也很大，聽能訓練之重要可見一斑；甚至可說，如果聽障者要能具一般程度的口語溝通能力，那麼之前必先經聽能訓練，並達到相當的程度後才能有此表現。

2.發音練習

聽障者要學習說話是件相當不容易的事情，即使最主要的原因是出於聽覺器官的受損、對自我學習說話語音監督修正能力的低弱，然而仍對其如何應用人類說話器官整體性的協調能力有所影響。聽障者可能從未聽過自己發出來的聲音，或許也從未自覺過自己也擁有與一般常人一樣的健全完整發聲器官，所以，如何使其意識到且能自然運用人類的發聲系統來發聲說話，會成為訓練聽障者口語溝通能力課程中的基礎項目。

發音練習可讓聽障者從身體律動、節奏的變化等活動開始，從對自我身體肢體動作的肌肉放鬆，漸漸去體會出自然發聲的方法，並藉助視、觸覺管道學習正確的語音，同時掌握聲調變化的聲音，提高對學習說話的興趣，使發聲和說話成為自然且愉快的一件事。

四　讀話與說話

1.讀話

聽障者因聽力上的限制，與人溝通時只利用殘存聽力是不夠的，必需還加上讀話，才能瞭解對方所要表達的意思。讀話是聽障者運用眼睛來觀察說話者的口型、面部表情、身體動作，並依對當時情境的綜合判斷，配合讀唇的技巧，來「看」懂別人所說的「話」，以瞭解說話者的意思。

通常聽障者若錯過幼兒時期語言學習的關鍵階段後，日後其學習口語溝通能力效果勢必會大打折扣，其讀話能力也將大受影響。一位已高中、職階段的聽障學生，可能受早期聽能、語言、讀話等訓練經驗的影響，以及個人本身聽力損失程度的差異因素，平日在課堂學校中與人溝通的讀話能力表現有極大的不同，多少會遭遇到挫折和困難，而這一切極需老師、同學和其周遭的人士共同的配合幫忙，儘量予以精神上的鼓勵和支持，以接納、溫和的態度，才能使其在生活以及學業上獲得良好的調適與助益。

讀話訓練是聽障者必須學習的能力，訓練的內容與平日生活的事件相結合，透過專業人員有系統的計畫，結構性的訓練過程，並隨時找機會多作練習，累積長久與人交談下來的經驗，自然可讀話成功。

2.說話

　　聽障者學習說話各有其不同的表現，其特徵與其聽力損失程度有很密切的關聯。例如：若是先天極重度或重度的聽障兒童通常很難自然且合宜的發展口語，往往呈現不知何謂語言，而說話表現明顯地落後同儕，甚而學習不到說話；而輕度聽力損失的兒童，說話內容及語言溝通能力就和同齡其它兒童相差不大，最大的不同可能只是有些口齒不清（構音障礙問題）而已。近年來在國內對耳蝸移植術（人工電子耳）的推行，以及高科技知識技術發展助聽器，將可使中重至重度聽障者在聽覺能力上助益不小，或許對於說話的能力亦可突破。一般聽障者在說話上有下面幾項問題：

　　⑴說話音素中的超語段方面

　　　①說話速度慢，呼吸控制不良或語言能力不佳有關。

　　　②說話時句子斷句不佳，在不該停頓處停頓，如：我喜歡米老鼠，成了我喜歡米、老鼠。

　　　③重音不恰當，難以區辨一句中的重音與非重音，如該強調名詞卻強調介詞。

　　　④語調太高或太低，語調的變化過度或不足。

　　　⑤音量大小控制過度或不足。

　　　⑥鼻音共鳴度過度或不足。

　　　⑦音質沙啞或氣息聲重。

　　　⑧四聲聲調中，二、三聲很難說的清楚，也很難區辨。

　　⑵母音（韻母）方面

　　　①經常會將發音位置或發音方法相似的不同兩個音，說成相同的音，例如：「一」說成「ㄩ或ㄜ」。

　　　②容易將單韻母拖延成複韻母，或者無法將複韻母的音自然連

續地講出來。例如：將「ㄆㄞ」說成「ㄆㄚ一」。

　　(3)子音（聲母）方面

　　　①國音中具高音特性的音，聽障者說話時，容易將這些音省略，因為這些高音頻的音，聽障者較不容易聽取與分辨。例如：國音中的「ㄙ」和「ㄕ」，算術「ㄙㄨㄢˋㄕㄨˋ」說成「ㄨㄢˋㄨˋ」。

　　　②送氣音與不送氣音的混淆如：ㄅ與ㄊ。

　　　③鼻音與非鼻音的混淆如：ㄋ與ㄌ。

　　　④高音頻的音替代低音頻的音：如ㄌ與ㄖ。

　　(4)抑揚頓挫方面

　　聽障者對於說話時的音調聲符的掌控能力較差，因此，往往說話時語調平乏，一聲、二聲、三聲或四聲、輕聲的上下起伏轉換困難，讓人無法瞭解其所說出來的話為何意，整個說話之清晰度極為不明。

　　基本上聽障者的說話特徵與其聽力損失程度有極為密切的關聯，先天極重度或重度聽障的兒童較難能自然且適當地發展出說話；不過，近幾年來新開發的「助聽器」、「人工電子耳」技術的進步及早期療育等措施的推行，已能使這些兒童突破在說話學習上的困境。

第四節　聽覺障礙兒童的教育與輔導

　　聽覺障礙兒童的教育應配合其個人的身心特質與需要，除提供必要的基本訓練，如：聽能、語言、說話、溝通等外，還需特別加強其生活、心理方面的輔導，以避免不當行為的產生。本節分別就家長教養態度方法、教師之教學、同儕間相處之道等三方面提供下列幾項原

則作為參考：

✈ 一　家長教養態度及方法

1.儘早給予聽障兒童接受聽能復健及教育。

2.瞭解有關教育及訓練聽障兒童方面的知識，例如：如何配戴及維護助聽器、聽力損失的知識、語言溝通能力與聽力損失之間的相關聯、如何與教師及專業人員協助小孩學習等各方面的知能。

3.平日多利用時間與小孩相處，瞭解其心理情緒發展狀況，並適時地提供機會隨機教學，增進小孩的語言學習和說話溝通能力。

4.多與學校的老師保持密切的聯繫，充分瞭解其在校的生活狀況，適時予於協助。

✈ 二　教師之教學及輔導方面

1.講課時避免背向學生，或邊講邊寫黑板；儘可能在授課時，能利用視覺性教學媒體，將新教材或生字書寫在黑板上，或者分發講義以協助聽障生更容易學習。

2.教師應儘可能在說話時，提醒自己說話速度不要太快，但也不必放慢；在音量、語調、表情都應求自然，不必特別誇張嘴型。

3.瞭解聽障學生的特性，可以安排「小老師」及「學伴」制度，隨時協助聽障學生有關課堂上及作業學習上的困難。

4.注意聽障學生平日在校活動生活情形，培養其良好自我觀念，多鼓勵主動參與團體活動，協助其與同學能建立友誼，培養其樂觀、有自信的人生觀。

5.對於已就讀高中職的聽覺障礙學生，老師應協助其建立正確的

生涯規劃，教導其生涯發展各項所需之知能及技巧，以利於日後獲得就業安置，順利進入社會開創獨立、自主的人生。

三　如何與班上的聽障同學相處

1.上課時能多主動協助聽障同學對課程內容、老師授課的講解或作業交待方式等作進一步的說明，使其能完全地理解和學習。

2.瞭解聽障者除說話溝通能力較一般同學略為低落外，其餘各項能力與一般人相差無幾，所以，亦可成為每個人的好朋友、好伙伴，因此，不應該輕視或以奇異的眼光來看待，而應以真誠的態度與其做朋友。

3.面對聽障的同學，和其說話時，能保持適宜的說話速度和音量，並注意自己所站的位置，應能讓聽障同學看清嘴型，以利於其讀唇來瞭解說話內容。

4.當和聽障同學溝通時，如果遇到無法以口語方式互相理解的話，可改換以「手語」、「肢體語言」、「筆談」等方式進行，不要輕易就放棄彼此溝通，以免傷其自尊，打擊其自信，影響友誼關係的建立。

5.如果有機會或有興趣，應多參與一些聽障學生的相關知能研習和活動，例如：手語研習活動、聽障教育講座……等。

總而言之，聽障者的教育與輔導有賴父母、教師、同儕的理解和相互配合，及早提供其聽能、說話的訓練，學習溝通方式，養成良好健全的生活教育，同時一般社會大眾也應接納他們，適時主動伸出援手及鼓勵，讓有聽障者的家庭不覺無助；聽障者不感到孤立與自卑，唯有如此，才能讓聽障者獲得實質的幫助。

參考書目

林寶貴（民 83）。聽覺障礙教育與復健。台北：五南圖書出版有限公司。

徐道昌等（民 79）。語言治療學。大學圖書出版社。

蕭雅文（民 86）。聽力學導論。台北：五南圖書出版有限公司。

台灣省聲輝協進會編印（民 87）。被聲音遺忘的天使。

台灣省政府教育廳（民 88）。認識聽障學生及聽障教育（巡迴輔導手冊）。

教育部特殊教育工作小組（民 88）。特殊教育法規選集。

7

語言障礙兒童

劉秀芬

第一節　語言障礙的意義

一　語言的性質

在一般人的觀念中，兒童似乎自然而然地就學會了說話，對於語言發展較遲緩之兒童，也曾以臺灣俗諺「大雞慢啼」來形容。美國語言學家 Noam Chomsky 認為，人類的語言能力是與生俱來的（innate），而非刻意訓練培養出來的。然而，並非每個嬰兒一出生就會說話，他們必須生活在語言的環境中，運用本身之聽覺與發音器官，再配合大腦語言中樞之運作，才得以瞭解這些抽象、複雜之語言符號。這些複雜奧妙之腦部運作過程皆起因於人類之溝通意圖（Communicative intention）。因為有溝通表達之欲望，所以人類必須發展出一套溝通工具做為依據，以便達到有效之溝通，不致形成「雞同鴨講」的局面。在人類之溝通模式中，語言（language）可說是最主要之溝通媒介，人們可利用語言系統中之口語（verbal）或非口語（non-verbal）型式作為傳達思想之媒介。口語型式係指以語音方式所表達之語言，也就是一般人所謂的「說話」（speech）；非口語型式則為藉由文字、符號（如：圖畫、號誌）或肢體動作（如：手語）等方式所表達之語言。語言傳達與接收之歷程，可參見圖 7-1。

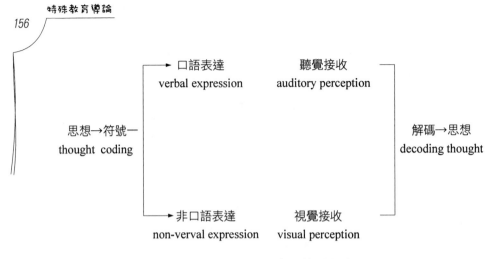

圖 7-1　語言傳達與接收過程

　　負責思想傳達與接收之語言中樞主要在大腦的左半球。其中Broca中樞專司語言表達之運作，Broca中樞受損之病人，雖然能夠理解別人所說的話，但是卻無法使用語言表達自己。舉例來說，當治療師詢問病人：「你太太在那裏？」時，病人很努力想要說話，卻說不出口，只能指指門口，以手勢表示他的太太在外面。負責語言接收之中樞稱為 Wernike 中樞，若在此部位產生病變，病人對於語言理解之能力即受到損害。此類病人無法聽懂別人的問題，雖然能夠開口說話，卻經常答非所問，文不對題。甚至因為聽不懂別人的話，感到相當挫折，而不言不語。例如：當治療師問病人是否要吃東西時，病人卻回答：「出去了，不在家。」當治療師重複相同的問題時，病人則是一臉茫然。由此可知，腦部語言中樞若受到大小不同程度之損害，其語言理解與表達之能力也受到不同程度之影響。除此之外，也有部分兒童因其語言中樞神經發展不夠成熟，導致語言發展遲緩，有些兒童會隨著年齡增長，神經發展日漸成熟而達到一般兒童之語言程度。但是，有少數兒童因大腦皮質層（speech cortex）先天不良再加上後天失調，而產生語言障礙，或因腦中有不正常之放電現象，干擾語言學

習。除了腦部語言中樞神經之外，語言的發展與聽覺接收、發音器官、認知能力以及環境刺激亦息息相關。如果兒童在聽力、智力上有障礙，無法正常接收外來的聲音刺激，或無法理解語音之意義，就不容易模仿別人說話。若為腦性麻痺兒童，因其感覺統合與肌肉協調之問題，造成開口說話之困難。這些因素直接影響口語表達的能力，也影響了語言能力的發展。

❧二　語言障礙之定義

　　根據西方語言學科之定義，語言（language）包含了語音、構詞、語法、語義以及語用等層面。語音學和聲韻學（phonetics and phonology）主要探討語言中之基本語音以及語音結合之規則。中文之語音（如注音符號）皆有不同之發音方式與發音部位（圖 7-2、7-3），同時語音

方法＼部位	氣流	上唇下唇	上齒下唇	舌尖前	齒齦	平舌音	舌尖後	舌面前	舌根
塞音	送氣	ㄆ			ㄊ				ㄎ
塞音	不送氣	ㄅ			ㄉ				ㄍ
擦音	帶音		ㄈ				ㄖ		
擦音	不帶音					ㄙ	ㄕ	ㄒ	ㄏ
鼻音		ㄇ			ㄋ				ㄤ
邊音					ㄌ				
塞擦音	送氣					ㄘ	ㄔ	ㄑ	
塞擦音	不送氣					ㄗ	ㄓ	ㄐ	

（輔音（聲母））

圖 7-2　輔音發音方法

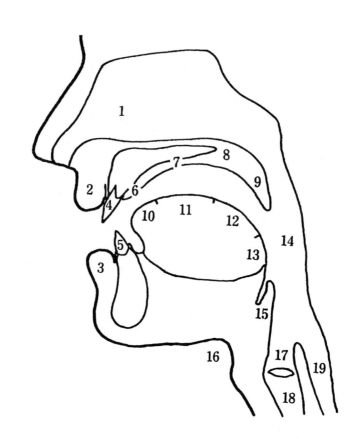

1.鼻腔　　2.上脣　　3.下脣　　4.上齒　　5.下齒　　6.上齒齦　　7.硬腭　　8.軟腭

9.小舌　　10.舌尖　　11.舌面前　　12.舌面後　　13.舌根　　14.咽頭　　15.會厭軟體

16.喉頭　　17.聲帶（中為聲門）　　18.氣管　　19.食道

圖 7-3　發音部位圖

結構皆採聲母（子音）＋韻母（母音）之規則。構詞學（morphology）
則研究語詞結構之規則。例如：「老」字和「虎」可結合成「老虎」
一詞；「老」與「獅」字則不然。但是「獅」字可與「子」字結合成
「獅子」一詞；「虎」與「子」字則不可。語法學（syntax）著重於
語言文法規則之研究。英文文法的基本型態為主詞＋動詞＋受詞（如：

I love you），再配合不同之時態，衍生出多樣之文法規則。中文之文法型態更為複雜，再加上受到多種外來文化的影響，使得中文文法呈現豐富的面貌。語義學（semantics）主要討論語言之意義，說話者必需瞭解文字、詞彙、句型之意義，並適當地組合運用，才能充分表達心中之意念；相對地，聆聽者也必須對於語言意義有相當程度之理解，才能瞭解對方說話的內容。在溝通的過程中，如何適當地使用語言，達到充分交流之目的，則為語用學（pragmatic s）之研究範圍。有些人被形容為「說話不得體」、「不會看場合說話」，有些人深諳說話之技巧，善於應對，被稱為「很會說話」。與凡語言技巧策略之研究，皆為語用學之範疇。

對於語音、構詞、語法、語意及語用等要素之瞭解是非常重要的，因為語言障礙之定義，以及本章對語言障礙兒童之分類，皆以上述五項要素為基礎。美國聽語協會（American Speech-Language-Hearing Association）對語言障礙之定義如下：

> 語言障礙係指在口語或文字之學習、理解或表達上，出現異常之狀況。語言系統包含語音、構詞、語法、語義及語用等要素，而此類障礙可能牽涉一項、多項或全部之要素。語言障礙者通常在文句處理過程中出現問題，或無法由長期記憶及短期記憶中，正確地儲存或讀取資料。（*ASHA, 1980, pp.317-8*）

根據ASHA之定義，語障兒童主要在語言之理解及表達層面出現障礙，導致兒童在聽、說、讀、寫等方面之缺陷。因此，在面對語言發生障礙時，必須考量下列幾個要點：語言各項要素中，何項發生障礙？在語言處理過程中，何者受到損壞？唯有真正找出語言障礙兒童之問題以及病源，才能以有效正確之方法協助他們克服障礙。

❦三　語言障礙之類型特質與成因

　　語言系統包含了說話（speech）和語言（language）兩部分，所以語言障礙之類型可分為說話障礙（speech disorders）以及語言障礙（language disorders）兩類。說話障礙兒童在語言理解與表達上，與一般兒童無異，但有可能發音較不正確，或是聲音沙啞，也有兒童說話不流暢，出現「口吃」之現象。語言障礙兒童大部分在腦部皆有不同程度之損傷，所以在語言之接收與處理的過程中，出現異常之狀況，造成語言發展遲緩或語言發展異常。茲分述於下。

1.說話障礙

　　說話障礙包括構音異常、聲音異常及語暢異常。此類兒童在語言表達和理解之發展均屬正常，但在說話表現上（performance）顯得不夠清晰流暢。

（1）構音異常（articulation disorders）

　　構音異常即發音錯誤，也就是台語所謂的「臭囝呆」。部分兒童會隨著年齡增長，發音器官日漸成熟而趨於正常。但也有少數兒童始終無法正確地發出某個音。發音錯誤之類型有下列幾種形式：

　　　①替代音：即以其他音代替標準音，例如：ㄕㄨ唸成ㄍㄨ，兔子唸成褲子等。

　　　②扭曲音：即扭曲標準音，說話非常含糊不清。

　　　③省略音：即省略應有之語音，例如：ㄒㄧ　ㄍㄨㄚ唸成ㄧㄨㄚ。

　　　④添加音：即在正確的語音中添加多餘之音，在構音異常兒童中，添加音較為少見。有人認為兒童將ㄔ飯唸成ㄔㄨ飯，即為添加音

之表現，這種說法其實並不正確。在國語注音符號系統中，ㄔ雖然標記為一單音符號，但是ㄔ本身即帶有韻母ㄭ，也稱為空韻，所以將ㄔㄭ唸成ㄔㄨ應為替代音之表現，而非添加音。

有些家長將孩子不標準的發音歸咎於孩子舌繫帶過短。也有部分兒童的發音器官和舌繫帶均正常，仍然有構音的問題。所以家長和老師必須注意觀察兒童對於語言的接收能力以及模仿正確音的能力，才能找出真正的問題所在。造成兒童構音異常之可能原因如下。

　　①功能性構音異常：即兒童之發音器官完全正常，卻無法發出正確音。此類兒童多數無法聽辨出自己的發音與別人不同，所以無法發出正確音。在治療功能性構音障礙兒童時，可著重於聽辨不同語音之訓練，並要求兒童聆聽自己的發音。

　　②器質性構音異常：即兒童之口腔或發音器官有缺陷或出現異常之現象，無法正確地發音，如唇顎裂、舌繫帶過短或嚴重牙齒咬合不正者。要解決器質性構音異常之問題，可藉由醫療之協助，克服構造上之不足，再進行構音訓練。

⑵聲音異常（voice disorders）

聲音包括了音調、音質和音量等要素，聲音異常即是以不適當之音調，過大之音量說話，導致音質受損，說話不清晰。兒童因長時間哭鬧或在遊戲時大聲吼叫，造成聲帶用力碰撞閉合，長久下來，就形成聲帶結節，又稱小兒結節（screamer's nodule），或形成聲帶瘜肉。聲帶結節或瘜肉皆會妨礙聲帶之閉合，使得兒童說話聲音沙啞、粗嘎，若不及時節制說話之數量以及改變說話之習慣，則會造成發聲困難，嚴重影響到說話的清晰度。所以，若兒童經常以「臉紅脖子粗」的方式說話時，家長或老師應提醒兒童放鬆、輕聲說話。

此外，有些兒童在說話時，因軟顎之功能較差，使得部分氣流流入鼻腔，造成鼻音過重之現象，影響說話之音質。唇顎裂兒童因本身

器官之問題，普遍有鼻漏氣之情形。

(3)語暢異常（disorders of fluency）

語暢異常即一般人所謂的「口吃」（stuttering）。兒童在二至五歲之間，正值語言發展之重要階段，少數兒童因急於表達，但是表達能力卻還不夠成熟，造成有口難言之困擾，說話者於是非常用力地想要把話說出口，使得發音器官或臉部肌肉僵硬，氣流因此受到阻礙，語句呈現中斷之現象。除此之外，語暢異常者會重複某些字或語詞，如「我我我我回來了」，「他們他們他們好壞哦」。語暢異常者有時也會將某些字詞延長，如「阿……姨好」。由於用力過度及氣流受到阻礙，使得口吃者全身緊張，常會伴隨皺眉、眨眼、手腳用力等動作出現。由於口吃者可以感受到自己說話不流暢，若受到他人之嘲笑、批評或責罵時，更會感到自卑與挫折，久而久之，就會產生逃避的心理，不喜歡開口說話。部分兒童雖然不會因口吃而感到自卑，但是經常因表達不流暢，受到家長或旁人的糾正，無形中對「口吃」的行為產生負增強的效果。因此 Johnson 在一九六一年提出造成口吃的可能原因，他認為口吃的產生是由於父母在兒童年幼且表達還不太流利階段，給予太多的壓力或糾正，使兒童在說話時產生緊張、逃避之反應。

根據 Shames 和 Ramig 在一九九四年的研究報告，口吃的原因至今仍是個謎，雖然有各種理論來解釋，但證據稍嫌不足。比較重要的理論包括下列：

①大腦優勢論（cerebral dominance）：此理論主張口吃者表達時，大腦內兩側之半球並不掌控與說話有關之運動神經，所以產生說話結巴現象。

②生物化學和生理學理論（biochemical and physiological theories）：West（1958）認為口吃原為一種抽搐性障礙，它與癲癇、痙攣、血糖濃度不均衡等因素有關。也有學者認為口吃是在說話過程中，由

於發聲、呼吸以及發音等生理機轉不當所造成的。

③基因理論（genetic theory）：雖然有人認為口吃與基因或環境有關，但是研究結果並不支持此種說法。

④神經心理語言學理論（neuropsycholinguistic theory）：Perkins（*1991*）等學者認為自然流暢語言的產生，包括了兩項基本要素，一為語言符號系統，另一項為語調、節奏等訊號系統。這兩項系統皆由不同之神經單位所掌控。一個人要表達出流暢的語句，必須由於這兩項系統同時運作，若兩者無法共同配合時，語言流暢度即受影響，產生口吃。

⑤診斷──語義界定理論（diagnosogenic-semantogenic theory）：此理論即前文所提 Johnson（*1961*）對口吃之看法。他認為兒童在牙牙學語階段，難免有停頓、中斷、重複等情形產生，部分家長誤將兒童語言發展正常之不流暢（normal dysfluency）現象視為口吃。兒童一旦被貼上口吃的標籤後，無形中便會在說話時產生莫名的焦慮與壓力。

⑥精神官能理論（neurotic theory）：此派學者著重於口吃者的人格和心理特徵的探討。透過精神分析的觀點，口吃被視為壓抑、逃避、恐懼，以及獲得他人注意及同情之表現。

⑦制約理論（conditioning theory）：根據古典制約理論，口吃者會因為說話經常不順而產生焦慮，久而久之，只要面臨開口說話的情境，便會預期口吃的發生，進而受到制約，造成口吃。

除了口吃之外，迅吃（cluttering）也是語暢異常的類型之一。迅吃者說話速度非常快，但有中斷現象，說話有時會省略特定難發的音或字詞，語調上略顯單調貧乏。迅吃與口吃雖然有其相似之處，但本質上仍有不同，必須細心診斷，及早治療，以免迅吃演變為口吃。

2. 語言障礙

語言障礙即是在語言發展上有遲緩或異常之現象。有些兒童之語言發展較同年齡兒童緩慢，也有部分兒童能夠以口語溝通，但是在文法組織、詞句理解和語言使用上出現偏差之現象。為了進一步說明兒童在何項語言層面發生障礙，並且精確地描述兒童語言障礙之特徵，本章將語言障礙分為語言發展遲緩和發展性語言障礙兩種類型。發展性語言障礙（developmental dysphasia）為 Allen 及 Rapin（*1987*）所提出之小兒發展性語言障礙，也有人將此類型之語言障礙稱為「發展性或先天性失語症」。由於 Allen 及 Rapin 之分類及說明較為精細，故本章採用「發展性語言障礙」一詞。

(1)語言發展遲緩

多數語言發展遲緩的兒童在二、三歲的年齡都還不會開口說話，或只能說出少數之詞彙，如：爸爸、媽媽。隨著年齡增長，語言發展進度較同齡兒童慢，表達或理解能力也比同齡孩童差。有些兒童有發音不標準之現象，也有部分兒童說話含糊不清，只有家人或常與之接觸者才聽得懂。造成兒童語言發展遲緩之因素可分為二類。第一類為兒童本身並沒有生理、器官或腦功能方面之問題，但因為語言學習環境不利或缺乏使用語言之動機，造成語言學習之困難。另一類為兒童之智能、聽覺或腦功能受損，使得兒童無法藉由正常之學習管道接收或傳遞語言訊息，形成溝通障礙。

VAH Pearson 在一九九五年的研究報告指出，在平均年齡七歲之兒童人口中，具有語言障礙者占 10%～13%，而且多半為男性。Pearson 也發現多數兒童在沒有任何介入之情況下，仍舊能夠發展出語言。因此，在評估兒童語言發展能力時，必須將此類語言發展緩慢但仍屬正常之兒童（slow normal child）和其他語言障礙類型兒童區分出來。

①單純語言發展遲緩

此類兒童在語言發展上較為緩慢，但是在語言理解和表達方面持續進步中，不論在語音、詞彙、句子結構或語言使用上皆有顯著之成長。由於語言能力不及同儕，有些兒童在人際關係上顯得畏縮，缺乏自信心。家長及老師應鼓勵此類型兒童參與團體生活，多給予他們練習溝通之機會。若家長或老師期望過高，要求兒童在短期間內必須達到同齡孩童之語言能力，忽略了兒童在語言發展的起跑點比別人晚，無形中造成兒童之壓力。舉例來說，有些家長嫌自己的孩子不太會表達，常常當著孩子的面抱怨：「某某人的孩子二歲多就很會講話，為什麼我的孩子五歲多了，還不太會說話，比不上一個二歲的小孩。」事實上，兒童可能在三、四歲時才發展出一些詞彙，若要求孩子在五歲時就必須要能夠以流利之語言表達，似乎是期望太高了。所以家長或老師應瞭解語言發展遲緩兒童之語言程度並細心觀察其語言進步狀況，適當地提供輔導及協助，以免操之過及，形成反效果。

此類型兒童在出生、學步、動作發展上大致正常，也沒有任何生理或腦部功能之障礙。有些家長過度寵愛兒童，孩子只要用手指一指餅乾，家長馬上就滿足孩子的需求。久而久之，孩童便習慣以肢體動作表達，無形中，語言發展便受到限制。也有兒童因長期受到忽略，或在語言學習不利的環境中成長，缺乏足夠之語言刺激。還有兒童因體弱多病，或身心發展較為緩慢，進而影響其語言發展。家長若能及早發現兒童有語言發展遲緩之現象，適時提供足夠之語言學習機會，並增強兒童使用口語之動機，必然能夠突破困難。

②因其他障礙引發之語言發展遲緩

兒童本身因具有智能不足、聽力損失、學習障礙、情緒困擾或腦傷等問題，使得兒童在接收或傳達語言訊息的管道上受到限制或損傷，造成不同程度之語言障礙。上述各類型特殊兒童之定義及特性於

本書各章節皆有詳盡之介紹，本文不再覆述。

(2)發展性語言障礙（developmental disorders of language or developmental dysphasia）

單純語言發展遲緩兒童可能因腦部功能發展不夠成熟，造成語言發展緩慢；發展性語言障礙兒童則因腦部功能發展異常，造成語言理解和語言表達之異常發展。發展性語言障礙為 Allen 和 Rapin（1987）所提出之名詞。他們認為兒童一出生時就開始學習語言，並且已經能夠藉由聽覺來分辨與語言有關之各種刺激。幾個月大的時候，對於旁人的逗弄會有反應。漸漸地，幼兒便開始發聲，進入喃喃學語的階段。整個過程中，兒童學會了使用語言來與他人溝通，同時也理解說話者所表達的意思。然而，有些兒童因高層腦功能（higher cerebral function）不良或受損，使得整體語言學習受到影響，在語音、語法、語意、語用等層面之理解和表達上產生偏差。為了進一步瞭解發展性語言障礙兒童之類型與特性，Allen 和 Rapin 蒐集了兒童在遊戲時的對話紀錄，針對這些語料進行臨床之評估及分析。他們的分類結構主要以兩項架構為基礎：一為語言系統內輸入——處理——輸出（input-prossessing-output）過程中之障礙，亦即接收或表達性之障礙，二為語言系統中語音、語法、語意、語用之障礙。最初，他們將發展性語言障礙分為六個類型，後來修訂為五個類型（*Brown & Edwards, 1989*）。

①口語運用障礙（verbal dyspraxia）

此類兒童的理解力正常，但口語表達非常不順暢，而且有嚴重的構音問題，有些孩童更是緘默不語（mute），幾乎沒有口語能力。在語音方面，最常出現的為省略音或字詞、語音錯置，其次為替代音。例如：「洗澡」只仿說尾音「澡」，「我不喜歡」說成「我喜不歡」。「魚」說成「ㄨˊ」。他們能夠依照指令將顏色分類，但是無法正確說出顏色的名稱。有些兒童會伴隨不同程度之運動神經障礙，

造成口腔動作控制、書寫和閱讀上的問題（*Brown & Edwards, 1989*）。

②語音辨識障礙（verbal auditory agnosia or word deafness）

此類兒童因腦部聽覺皮質層（auditory cortex）受損，無法將接收到的聲音轉換成有意義的語音符號，所以對語言的理解力不佳，口語的發展也受到影響，他們對語言或環境的刺激不太有反應，很容易被誤診為聽覺障礙兒童或自閉症兒童。然而，臨床聽力檢查的結果顯示他們的聽力是正常的，這表示他們的聽神經仍舊有反應，但因中樞聽覺皮質層無法作用，造成語音辨識上的障礙。他們的性情溫和，個性略為退縮，情緒大致穩定，也能夠與他人建立不錯的人際關係，這些特性都與自閉症兒童不大相同。

由於語音認知障礙兒童的理解和口語表達能力不佳，在進行智力測驗時，必然會遭遇到許多困難。Eisenson（*1985*）建議使用非語文量表（non-verbal scales）來評量此類型障礙兒童，他發現此類兒童非語文智力能夠達到正常的標準，這也是他們和智能障礙兒童不同之處。

③混合性接收與表達障礙（phonologic-syntactic syndrome or mixed receptive-expressive disorder）

此類兒童因聽覺理解力不佳，再加上聽覺短期記憶障礙，造成口語表達困難，但是口語表達方面的障礙比理解方面的障礙嚴重。他們大多以片斷式的語句表達，語音有時含糊不清。例如：兒童想要到樓下看書，就拉著媽媽的手往門口移動，媽媽問他：「你要去那裏？」兒童回答：「下面。」媽媽又問：「你要去下面做什麼？」兒童回答：「書啦。」原來他是要到樓下看書，但因不會表達，就使用肢體動作表示，他能夠理解母親的問題，但是回答都非常簡略，不會主動以完整的句子表達「我要去樓下看書」這個想法。他們能夠瞭解簡單或熟悉的指令，對於較複雜或抽象的概念，就會產生理解的困難。舉例來說，若要求兒童指一指圖片上三樣物品「蘋果」、「老虎」、

「汽車」,兒童因聽覺記憶力有限,可能只指出兩樣物品。同樣地,在發音上也會出現省略音或語音錯置等現象。

④語彙構成障礙(lexical-syntactic disorder)

此類兒童的理解力尚可,最主要的問題在於兒童無法正確地由大腦中檢取他所想要表達的詞彙,因此,在回答問題時,常出現尋字困難(word finding difficulty)的現象。此類型兒童從小就有語言發展遲緩的跡象,又因為無法由腦部詞彙記憶庫中,讀取適當之詞句來表示自己的意念,所以他們在幼兒期不太說話,非常沉默。由於理解能力尚佳,他們仍然可以發展出不錯的語言,雖然在語句組織上不甚成熟,但非異常之發展。例如:兒童在形容火山爆發時說成「爆火山」;在描述球浮上來時會說成「浮下去」。一旦兒童發生尋字困難之情況,他們就會以迂迴的方式,繞著主題打轉,或是以含混、模糊的字眼回答問題。舉例來說,治療師要求兒童描述一張出車禍的圖卡(治療師確定兒童瞭解「車禍」之意義),兒童的形容詞為:「流血了」,「紅綠燈」,「汽車ㄅㄥˋ」,再進一步問他:「十字路口發生了什麼事情?」時,兒童依舊重複與「車禍」有關之字眼,但是卻無法說出「車禍」一詞。也有兒童會指著玩具主動要求「我要那個」,當治療師詢問:「『那個』是什麼?」時,兒童回答:「就是那個嘛!」再次要求兒童具體說明清楚時,兒童還是以模糊的字眼回答。

此類型兒童自發性表達(spontaneous speech)優於對話性表達(elicited speech)。換言之,兒童在自己敘述故事時所展現之表達能力較好,而在與他人對話時,則出現較多之語言問題。

⑤語義語用障礙(semantic-pragmatic disorder)

此類兒童的口語表達流暢、構音和語法也正常,但在與他人應對交談時,會出現文不對題、答非所問之情況。若兒童無法理解說話者的問題時,部分兒童會重複說話者的問句,產生立即性或延宕性鸚

鸚式學話之行為。例如：當治療師問兒童：「你在那個幼稚園讀書？」兒童回答：「你在幼稚園讀書哦！」由於他們在知覺輸入過程和語義概念記憶上發生障礙，使得大腦無法解讀輸入之語言符號所代表的意義，造成兒童無法理解他人說話內容及涵義，以致於產生語言表達不合情境之現象。他們的語言特性與自閉症兒童類似，因此，有些兒童被診斷為高功能自閉症。其實他們的行為特質和人際關係與自閉症兒童仍有不同之處，需要多加注意觀察。

第二節　語言障礙兒童之診斷與治療

　　語言障礙兒童的類型與特性各不相同，因此在鑑定語言障礙兒童的過程中，可根據各類型語言障礙之特質作為篩選的標準。一般而言，說話障礙兒童在語言的理解和表達上皆屬正常，但在語音、音質的清晰度以及說話的流暢性方面發生問題。語言發展遲緩以及發展性語言障礙兒童在語言的接收、處理和表達上出現遲緩和偏差現象，導致兒童在語音、語彙、語法、語義及語用等層面之障礙。若家長或老師發現兒童有上述之症狀，可前往醫院之語言治療室或各師範大學、師院之特教中心接受進一步的診斷。

　　治療師或特殊教育老師在診斷的過程中，可以透過標準化測驗工具來檢測兒童之語言能力，也可藉由非正式的觀察，以遊戲之方式來評估兒童在日常生活中之溝通狀況。目前國內可供使用之標準化測驗包括：「學前兒童語言障礙評量表」（林寶貴、林秀美，民82）、「學齡兒童語言障礙評量表」（林寶貴等，民81）、「修訂畢保德圖畫語言測驗」（陸莉，民77），以及「兒童認知功能綜合測驗——語言測

驗」（曾進興、李明娟，民85）。治療師或老師將兒童之測驗結果與常模相互對照，才能夠判定兒童是否具有語言障礙。此外，施測者還必須詢問兒童之基本資料，如：出生過程、生理發展狀況、語言發展情形、聽力、智力、情緒等方面之發展程度。

一　說話障礙之診斷與矯治

1.構音異常

除了蒐集兒童的基本資料外，治療師或老師必須檢查兒童發音器官，如：雙唇、舌頭、牙齒、上顎之構造是否有缺陷，或是有發音器官使用不靈活之現象。必要時，兒童還需要做聽力檢查，以確定聽力程度及聽辨能力。有些家長認為他們的孩子都聽得懂他們所說的話，對日常生活中的各種聲音都有反應，所以應該沒有聽力上的問題。然而，有不少構音障礙兒童在聽力檢查後發現具有輕度之聽力損失或高頻率失聰之現象，所以聽力篩檢有其必要性。

在構音評估過程中，治療師或老師會使用圖卡，要求兒童說出圖卡上之內容，再將其語音記錄下來。例如：兒童將「醫生」之圖卡說成「ㄧ　ㄍㄥ」，「西瓜」唸成「ㄐㄧ　ㄍㄨㄚ」等，治療師或老師便依據兒童之發音紀錄進行分析。以上述之例子而言，此兒童將ㄕ唸成ㄍ，ㄒ唸成ㄐ，所以在進行構音矯治時，便可由錯誤音著手訓練。構音訓練之首要工作在於聽辨訓練，因為兒童對於自己口中所發出來的聲音，並沒有仔細聆聽分辨，以至於造成ㄕㄍ不分之狀況，所以家長、老師或治療師必須藉助視覺、觸覺和聽覺刺激來輔助兒童瞭解正確之發音方式和發音部位。一旦兒童能夠發出正確之單音後，再將此音延伸到詞彙、短句、文章以及日常對話中。

　　構音障礙的治療重點應放在正確的發音方式和發音部位上，幫助兒童建立一個新的語音概念，這個語音概念深植於腦部語音系統中，兒童才能夠區分語音之不同。

2.聲音異常

　　聲音異常之診斷通常以音調、音量和音質作為評估的要項。若兒童有音調過高或過低，音量太大或太小，及音質具有氣息聲、沙啞、刺耳、鼻音不足或過重等特性，皆可至耳鼻喉科做進一步的檢查。聲音異常的類型分為兩類：一為功能性之聲音異常，此類病患之聲帶功能正常，但因過度使用聲帶，產生聲帶結節或瘜肉等。二為器質性之聲音障礙，此類病患因本身聲帶結構有缺陷或產生病變，造成聲帶無法完成閉合。這兩類型之障礙皆需要由醫學儀器之檢查，才能夠診斷。有些器質性聲音障礙病患，可藉由醫療的協助，改善其發聲狀況。

　　在治療功能性聲音異常兒童之前，必須先記錄他們在日常生活中是否有大聲嘶喊和不良之發聲習慣。將他們的聲音錄下來，再由聽覺回饋的方式，讓他們聆聽自己的聲音，使他們瞭解自己的發聲狀況。平時，兒童要避免大吼大叫或用力說話，家長和老師也要隨時提醒兒童放輕鬆說話。兒童必須先認知自己的發聲問題，才有足夠之動機與決心有效地改善聲音品質。

3.語暢異常

　　有些兒童一開口說話即出現連續重複或延長語音或字詞之現象。也有兒童在語句中間出現不適當之停頓，或插入某些特定之語音、字詞。這些明顯的不流暢行為會使部分兒童產生眨眼、皺眉、聳肩、全身用力等肢體動作。家長或老師若發現兒童有上述語暢異常之特徵，可至語言治療室尋求協助。

在進行評估時，治療師會要求兒童背誦課文、仿說、朗誦，回答簡單之問題，以及描述事情。治療師再針對這些語料進行分析，將重複音、延長音或中斷現象之次數記錄下來。此外，治療師還必須瞭解兒童之生理、心理、家庭和口吃發展之狀況。

針對較年幼且正在發育中之語暢兒童，治療的重點可分為環境因素控制以及直接治療兩部分（*Shames & Ramig, 1994*）。環境因素係指在日常生活中可能會造成兒童表達不流暢之因素，如：兄弟姊妹搶著說話、家長的標準和期望過高造成兒童壓力、家人說話速度太快、兒童說話說到一半時被打斷等。治療師和家長共同合作，找出造成兒童口吃的環境因素，全家人盡力配合改善這些不良的因子，才能幫助兒童在輕鬆的狀態下說話。直接治療則針對個案本身的說話習慣加以治療。若兒童有情緒、壓力或心理上的困擾，可藉由心理治療或遊戲治療的方式加以舒解。亦可採用減敏感法（desensitization）來增強他們對壓力的容忍力。當家長指責、批評或糾正兒童說話不流暢的行為時，反而造成增強的效果，所以家長應該鼓勵兒童多表達，不要刻意指正兒童說話不流暢之現象。此外，治療師也應提供諮詢服務，協助家長瞭解口吃之相關知識，以適當之態度來處理兒童之語暢問題，才能有效幫助兒童。

對於已經養成口吃習慣之兒童，治療的重點則在於建立一種新的說話方式，儘量控制口吃行為的發生。首先要鼓勵兒童以較緩慢的速度說話，並全身放鬆，逐漸地增快速度以及增加句子的複雜度。若是出現口吃行為時，應立即放鬆，不要因為焦慮緊張而更加用力。如此反覆練習，再將新的說話技巧類化到正常生活中，除了兒童本身的努力外，家庭、學校以及社會環境之配合與支持，都是重要的關鍵。

✈ 二　語言障礙之診斷與矯治

　　當兒童之語言理解與表達能力發展比同年齡兒童緩慢時，家長和老師應注意兒童是否有身心發展較慢、語言學習環境不利、缺乏學習動機等現象，或另有聽覺、智能、腦傷或學習上之障礙。若兒童動作發展、聽力正常，但在語言理解、表達以及語音、語彙、語法、語義、語用等層面出現異常之發展，即需要進一步的評量，確認兒童之特殊障礙為何以及可能之病理原因。唯有瞭解問題的真象，才能夠給予兒童適當之輔導與協助。

　　對於單純語言發展遲緩兒童，家長和老師須注意兒童身體的健康和生理發展，並提供足夠之語言刺激，以啟發其學習動機。聽覺障礙兒童應配戴合適之助聽器或人工電子耳，智能不足兒童之教育則應著重於生理、心理、智能等層面之訓練，並加強其社會化之行為能力。至於腦性麻痺兒童則需要注意他們的肌肉控制以及說話姿勢。家長和老師應善用機會教育，讓兒童在生活中學習口語能力，並使用簡明、適當之詞句，以正確清楚的語言教導孩子。同時也要增加兒童的生活經驗，以提升其認知學習能力。父母除了教導孩子之外，也應該耐心地傾聽孩子說話，在交談時，也應該給孩子思考回答的時間，不要因為孩子反應較慢，顯出不耐煩的神情，或直接替孩子回答問題。

　　在輔導發展性語言障礙兒童時，必須先瞭解各類型兒童之特性，充分利用其優勢管道，以彌補其他方面之障礙。以口語運用障礙兒童為例，由於他們的理解力正常，所以訓練重點應著重於口語表達，可由基本之發聲遊戲引發其口語能力。語音認知障礙兒童因為無法由聽覺的管道獲得太多之幫助，使用輔助溝通器材，如電腦或溝通板，可充分達到視覺學習之效果。混合性接收與表達障礙兒童因理解力不

佳，導致口語表達能力不良，因此，必須先加強其理解能力，口語能力才有可能改善。父母和老師可借助實物、圖卡、手勢、肢體動作或表情來幫助兒童理解事物，再配合口語解釋，使兒童能夠將所聽到之語音以及所代表之意義連結起來，然後要求兒童模仿他所聽到之語言。整個過程必須循序漸進，不可操之過急。隨著兒童的理解能力進步，所給予的手勢提示可逐漸減少。語彙構成障礙兒童和語意語用障礙兒童之理解能力較佳，但是分別有找字困難以及語言使用不當之問題。父母和老師可以請兒童之兄弟姊妹或同學做示範。舉例來說，母親問兒童之哥哥：「今天星期幾？」哥哥回答：「今天星期六。」母親再問兒童相同的問題，兒童因為有哥哥的示範，因此可以學習哥哥的回答方式，不致造成答非所問之情形。而有找字困難之兒童也可運用類似之學習模式，藉由他人示範提示，增強自己之表達能力。

第三節　語言障礙兒童之教育方式與輔導

　　部分因聽覺障礙、智能不足、腦傷等問題而導致語言障礙兒童，可根據其不同性質之障礙，就讀於啟聰班、啟智班或特殊學校。其他之語言障礙兒童大多就讀於普通班，再依其需要，尋求語言方面之訓練與輔導。目前國內提供語言矯治與諮詢之機構包括醫院之語言治療室、各師範大學和師院之特教中心、設置語障資源教室之學校，以及開設語言訓練課程之特殊學校和特殊機構。至於學齡前之語言障礙兒童多數就讀於普通幼稚園，其他兒童根據其障礙性質，就讀於國小、特殊學校附設之特殊幼稚園或其他特殊機構。

　　由於兒童接受教育和其他之學習活動大都在學校中進行，因此，

學校老師、學生以及學生家長對語言障礙兒童的接納是很重要的。雖然有些語言障礙兒童無法像一般學童一樣理解上課之內容，或無法正確地使用語言表達自己的想法，但並不表示他們沒有學習的潛力。例如：語音認知障礙兒童對於語言之理解不佳，若能夠利用視覺的管道加強學習，仍舊可以達到相當之成效。語意語用障礙兒童對於字義之理解和語言運用上有異常之現象，老師如果能夠為學生示範合宜的語言模式，並且鼓勵其他學生共同協助語言障礙兒童，必然有助於其語言能力的發展。此外，老師若注意到兒童在說話或語言上有異常之現象，可以將兒童轉介至語言治療室或特教中心接受診斷、諮詢和治療。唯有在家長、老師以及語言治療人員的協助下，語言障礙兒童在理解和表達上才會有進展，也才能夠以合適之語言行為進行學習與溝通。

參考書目

✐ 中文部分

何華國（民 79）。特殊兒童心理與教育。台北：五南圖書出版有限公司。

林寶貴（民 83）。語言障礙與矯治。台北：五南圖書出版有限公司。

郭為藩（民 79）。特殊兒童心理與教育。台北：文景書局。

趙可屏（民 85）。從訊息處理模式及學習與記憶的神經生理運作探討教導特殊學習障礙兒童之學習策略。國立台中師院特教中心特殊教育論文集，6，頁285-322。

趙雲（民 77）。兒童的語言世界。台北：洪健全教育文化基金會。

劉麗容（民 80）。如何克服溝通障礙。台北：遠流出版公司。

謝國平（民 74）。語言學概論。台北：三民書局。

英文部分

Beech, John R. et al.（1993）. *Assessment in speech and language therapy*. Routledge: New York.

Bernstein, Deena K.& Ellenmorris Tiegerman.（1993）. *Language and communication disorders in children*. Macmillan Publishing Company: New York.

Brown, Betty Byers & Margaret Edwards.（1989）. *Developmental disorders of language*. Whurr Publishers Limited: London.

Eisenson, J.（1986）. "Developmental（congenital）aphasia and acquired aphasia and dysphasia." *Human Commun.（Canada）10*, 5-9.

Henley, Martin et al.（1993）. *Characteristics of and strategies for teaching students with mild disabilities*. Allyn & Bacon: U.S.A.

McTear, Michael F. & Gina Conti-Ramsden.（1992）. *Pragmatic disability in children*. Whurr Publishers LTD: London.

Pearson, VAH.（1995）. "Speech and language therapy: is it effective ?" *Public Health, 109*, 143-153.

Rapin, I. & Allen D.A.（1987）. "Developmental dysphasia and autism in preschool children: characters and subtypes". *Proceedings of the first international Symposium on specific speech and language disorders in children*, pp. 20-35. AFAS IC.

Rapin, I.（1988）. "Disorders of higher cerebral function in preschool children." *AJDC, 142*, 1119-1124.

Shames, George H. & Peter R. Ramig（1994）. "Stuttering and other disorders of fluency." in *Human communication disorders: an introduction*. eds, George H. Shames et al. Macmillan College Publishing company, Inc. : New York.

Shames, George H. et al. eds.（1994）. *Human communication disorders : an introduction*. Macmillan College Publishing Company, Inc. : New York.

8

肢體障礙兒童

鄭秀真

第一節　肢體障礙兒童的意義及分類

一　意義

由於發育遲緩、神經系統發生病變、外傷或其他先天、後天性骨骼肌肉系統缺損或疾病造成四肢不便者，稱為肢體障礙者。

根據我國特教法的定義：指上肢、下肢或軀幹欠缺正常運動機能，以致在接受教育時發生一定程度之困難者。

由此定義中所指肢體障礙係指個體的身軀與四肢的肌肉、骨骼、神經系統，並不涉及視覺、聽覺的障礙。而所有的肢障兒均有兩個共同的特性（王文科，民82）：

　　1.肢體上的障礙會影響他與環境的互動。

　　2.在接受教育與從事職業上會發生困難，需特殊教育的服務與安置。

二　肢體障礙的類型及出現率

肢體障礙兒童的類別繁多，可依不同的觀點而有不同的分類，以下依四個方向分類：

　　1.發生障礙的時間

　　(1)先天性缺損：在出生前或剛出生不久即發生障礙如無腦症、斜

頸、肢體短缺等。

(2)後天性缺損：因意外或疾病而導致肢體障礙。

2. 神經系統受損與否（*krik & willson, 1973*；許天威，民 *81*）

(1)神經系統異常：腦性麻痺（cerebral palsy，簡稱 CP）、小兒麻痺（polio）、脊柱裂（spina bifida）、脊柱損傷（spinal cord imjuries）。

(2)肌肉骨骼異常：肌萎症（muscular dystophy）、關節炎（arthrists）、截肢（amputations）、脊柱側彎（scoliosis）、脆骨症（brittle bones）、畸型足（club foot）。

3. 因疾病導因（張紹炎，民 *61*）

(1)神經麻痺：腦性麻痺、小兒麻痺。
(2)結核性骨關節炎：風濕性關節炎、脊椎骨疽。
(3)外傷：截肢、骨折、腦外傷。
(4)骨疾：骨髓炎、佝僂症。
(5)關節：先天脫骨、血友病所致的非結核性骨關節炎。
(6)型態異常：斜頸、內反足、外反足、短肢。

4. 損傷程度（依據民 *76* 年「特殊教育法施行細則」）

(1)輕度：指肢體的行動能力及操作能力接近正常，對學習過程的影響較輕微，能生活自理。
(2)中度：指肢體的行動不良但操作接近正常，或行動能力無大礙但操作能力困難者，其學習過程需要協助，生活自理也需協助。
(3)重度：指肢體的行動及操作能力皆有嚴重障礙，需人員的協助及輔具的應用，方能從事學習活動及生活自理。

由於肢體障礙兒童的類型繁多，本節就幾種主要類型詳述如下：

1. 腦性麻痺

腦性麻痺是肢障兒童中所占比例最多者。所謂腦性麻痺係指腦在發育未成熟前受到損傷或發生病變，而引起非進行性的運動機能障礙。此症發生在生命的早期，即出生前或出生不久。腦性麻痺不同於小兒麻痺，前者是大腦神經受損，而後者是脊髓神經受到傷害；小兒麻痺受損的部位在四肢，然腦性麻痺除了四肢受損外，會依大腦受損的區域不同，而伴隨其他障礙如視覺、聽覺、語言等，因此又屬於多重障礙。

腦性麻痺的腦傷不會持續惡化，但若無加以早期療育或復健，關節會產生硬化或畸型，影響其行動能力、姿勢的平衡穩定性及生活自理能力。

此外，腦性麻痺兒不等於智能不足，依資料顯示，有四分之一的兒童智力與一般孩子相同，甚至比正常孩子還高。（高愛華等，民 76）

(1)腦性麻痺兒童的類型

①依肌肉張力而分

- 痙攣型（spasticity）：痙攣是由於肌肉張力高而導致其僵硬或緊縮。因肌肉僵硬會使動作較慢或笨拙，這些不正常的反射動作，導致孩子很難有大角度或各種方向的肌肉控制和動作。此類是腦性麻痺中最常見的一類，約占三分之二的比例（李德高，民 75）。

- 徐動型（athetoid）：徐動是指肌肉張力一直不斷的改變，通常此類孩子的腳、手、手臂或臉部會有一些不自主的扭動，頭部多向後仰、行動時東倒西歪、不停擺動、頸部僵硬、常張嘴、舌常吐到唇邊、流口水。這些不自主的動作通常在清

醒的時候，睡覺時會暫停。此類兒童的比例占腦性麻痺患者的第二位，約占 15～20%。

- 運動失調型（ataxic）：運動失調是指不穩定、搖晃的動作，其肌肉的平衡和協調能力差，特別是在走路或單腳平衡時易跌倒。眼球會不斷的顫動、手眼協調不良、常拿不準。此類兒童占第三位。

- 低張型（atonia）：指肌肉張力低，少有主動收縮和動作，無法對刺激有所反應。

- 混合型：很多腦性麻痺兒童會呈現上述幾種不同的症狀的組合。

②依受影響的肢體來分：（高愛華等，民 76）

- 單肢麻痺（monoplegia）：指一隻手或一隻腳有障礙。

- 半邊麻痺（nemiplegia）：指半邊的身體、上肢、下肢有障礙。

- 下肢麻痺（paraplegia）：通常四肢都有障礙，但下肢比上肢的障礙更顯著。

- 四肢麻痺（quadriplegia）：全身都受影響，連臉部表情也受影響，通常上半身比下半身嚴重。

(2)腦性麻痺兒童常見的伴隨症狀

約有 40% 伴隨癲癇症，有 25% 的視力障礙，約 20% 有聽力障礙，有高達 75% 的語言障礙，此外，有智能不足、知覺異常、學習困難、情緒困擾等伴隨症狀。

2. 小兒麻痺（poliomyelitis）

小兒麻痺是因脊髓灰白質的前角細胞受到濾過性病毒侵害，而引發的摧毀性發炎現象。這些運動細胞受到感染發炎後，因無法有效控制相關肌肉的收縮，其肢體的運動能力受到影響。一般小兒麻痺患者

的麻痺部位以下肢居多，上肢者較少見，若麻痺部位在上肢，多半會影響心肺功能。

小兒麻痺的外顯特徵：麻痺的肢體呈現纖細、肌肉萎縮、懸垂無力狀態，兩腳長短不一、攣縮或畸型。有些患者會伴隨脊柱側彎。為了配合復健及行動的需要，須使用支架、枴杖或輪椅。

患者的障礙僅限於肌肉神經系統，尚不致影響其智力、視覺、聽覺等功能，故除了機能訓練外，教育措施不需太多改變。自一九五五年沙克疫苗（salk vaccine）問世，便獲得有效預防，近來已非常少見。

3. 肌肉萎縮（muscular dystrophy）

肌肉萎縮是一種因肌肉細胞的新陳代謝異常，導致無法吸收維生素 E，肌肉由脂肪組織替代，致使肌力漸失而退化的進行性疾病。剛開始時只有一小部分肌肉萎縮的現象，之後慢慢惡化而影響行動能力，從經常出現跌倒到需藉助枴杖。當肌肉繼續萎縮退化，則須改坐輪椅，進而終日臥床。到了末期，大多因心肌與呼吸的感染而引發心臟衰竭或肺部感染而早夭。

4. 脊髓損傷（spinal cord injury）

因交通事故或外力撞擊而使脊髓斷裂導致四肢麻痺或下肢癱瘓，自律神經失調，此將影響心跳、血壓、大小便控制、性功能等。患者行動上須以輪椅代步，須終身復健以恢復功能、減少惡化。

5. 截肢

截肢指四肢中某一部分短缺，可分為先天截肢與後天截肢。導致先天性截肢可能因：(1)先天性羊膜帶纏繞；(2)孕婦照射過量輻射；(3)藥物影響。後天截肢因：(1)意外傷害；(2)糖尿病、周邊血管疾病、腫

瘤等疾病。後天截肢中約 70% 是外傷造成，30% 是因惡性疾病。

　　一般而言，截肢者幾乎皆可裝上義肢，接受行動訓練，大致上都能有良好的行動能力，除了行動能力訓練外，有些患者需接受特殊飲食、書寫工具、衛生習慣的訓練。

6. 關節炎（arthritis）

　　關節炎是一種因關節發炎，而引起關節及其周圍部分疼痛的疾病。剛開始可能在手指、手腕、手肘、膝蓋、髖關節、足踝等處有腫痛的現象，如果症狀繼續惡化，則導致關節僵硬、行動困難與痛苦的症狀。為避免使發炎的關節負擔過重而破壞其內部結構，患者須借助支架、枴杖或輪椅等輔助工具。

7. 脊柱裂（spina bifida）

　　脊柱裂是一種因脊椎骨無法整合而導致患者大小便失禁及肢體麻痺的先天性缺陷。造成原因尚無法確知，可能在懷孕初期已形成。患者可能還有自主神經上的障礙，如不出汗，以及在脊柱裂以下部分失去知覺。因下肢失去知覺而須以支架、枴杖或輪椅代步。

第二節　肢體障礙兒童的特質

一　心理障礙

　　肢障兒因外觀及行動的不便，往往產生心理適應與社會適應的困難。肢障者的心理障礙有以下四點值得注意：（郭為藩，民 82）

1.孤立的狀態

因行動空間的孤立和心理空間的孤立，導致自我封閉狀態。

2.自我的貶值

此乃生理缺陷者普遍的自卑感。

3.前途的憂慮

因長期依賴他人的扶持，而缺乏安全感。

4.偽裝的煩惱

為取得一般人所認同的社會價值觀，所引起的偽裝壓力。

✈ 二　價值調整與自我接受

肢障兒對於外觀的殘障狀態是否能接受，是其價值觀與自我接受的關鍵，唯有自我接受才有安全感、歸屬感與自重感，否則將淪落自暴自棄、自卑與自憐的惡夢深淵，甚至產生神經質的人格傾向。

如何自我接受而調整價值觀，可從二方面著手：

1.擴充價值的範圍

人生的價值是多方面的，肢障者可從學業、友誼、品德……中獲得積極的補償，而將身體因素列入次要，儘量提升與身體狀況無關的價值，如智慧、勇氣、忍耐、同情心等。

2.改變「比較價值」為「內在價值」

每一種事物可分為比較價值與內在價值，前者是因與相關事務相較評價而決定，後者則問本身的功能與效用。如某生考試得八十分，其分數與班上同學相較屬中等，但該生已盡力而為，且與上次成績相較下有進步，則此成績是令人滿意的。因此，能「比上不足，比下有餘而心存感謝」則是自我接受的良方。

三　情緒及社會適應

由於肢障兒行動較不自由，其心理需求常受阻，再加上他人的歧視與自卑心理，往往造成情緒與社會適應的困難。柯波曼（F. S. Copellman）曾追蹤一百名小兒麻痺患者的情緒適應問題，發現較年幼者有退縮的傾向，而較年長者則傾向攻擊性。庫魯克馨（William M. Cruickshank）研究二百六十四名肢障的高初中學生有關家庭適應問題，他們比一般生較認同母親，對成人世界不滿，有從社會中退縮的傾向，且表現出顯著的自我興趣，此外，他們顯示迫切需要被接納。

肢障兒比一般兒童對自己身體的缺陷，顯示有強烈的恐懼感與罪惡感。弗斯（D. G. Force），研究指出：肢障兒易受同儕排斥。

李翠玲（民 79）訪問二十位傑出肢障者，已有傑出表現者其自我觀念呈現正向，然其由小而大的經歷均有衝突期、退縮期，最後才到接納期。影響他們最關鍵的人物是父母，家庭環境的支持是內在動機的來源。

✎ 四　人格類型

肢障兒大致表現出下列人格傾向之一：（郭為藩，民82）

1. 退隱型

為了減少挫折的情境，有些肢障兒極度畏避公開場合，經常孤僻獨處，耽於自我幻想中，塑造成落難英雄。

2. 侵略型

肢障兒深覺天地不仁，社會不平，以攻擊他人洩憤，認為他人亦當如同他一樣，吃些苦頭。有些肢障兒甚至性情暴戾殘忍，好引衝突。

3. 防禦型

有些肢障兒擔心自我貶值，乃掩飾或歪曲事實，自欺欺人，否認自身殘障狀態，其價值觀變成不切實際，妨礙社會適應。

4. 補償型

某些肢障兒為求減輕缺陷，作積極補償，但為求恢復正常而犧牲其他生活目標而倍嘗辛苦，往往得不償失。

5. 現實型

有些肢障兒能面對傷殘，但對前途充滿信心，對克服困難具有勇氣。他們能誠心接納自己，發揮優點，不自卑，因此能生活在快樂與自信的心情中，此乃適應的人格。

❦五　父母態度

據一般心理學者研究，殘障兒與父母關係多數並不十分融洽，可能因孩子經常性或長期性住院，而與家人關係漸趨疏淡，或是父母對自己無法擁有一個健康、聰明小孩的失望，造成排斥。

有些父母將肢障兒的降生視為上天的懲罰，或深感內疚，或怨天尤人，而對其子女過度保護、寵愛或漠視、虐待。

有些父母期望肢障兒能獨立而矯往過正，以致孩子頓覺失去支柱而誤解為遭到厭棄，因此，父母對殘障子女的態度，攸關孩子的發展與社會適應，殘障者父母應從心理調適中走出迷障，給予子女最有力的支柱。

❦第三節　肢體障礙兒童
的特殊適應問題

❦一　腦性麻痺的特殊適應問題

（高愛華等，民76）

1.不正常反射

本應隨著腦部的發育和成熟，使一些原始反射動作消失，然腦性麻痺兒的腦部卻無法抑制這些無意識的反射。這些不正常反射常見者有走路時墊腳尖、腳交叉；平常握得很緊；仰臥時身體僵直，甚至會背弓；頭常習慣性歪向一邊；很容易受到驚嚇等等。

2. 不正常的肌肉張力

腦性麻痺兒的肌肉張力有些會過高而呈僵硬狀，有些肌張力過低而顯得軟綿綿，有些還忽高忽低，經常改變、動來動去。這些不正常的肌肉張力乃受不正常反射所致。唯有正確的姿態是抑制不正常反射最好的方法。

3. 肺功能差

四肢麻痺者其上半身比下半身嚴重，致使胸腔周圍的肌肉無法進行適當的收縮，再加上行動不便，導致肺功能差，易患感冒，併發肺炎。

4. 體溫調節功能差

較小的腦性麻痺兒易受外界溫度的影響，其調節功能差。天氣熱時，體溫上升，易流汗。

二　肢體障礙兒童的需要

1. 早期發現，早期治療

許多肢障兒的病狀原非十分嚴重，然因自幼種種原因而失去療護，未能及時矯正而萎縮變形，致使動作機能久廢失用，加深傷殘狀態。因此，落實地方公共衛生機構的例行性普查及登錄管理制度，以便實施早期療育。

2.醫療重建

肢障兒的治療方法,除了部分需藥物治療(如控制癲癇)外,大多需矯形外科術及復健醫療。前者主要以骨科、外科的畸形矯正,肌肉重建、轉移,顯微神經手術為主;後者包括物理治療、職能治療、義肢支架裝配及語言治療等,以紓通血液循環,改善動作機能、日常生活品質及溝通表達能力。

3.特殊教育

此部份包括:
(1)概括機能訓練、職能訓練及語言訓練等專門訓練。
(2)屬於特殊學校或特殊班中的教學活動。
(3)為生活指導,必要時包括心理輔導。

4.無障礙環境與立法保障

肢障兒本身的障礙,在經過醫療復健的照顧後,並不必然會有行動上的困難,其行動上的問題往往是由建築、道路、交通設施等的障礙所造成的。因此,消除環境中的行動障礙,將有助於擴大肢體障礙兒童的生活與學習空間。我國在民國六十九年公布的「殘障福利法」第二十二條明文規定:「政府對各項公共建築物及活動場所,應設置便於殘障者行動之設施」。目前國內少部分公共設施已考慮到肢障者的不便,已舖設斜坡道、加大空間、洗手間加扶手及殘障者專用設施的標示等,然而仍需全面推行無障礙環境,提高肢障者行動上的自由度。

第四節　肢體障礙兒童的教育與輔導

　　透過適當的矯形外科術及復健醫療，使病童的肢體正常化，功能自主化，改善肢體活動功能，充分獲得受教育及就業的機會，以增進肢障者自主性及生活能力，是輔導的重要目的。一般肢障兒的輔導方法分為醫療、安置及教育等三方面：

一　醫療復健輔導

1. 矯形外科術

　　一般以整形外科、骨科為主，對畸型的外觀施予矯正手術；對廢弛無用的肌肉施予肌肉重建，或是肌肉轉移手術；對於斷裂的周邊神經施予顯微神經重建手術或是神經移植手術；對於殘缺的肢體進行肢體重建手術，使殘障的四肢儘量發揮其最大的功能，來面對日常生活的挑戰。

2. 復健治療

　　復健醫學（Rehabilitation）的功能在讓曾經健壯有用的人，在疾病摧殘後，生理和心理上能再站起來貢獻力量，服務社會，至少不依賴他人或消耗社會資源；另外對先天性或後天性的殘障兒童，則強調「能力」（abilitation）的訓練和啟發，使其儘量達到人生的高峰。對肢障兒的復健治療包括物理治療、職能治療、義肢支架及輔助器的裝

配等治療，現分述如下：

(1)物理治療師應用運動治療及物理因子如熱、冷、光、水等來減輕疼痛，增進或恢復肌力、協調、關節活動度，且根據病人個別需要和功能量，訓練其動作技巧。一般的基本動作訓練，包括頸部的控制、坐姿的保持、臥姿到坐姿的轉移、腹爬移動、膝立姿勢、四肢爬姿等。這些訓練若因肢障兒的肌力軟弱，由訓練人員代他運動，稱之為「被動運動」；有些是在訓練人員協助下運動，稱為「協助運動」；有的在訓練人員指導下，由兒童自行運動，稱為「自動運動」；還有一種形式，是訓練人員故意阻礙兒童運動，以加強運動的力量，稱作「抵抗運動」。此外，肢障兒的起步訓練，乃是利用練習起立及步行用的各種器具，如平行桿、樓梯、步行器等，實施軀幹及下肢的基礎訓練。

(2)職能治療是藉著一些特殊設計的活動和技巧來治療病童，使病童由所從事的活動中，得到改善生理及心理的功能，學習生理及心理的適應技巧。一般職能治療可分為支援性及機能性兩種。前者主要在穩定情緒，培養工作態度及社會習性，並增加患者自信心及自重感，以達到心理上的重建。後者是使病童透過作業活動而保持肌力，增進作業耐久力，有時在裝配義肢或輔具下訓練功能。此外，職能治療也能輔助兒童發展，如：

①利用各種神經生理治療技術，促進感覺統合功能，建立平衡及協調控制的基本能力，作為動作發展的基礎，並防止畸型的產生。

②在特別設計的活動中，配合發展程序，給予認知、知覺動作、語言及社會化等各種刺激，以促進身心的正常發展。

③義肢支架及輔助器的裝配及訓練能幫助肢障兒承重、行走及手部功能。依據「殘障福利法」第十六條：省（市）、縣（市）政府對合於社會救助規定之殘障者裝配盲人安全杖、義肢、支架、助聽

器、輪椅、眼鏡等輔助器具及點字書刊，均應酌予輔助。此外，七十三年公布的「特殊教育法」第十六條也規定接受特殊教育的身心障礙學生，政府得予其個人必需的教育輔助器材。輔助設備與器材的使用主要係適應肢障兒在動作、溝通、行走等方面功能的缺陷，並滿足其復健上的需要。

　　總之，透過適當的矯形外科術及復健醫療，以達到肢體機能的訓練目標：

　　1.抑制肌肉痙攣僵直或不隨意運動等神經症狀。

　　2.透過肌肉神經功能的協調，建立正確的運動型態。

　　3.預防攣縮，矯正變形及強化肌力。

　　4.加強心肺功能，並增進作業耐久力。

▶二　教育安置與設施

　　肢障兒的就學輔導，根據特殊教育法的規定：

　　1.輕度肢障者於一般學校的普通班就學。

　　2.中度肢障者於一般學校的普通班或特殊班就學。

　　3.重度及極重度者於特殊學校，或醫療及社會福利機構就學，或在家自行教育。

　　肢體障礙兒的教育設施，依障礙的輕重可分為四種類型：

1.特殊學校

　　無論是附設於醫療機構或獨立設置，平常除了普通教室外，尚設有醫療室、機能訓練室、水療室、物理治療室、職能治療室、語言訓練室等。可見學校的功能採醫療及教學並重，此等機構以收納重度肢

障或多重障礙的學童為主，大多採寄宿制，在一般教學及專門訓練外，對於生活教育特別重視；同時經常舉辦郊遊、參觀、參加校際交誼活動，並充分利用電視、電影等視聽工具，以拓展兒童的生活領域，目前以國立彰化仁愛實驗學校為代表。

2.特殊班

多數設於一般學校，亦有殘障福利機構附設。一般學校大多以輕、中度障礙學生為主，而重度肢障則安置於社會福利機構，如屏東勝利之家。

特殊班強調個別化教學，並在許可的設備中施予復健矯治，以期學生能邁入普適班，或獨立自理。

3.混合教育

輕度肢障兒童與一般兒童共同上課。學校行政單位依無障礙環境的理念安排適當的教室及各項設備，提供肢障兒與一般兒童相互學習。

4.在家自行教育

重度或極重度肢障兒童無法安置於社福機構的特殊班或特殊學校，則可以申請當地教育行政機關予以在家安置，並由指定學校派老師前往輔導。

三　教育課程與教學

肢障兒族群差異性大，其教育課程有別於一般兒童，此外教學上因應的措施，更是教學的重心。一般而言，肢障兒的教育課程應注意下列原則（郭為藩，民 82）：

1.充實生活經驗

肢障兒因行動能力與作業能力的障礙，生活經驗不免受到限制，因此，如何擴展其經驗領域，如增加實地觀察、參觀、欣賞的機會，充分利用視聽教材，採行合科與相關課程，重視完整的生活經驗等至為重要。

2.培養基本生活習慣

肢障兒因久居醫療復健機構，或因父母的放縱與疏忽，對於起居、衣著、整容、盥洗、飲食以及社交習慣，未曾接受基本的訓練與適當的指導，對於日後社會適應妨礙甚鉅，因此，生活教育在課程中應占相當的份量。

3.重視職業生活的指導

肢障兒童無論其是否升學，職業技能的訓練與工作態度的培養至為重要，務使其有一技之長，將來可自立於社會，參加生產建設，而此種生產能力的養成，也是人格尊嚴的基礎。

4.指導休閒生活的應用

肢障兒雖有其生理障礙，但大多數其創造力與想像力並無窒礙，所以適當的休閒生活指導，如音樂、美術、文藝、戲劇、工藝等，培養多方面的興趣，可促進其人格的健全發展，並提高其生活境界。

有關教學上因應配合措施，一般而言，對於脊柱裂、關節炎、截肢與小兒麻痺的學生，在教學上必須做的改變措施並不多，而腦性麻痺、肌肉萎縮等則有較多的調整。為了使班級的教學活動更無障礙、

更充分，適當的調整教學措施是必要的。教師可以留意下列事項：

1. 調整體育活動

對肢障兒而言，適度的體能活動是必要的。然而一般人的誤解，再加上肢障兒本身的信心不足，因而忽略了其對體能活動的需求，也剝奪了肢障兒參與學校生活的機會。若能在體育活動稍作調整，便可使肢障兒達到復健的功能與運動的樂趣。例如：坐輪椅投籃，以枴杖打「滾地壘球」，或為其特別設計的運動項目如地板滾球。

2. 協助檢查支架、拐杖與輪椅

這些「行的工具」對肢障兒而言，要定期檢查狀況才能確保行的安全與順暢。教師可以留意下列幾點：

(1)支架上的皮件是否已脫落或磨損？

(2)支架是否會磨擦肢體而引起壓迫或傷痛？

(3)螺絲、扣環、閂鎖是否鬆落？

(4)枴杖的橡皮端是否磨平？

(5)枴杖的高度是否需要調整？

(6)輪椅高度、寬度及其他零件是否需要調整？

3. 提供必要的心理輔導

面對身體障礙的事實，使其達到自我瞭解、自我接納、自我實現的過程中，心理輔導是重要的一環。實施心理輔導的對象，應不限肢障兒本人，其父母、家人、學校中的其他師生也應瞭解肢障兒的特性與需求，協助肢障兒更健全的成長。

4. 協助去除建築、設備上的行動障礙

落實環境上的無障礙設施，如電梯、斜坡道、扶手等，或協商將教室安排在一樓。儘量在修改硬體設施上能符合學生實際需求，而非只是表面設施。

5. 提醒學生維持正確的身體姿勢

正確的擺位與姿勢，對其復健治療是非常重要的事，教師可向家長或治療師聯繫，以何種擺位姿勢最恰當，及多久更換姿勢，如此將可避免肢體的變形或脊柱側彎。

參考書目

王文科主編（民 82）。特殊教育導論。心理出版社。

內政部（民 80）。殘障等級表。內政部 80.6.12.，台（80）內社字第九三二八八號函。

內政部社會司編（民 76）。無障礙公園之規劃。台北：編者印行。

台灣省政府社會處（民 73）。殘障福利法令彙編。

伊甸社會福利基金會編（民 84）。如何與殘障朋友相處。伊甸社會福利基金會印行。

李德高（民 77）。特殊兒童教育。台北：五南圖書出版有限公司。

李翠玲（民 79）。傑出肢體障礙人士生涯歷程及其影響因素之探討。國立台灣師範大學特殊教育研究所碩士論文。

何華國（民 88）。特殊教育心理與教育。台北：五南圖書出版有限公司。

林淑汶（民 81）。如何發現及協助肢體障礙兒童。台南師範學院特教系。

郭為藩（民 82）。特殊兒童心理與教育。文景出版社。

許天威（民 81）。認識肢障學生的學習行為。載於彰化特殊教育研究所編：無
　　障礙校園環境的理念與設計，台灣省教育廳印行。

國立台灣師範大學特殊教育中心（民 83）。中華民國特殊教育法規彙編。

教育部（民 76）。特殊教育法施行細則。教育部 76.3.25.，教育部台（76）第一
　　二六一九號令。

張紹炎（民 61）。肢體障礙兒童心理與教育。省立彰化仁愛實驗學校印行。

楊拯華（民 77）。高職階段肢體障礙學生人格適應之探討。省立彰化仁愛實驗
　　學校。

9

身體病弱兒童

鄭秀真

第一節 身體病弱的意義

一 意義

所謂身體病弱兒是指身體罹患慢性疾病、體能虛弱，以致需要長期的醫療，在教育上能適度接受學業指導的兒童。大致上可分為三類：（郭為藩，民82）

1.身體器官發生病變需長期治療：如肺結核、先天心臟病、風濕性心臟病（rheumatic heart）、肝炎、腎臟病、氣喘、小兒糖尿病等。

2.嚴重的體質羸弱、營養不良、發育不全需嚴密保護：如嚴重貧血、筋骨脆弱、先天性代謝失調、血友病等。

3.罹患不易治療的疾病，如癌症、愛滋病、癲癇、黏多糖症等。

二 常見的兒童慢性疾病

1.氣喘

(1)病因

此病又名哮喘，因呼吸道緊縮和阻塞，導致分泌物增加，造成呼吸困難而有雜音。其發生率約占學童的3%～8%，男童是女童的兩倍（李鐘祥，民81）。導致氣喘的起因有過敏原，如花粉、灰塵、藥物等，稱外因性氣喘；另外因病毒感染、心理壓力、家族遺傳、激烈運動或天氣變化而引發氣喘，稱之為內因性氣喘。

(2)症狀及治療

氣喘發作時會出現呼吸急促、臉色蒼白、咳嗽有痰、哮喘聲、肋骨凹陷及心跳加速等症狀，需靠藥物治療。只要多注意控制周邊環境及注意藥物控制，氣喘的可治率高。

(3)注意事項

①儘量避免引起氣喘的過敏原因及因素，減少情緒不穩，因此父母或老師的管教態度不宜過度保護或專斷。

②在飲食方面要注意避免過敏食物，父母須教導孩子一些防範措施和常識，學習照顧自己。

③家裏須保持整潔環境，注意氣候變化，不飼養小動物或種花草，並常保持空氣清新。

④父母須告知老師如何處理孩子發病時的狀況，是該吃藥或送醫。

⑤避免激烈運動，但仍要鼓勵孩子參與不劇烈的團體活動，以增進同儕關係。

⑥據諾浩斯（E. C. Neuhaus）研究，氣喘兒常表現憂慮、不安、依賴性及適應性差的行為問題（郭為藩，民 82），因此父母須多給予關心及心理輔導，要時時調整管教方式，鼓勵孩子參與戶外活動，有助氣喘的改善。

2. 心臟病

(1)病因

心臟病可分為二類：先天性心臟病及風濕性心臟病。前者指胎兒在懷孕的三～八週，其心臟及血管的發育受阻或失常所造成的心臟缺損，約千分之八～十的嬰兒患有此症。導致先天性心臟病可能是母親在懷孕中服用藥物、感染德國麻疹或暴露在放射線下。風濕性心臟病

是因溶血性A群鏈球菌感染所引起急性咽喉炎，因細菌未被消滅而造成體內組織發炎並發燒，即風濕熱。若體內組織一再發炎，使鏈球菌侵略心臟，則為風濕性心臟病。

(2)病狀及治療

先天性心臟病因血液送氧不足，會有發紺（皮膚、指甲、嘴唇發紫發黑）、杵狀指、呼吸困難、蹲踞反應、易感冒、精神不穩定等，百分之九十以上的心臟缺損可經由藥物、開刀而治療。

風濕性心臟病會有心臟發炎、輪廓性紅斑、多發性關節病、皮下小結節、發燒等症狀，若確定喉嚨發炎或血清中有A群鏈球菌，則須以長效盤西林注射，目前無法完全根治。風濕性心臟病嚴重者會出現心臟衰竭，若瓣膜壞得太厲害，則須開刀治療。

(3)注意事項

①均衡飲食、注意營養，可多補充維他命、鐵質及含鉀量高的食物。

②嬰幼兒的餵食問題，可採少量多餐，餵奶時不必要一次餵完，中間應休息，拍氣數次，注意避免發紺、呼吸過快的情形。

③避免感染上呼吸道炎（傷風感冒），尤其是秋冬季節，注意生活起居，環境衛生。

④只要運動後不會氣喘、發紺、疲倦異常等現象則不必太限制活動量，父母、老師應平時多觀察孩子的反應，以避免意外。

⑤五歲以上兒童、青少年有喉嚨發炎時，應請醫師診斷是否鏈球菌所致，若是則應徹底治療，以免造成風濕性心臟病。

⑥心臟病兒童在接受拔牙或扁桃腺切除手術時，要事先告知醫師，以抗生素防止菌血症發生。

⑦父母不應過於自責，應收起罪惡感之心，學習必要的醫學常識：如何餵食及照顧孩子的技巧。平時也應與孩子多互動溝通，教導

孩子認識自己的病及學習照顧自己。

⑧父母、老師應避免養成孩子傲慢、自我中心、自私或懶散的偏差行為，何況孩子智力正常，應多鼓勵他們參與非運動型的課外活動，發揮其潛能，成為社會有用之人。

3.糖尿病

(1)病因

此症是一種新陳代謝異常的隱性遺傳病，或自體免疫功能失常（袁子倫，民 84）。由於體內胰臟所分泌的胰島素不足，導致體內葡萄糖無法進入細胞，致使血糖升高。

(2)病狀及治療

吃多、喝多、尿多，且明顯感到煩燥不安，皮膚較乾燥，少數有心理疾病（郭為藩，民 82）。嚴重者（血糖過低）會導致休克、昏迷，甚至死亡。由該患者本身無法分泌胰島素，需終身注射胰島素治療。此外飲食控制是治療的關鍵，若不加以嚴格控制仍會有諸多病變產生：如腎臟病變、視網膜剝離、手腳壞疽、高血壓等。

(3)注意事項

①父母不應陷入指責是誰遺傳給孩子，有可能病因是來自孩子體內產生抗體破壞胰島細胞，因此，學習如何照顧和教導孩子注射、飲食控制、過正常生活更為重要。

②父母應讓孩子瞭解那些食物對他有害，必須節制。父母應多和孩子溝通，勿過於嚴厲指責，以免孩子為了想吃某些東西而撒謊，引起親子衝突（吳淑美，民 77）。

③教導孩子監控自己的胰島素反應，避免酮酸中毒。最好能學會自己測定血糖數值，要隨身攜帶糖果，以備低血糖時使用。

④老師須瞭解孩子會因血糖之故有情緒煩燥、低落，心情無常

等現象。孩子可以參與班上一切活動，不應過度保護。

　　⑤讓孩子養成運動習慣，是保持胰島素平衡的重要方法。

　　⑥平時注意足部護理，勿穿太緊的鞋子，避免皮膚抓癢。出外旅遊別忘了備妥藥品。

4.血友病

(1)病因

　　是一種隱性性連遺傳疾病，只發生在男童，大部分的病人是家族遺傳，少部分是自然突變。

(2)病狀及治療

　　因血液中缺少了一種凝血因子，故血液不易凝固，終身常會有皮膚黏膜、肌肉關節等系統的出血，必須注射補充血中所缺的第八或第九凝固因子血漿製劑才能止血。此病可能因輸血引起一些疾病，如B、C型肝炎及後天免疫缺乏症候群等，又因常出血的肌肉關節損壞，有殘障之虞。

(3)注意事項

　　①注意身體的保護，避免傷到頭部。父母應學會止血的方法，最好能學會為孩子注射，可早些減輕孩子的痛苦，及減少缺課次數。

　　②注意營養均衡，保持口腔衛生。適度運動鍛鍊肌肉可減少出血，游泳是一項不錯的選擇。

　　③給予情緒上的支持，讓孩子勇敢地面對自己的病，接受並學習自我照顧。

　　④服用藥物應避免易出血的藥物，如阿斯匹靈等退燒止痛劑。

　　⑤鼓勵孩子多與人接觸，減少孤立寂寞之感。老師對班上同學不應主動宣告，應尊重孩子的隱私及決定是否讓其他孩子知道。

　　⑥此病為遺傳性疾病，透過遺傳諮詢可避免傷害至下一代。

⑦應每十個月做一次血液、骨科等方面檢查，以防肢體變型或殘障等併發症。

5.海洋性貧血

(1)病因

因第一對及第十六對染色體的基因發生突變，是一種遺傳性疾病。據衛生署統計，國內每百名新生兒中有六到七人帶有海洋性貧血的基因。

(2)病狀及治療

患者會臉色蒼白，易感冒發燒，若長期貧血會造成骨骼變形、黃疸及血管栓塞等。此症的治療主要是輸血，每月至少一次，然長期輸血使血中鐵質沈積，造成肝、脾腫大，因此排鐵治療與輸血治療得同時進行。

(3)注意事項

①本症為遺傳性溶血病，故婚前健康檢查非常重要，以免影響下一代。

②懷孕期間作絨毛膜、羊水穿刺等檢查，若發現胎兒是重型海洋性貧血，可決定是否採流產手術。

③病童平時要多服用維他命 C，可幫助排鐵。

④家長須給予孩子心理建設和支持，孩子除了須輸血排鐵注射外，在食物、運動無需限制。

6.腎臟病

(1)病因

此症多為長期罹患泌尿系統疾病所致。幼童最常見的泌尿系統疾病是泌尿道感染和急性腎絲球腎炎。泌尿道疾病一部分是先天性，如

膀胱輸尿管回流、神經性膀胱炎、泌尿道阻塞等，另也會因腸內細菌感染。而急性腎絲球腎炎則好發於學齡兒童，是因感染鏈球菌，導致出現血尿、蛋白質、水腫等。

(2)病狀及治療

若孩子有高燒不退卻又沒有上呼吸道感染的症狀，或有血尿、身體浮腫現象，則可能為泌尿系統疾病，若不加注意則會導致日後腎衰竭、尿毒症等。

此症治療以藥物為主，最好能早期發現、早期治療。先天性泌尿疾病，可能要以手術治療。患有腎絲球腎炎要較長期服藥。

(3)注意事項

①要配合服藥，千萬不能大意或擅自停藥。

②勿讓孩子過於勞累、飲食中注意鹽分及喝水量，勿食高蛋白食物，以免造成腎臟負擔。

③要定期檢查。

④除非急性期須臥床，其餘時間可正常活動。

7.癲癇

(1)病因

是一種源於腦部電位傳導異常發出錯誤訊息，導致意識的暫時損失，患者會出現不自主的抽搐現象或特殊精神狀態。造成的原因一般與腦傷有關，如先天性腦發育畸型、缺氧性腦症、遺傳代謝異常、頭部外傷、腦血管疾病、腦瘤等。此外，低血糖、便秘、睡眠不足、精神過度緊張等亦會成為誘因，腦性麻痺兒患癲癇比率相當高。

(2)病狀及治療

因每人發作型態、頻率各不同，約可分為五種：

①大發作：是最常見的一種，約占癲癇病患的33.2%，病患會

突然失去知覺倒地，全身肌肉收縮用力且抽搐性痙攣，口出白沫，因暫時停止呼吸而臉色發紫，甚至有些患者會嘔吐、大小便失禁。發作時間約五～十分或更久，而痙攣消失後，患者會極度疲倦、沈睡。

　　②失神小發作：患者會短暫失去知覺約五～十秒，發作時會停止原有動作而眼睛瞪視前方、身體不動，過後又如常人，有時一天會發作數次。

　　③局部發作：一般分為傑克遜發作和局部感覺發作兩種。前者發作時神智清醒，一邊的手腳、臉部會有抽搐或麻木感。有五分之一病患會續發成大發作，後者只是麻木感。

　　④新生兒發作：新生兒的眼球不當偏轉、眼皮抽動、嘴巴不當啜吸、雙手作划水狀、兩腳不停動或全身僵直，以早產兒居多。

　　⑤嬰兒點頭發作：發生在嬰兒二～三歲間，嬰兒頭部及四肢會不自主縮成一團，意識不清，腦功能失常，此症不多。

　　對癲癇的治療主要是服用抗癲癇藥，大多能有很好的控制效果，然無法完全治癒，亦可透過手術、針灸治療。

　　(3)注意事項

　　①一旦孩子發作，一定要保持冷靜，鬆開衣物使其呼吸順暢，並保護頭部使其側向一邊，防止唾液嗆到，窒息。

　　②可用紗布、手帕包住壓舌板或湯匙，塞在兩排臼齒間，以防牙齒咬到舌頭，然此動作不應勉強行之，更不應將指頭放入孩子口中。

　　③孩子出現抽搐現象，只要旁觀，不可強壓以免造成骨折。

　　④患者清醒後，旁人不需誇張發作情形，應讓患者休息。若發作時間超過十分鐘以上或連續發作，應立即送醫。

　　⑤平時應按時服藥，家長應告之老師當孩子發作時，如何正確處理，亦可請老師告之同學如何協助。老師有責任告訴學生這是非傳染性疾病，及發作時如何幫助患者。

⑥平時孩子睡覺的枕頭不要太軟，以免夜間發作時造成窒息，平時應避免孩子一人單獨從事如游泳、露營等冒險性活動。

⑦父母、老師應從旁給予心理協助，以避免癲癇性格（易怒、孤僻、不喜交遊、脾氣暴燥）出現。

8.血癌

(1)病因

即白血病，是兒童惡性腫瘤中發生率最高的癌症，約占30%。此症因白血球前驅細胞不斷惡性增生所造成，這些細胞數量很多，卻又沒有功能，只會破壞正常的造血組織，致使紅血球和血小板數目減少。

(2)病狀及治療

70%的白血病屬於急性淋巴性白血病，俗稱ALL。患者會貧血、身體出血、淋巴腺、肝臟、脾臟腫大、發燒等症狀。因病源在骨髓，會引起骨頭和關節的疼痛。一般的治療大多需結合手術、放射線及化學治療等方式，療程約需三年左右。由於醫學的進步，大多數病患可得到改善，甚至治癒。不過，此症須有長期的鬥志，甚至會因而死亡。

(3)注意事項

①為了避免復發，勿擅自停藥、減藥。應防止感染、出血及注意口腔衛生。

②常見的副作用是掉頭髮及嘔吐，家長及老師應給予孩子心理支持和關懷，嘔吐太嚴重須送醫。

③因有家庭的心理負擔、經濟負擔，教師須探索父母的情緒，予以支持、鼓勵。

④教師對病患因長期缺課、功課落後、甚至死亡，須有因應對策。同時可以給學生機會教育，鼓勵學生與病患繼續做朋友，避免病童陷入孤僻畏縮、恐懼的漩渦，儘可能讓孩子擁有歡笑，更加充實的

活著。

　　⑤勿過度呵護病童，應讓孩子過正常生活。

　　⑥教師在孩子缺課間，應保持聯繫，給孩子提供一個瞭解、支持與尊重的環境。

　　⑦長期籠罩在物質、情緒和財務上多重壓力下，家庭功能受到嚴重考驗。因此，需尋求人力資源，提供專業知識及情緒的支持。

　　⑧重新調整家庭中生活秩序，使看醫生、餵藥、照顧病童及各種副作用成為日常生活中的一部份，家中成員要儘可能回復以往生活型態。

　　⑨父母應走出悲傷，面對現實，解決問題，多和醫生、護士聯絡、請教，建立良好關係，並勇於嘗試新的治療。

9.愛滋病（AIDS）

⑴病因

　　因人類免疫不全病毒（human immune deficiency, HIV）感染所致，是經由血液和血液的接觸而傳遞，包括性交、注射、輸血及母親在生產中傳給嬰兒等。

⑵病狀及治療

　　因免疫系統逐漸喪失功能，使病患抵抗力弱，易因感染其他疾病而致命。此外，身體器官易病變。因其「不可治療性」及「傳染性」，被視為「世紀黑死病」，可見其不易治療。然目前何大一博士提出三合一療法（雞尾酒式合併治療法）在臨床試驗上效果極佳，並且根據數學模式的推算，只要病患在感染初期就開始服用三合一藥物，則極有可能治癒的希望（聯合報，民 86.1.13.）。

⑶注意事項

　　①愛滋病童雖較成人少，然有與日俱增情勢。此症一直有被歧

視的現象，造成病患也受到歧視、誤解、排斥，甚至得不到有效的醫療照顧，實在需要社會大眾深切省思。

　　②此症不會因握手、接吻、昆蟲、淚水等傳染。老師不應有歧視心態，應以體諒、理解的心情，鼓勵同學之間彼此友愛，同時也給予學生們正確的愛滋病常識與觀念。

　　③病童所使用個人東西，應注意衛生。

　　④病童要多注意身體的保養，小心感染感冒或其他傳染病。

　　⑤定期做醫療檢查、追蹤，並配合新療法。

10.黏多醣症

⑴病因

　　黏多醣症（mucopoly saccharidoses，簡稱M. P. S.）是一種頗為少見的遺傳性代謝異常疾病，共分為六型。這種單基因遺傳疾病，均由帶病因的母親或父母雙方將隱而未顯的基因恰好遺傳給子女。目前台灣約有二百至二百五十個病例（林炫沛，民88）。

⑵症狀及治療

　　由於黏多醣症為漸進式，出生時並無異狀，然隨著年齡漸增，逐漸囤積在體內的黏多醣，將損及病童的外貌、智能、內臟器官及骨骼關節，造成智力受損、語言障礙、關節變大、脊椎變形、聽力障礙等，其分泌物多且稠，會併發支氣管炎或肺炎，生活品質大受影響，且生命較短。

　　目前國內有台大、馬偕、高醫等三所教學醫院提供治療服務，然尚無有效方法可治癒，大多較嚴重病患在童年即病故，唯第一型及第六型在早期進行骨骼或臍帶血移殖可減輕病情，延長壽命，然代價高昂，目前國內只有二例骨髓移植成功。林伯燉的臍帶血移植尚在觀察中（林炫沛，民88）。

(3)注意事項

　①此症為遺傳性疾病，若能在產前診斷中測出，可協助帶症母親生下正常的下一代，避免產生黏多醣寶寶。

　②父母和醫護人員唯有盡心盡力照顧，使孩子在有限的生命，面對藥物、手術、復健等治療有較好生活品質。

　③建議黏多醣家庭能加入協會（民86年5月3日成立）積極為孩子爭取較好的就醫、教養機會，並促使相關部門，共同為罕見疾病尋求根本解決之道。

第二節　身體病弱兒的特質

　正值成長發育階段的孩子，因疾病纏身，其影響不僅是生活作息大受干擾，且其成長的發展速率、學習態度、成就表現、人際關係上都會受到影響。此外，心理的壓力、恐懼，造成情緒發展的退化。因此，疾病對孩子的影響是多方面的，故身體病弱兒的表現特徵有下列情況：

1.長期多病、體能差、且經常缺課

　長期生病的孩子，身體常顯得虛弱無力，易昏倒，易受感染生病，外表看起來瘦弱，發育不良，稍為運動就心跳加速，呼吸困難，甚至臉色發紫，由於長期的生病，須藥物治療，甚至須住院，其生活作息大受干擾，須經常請假，甚至請長假而影響上課。

2.學習動機低

　慢性病對孩子的傷害是身心兩方面，由於須長期與疾病奮鬥，面

臨著挫折、心理壓力、調適的挑戰，往往會使學習的動機低落，提不起勁來，功課的表現因經常缺課而趕不上進度，也相對地影響學著意願。此外，因身體的羸弱，耐心和毅力較缺乏，學習動機自然低落，有待激發。

3.缺乏獨立的意願、社會適應差

父母或師長由於過分保護、經常代勞，致使病弱兒童養成依賴心理，缺乏獨立的意願和自主性；而父母對病弱兒的管教因愧咎、於心不忍，或過度縱容、優待和關注，致使孩子的行為偏差，變得自我中心、無法與人相處，或依戀安逸、被保護狀態，情感有退化現象。此外，因對人冷漠、防衛性強，或因被同儕嘲笑、孤立，都會使病弱兒的人際關係差，社會適應不良。

4.心理不適應

醫療的過程和住院的經驗帶給病弱兒的痛苦，加上飲食和作息上的限制，都會增加孩子心理的負擔，情緒反應難免會生出現焦慮（對疾病的不瞭解）、任性（希望別人讓他、父母多陪他）、恐懼（死亡的陰影）、自卑（不如他人）、孤立（被人排斥）等現象。再加上身體外在形象的改變（掉頭髮）、與正常活動隔絕、他人的排斥、安全感的缺乏及來自父母憂慮的感染，致使孩子有負向的行為和心理不適應，如防衛行為（過分否定、正常化、退化）、自我概念缺乏（覺得自己一無是處）、內疚（疾病是懲罰）、自我中心、怨天尤人、動輒哭鬧。

第三節　家庭及醫療問題

　　病弱兒帶給家庭的衝擊是家庭運作面臨嚴重的挑戰。父母親必須面對經濟上、人力上、心理上的壓力和負擔，做適當的調整，家中成員也必須負擔額外工作，甚至有所犧牲和限制。關於家有身體病弱兒，必須因應的課題如下：

一　家庭問題

1.夫妻情感的和諧

　　面對孩子的疾病，從最初的震驚、惶恐到四處尋訪醫生、照顧患童的艱辛，往往會因認知差距，導致夫妻間常為孩子而爭吵，甚至離婚。為了家庭，夫妻雙方應學習彼此支持與關心，共渡難關，使彼此的情感因孩子的病更加堅固，使家庭獲得成長。

2.日常生活的運作

　　由於孩子的醫療過程和居家照顧，大大影響家中成員的日常作息，往往須有所犧牲和額外負擔，因此，父母須妥善安排，彼此分工合作，以免造成家庭力量分散，生活成為痛苦的負擔。

3.其他孩子的反應

　　因把大部分的注意力放在病弱兒身上，父母往往疏忽了其他孩子的需求和反應，或父母過多要求其他孩子負擔，如此會造成其他孩子

與病童之間的摩擦、誤解。父母太疏忽健康孩子的需求和情感反應，不但無助病弱兒的成長，反而使其他孩子心理產生不適應，或倍覺壓力和被剝奪感。因此，父母應時時提醒自己，注意孩子間的互動，勿給予其他孩子過高期望和壓力，並時時和孩子們溝通，肯定他們的付出。不要因病弱兒的病，破壞了家庭的和諧和幸福。

4.經濟上的負擔

長期的醫療費用是一筆沈重的負擔，有些父母會因醫藥費而焦頭爛額，心力交瘁。因此，尋求經濟支援，社會福利補助是重要課題。目前健保對重大傷殘給付，可以減輕家庭經濟負擔的壓力。

5.心理的調適

為了孩子的醫療，心理適應問題，人力資源及經濟負擔，使得父母在面對自己和家庭成員的需求時，往往因無法得到適當的滿足，在挫折、疲憊、怨恨、罪惡感的相互衝擊下，難免力不從心，陷入困境而不知如何是好。故父母也需要不斷地心理調適，才能突破難關。因此，參加父母團體可以得到相關的資訊和因應對策。同時，父母也需抽空喘息一下，重新充電，才能打好這場長期的挑戰。

6.醫療人員的接觸

醫療體系對病童和家屬是不可缺少的資源，因著醫療過程，必須與醫護人員經常接觸，以獲得對病情的了解，因此，家屬和醫療人員必須建立信賴關係，使病童的身體達到最健康狀態。

☙二　醫療問題

進出醫院幾乎成了病弱兒日常生活的一部分，有些病童甚至需要長期住院。父母在面對孩子的醫療、住院的問題，應如何因應？

1.整體性醫療

醫療的重點除了治病外，也應顧及孩子身心發展的各層面。因此，父母除了與醫護人員在疾病醫療方面的配合，還得與社工人員、教師及專業治療師請教，推動整體合作，使孩子不因疾病而阻礙身心成長。

2.做好住院心理準備

面對孩子需長期住院治療的心理調適，父母需做好那些心理準備，以減少壓力和困擾：

(1)保持樂觀、坦然的態度，給予孩子心理的支持與安全感，鼓勵孩子接受治療。

(2)面對孩子住院期間心情的不穩定或意志消沉，父母一方面給予安撫，另一方面可安排親人、孩子的同學、老師探望。父母應以和緩的語氣告訴孩子，無法全日陪伴及照顧的困難，不過仍是愛他（她）。

(3)父母在孩子住院期間，物質、精神、情緒上都得相當的付出。除了要幫孩子度過這段艱苦的日子，父母也應尋求精神上、心理上的支持及輔導，能有專業的輔導人員聽父母的痛苦，並予以輔導，對父母的情緒有極大的舒緩作用。

(5)鼓勵孩子在住院期間培養興趣和宗教信仰。從興趣的陶冶中，忘卻疾病的痛苦，邁向樂觀進取的生活。孩子在堅定的宗教信仰中更

能體驗生命的脆弱及解除心理的恐懼，從信仰中能操練信心，信心能幫助孩子及家人勇敢地接受生命的苦難，也使孩子更成熟懂事，甚至懂得如何去關懷別人，付出他（她）的愛。

(6)當生命無法掌握，正一寸一寸的步向死亡之時，父母應化悲傷為力量，關心孩子的需要和想法。生命不在於長短，在於是否充實。面對癌症末期的病童，最重要是在臨終前，充實的活著，同時也讓孩子知道，父母仍然愛他，沒有拋棄他。

第四節　教育與輔導

一　教育

病弱兒教育的目的是在提供病童一個不妨礙治療，同時有益學習的環境。以教育體制而分有下列四種（郭為藩，民 82）：

1.養護學校

專為需半年以上療養及生活規制而設。大多在風景怡人之處或附設療養院內。其教育重點：

(1)協助病童適應其醫療環境及特殊生活規制。

(2)課程編排上有室內及室外的教學活動，除認知學習，再加上體能活動及康樂活動，以期調劑枯燥而單調的治療生活。

(3)注意意志訓練及良好生活習慣的培養。使其有自信與樂觀態度面對挑戰。

2.特殊班

附設於醫院或普通學校中,以期學業能不荒廢又達到養息康復的目的。

3.普通班

病童仍在原班級或一般學校就讀,除定期健康檢查及照顧外,課業負擔略減輕,代以衛生教育及保健體操課程,同時給予心理衛生指導。

4.床邊教學或函授教學

因病童無法離開病床所設,其教學重點:
(1)課業負擔應配合醫師吩咐。
(2)培養孩子的工作態度、學習習慣和多方面的興趣。
(3)充分利用有效的視聽器材,如錄音機、電視、廣播節目。

二 輔導

教師面對班上有一位病弱兒,該如何輔導,對老師而言,是一項高難度的考驗。以下一些建議將有所助益:
　1.瞭解孩子的病情,必要時給予協助。
　2.主動幫助病童適應學校環境,建立安全感。
　3.教育班上學童瞭解病童的病情,給予心理上、行動上的協助,使班上學生能接納並幫助病童。
　4.勿養成病童的依賴性,給予病童學習的機會和合理的期望,讓孩子發揮潛能。

5.予以彈性化的課程，不因學業壓力而影響身心健康。讓病童明白：學習態度比學習成績重要。亦可請同學們權充小老師協助課業問題。

6.癌症是最易引起死亡的一種兒童疾病。教師在面對病童離世時，除了平息自己的情緒起伏，更應注意下列事項：

(1)安排有關死亡教育的課程，讓孩子明瞭生死意義。

(2)給予班上同學彼此分擔情緒的機會，及對同學離去的思念。

(3)讓學生參加告別式，瞭解死亡的結局。

參考書目

宇宙光企劃（民 83）。我的孩子得了血癌。宇宙光，*Vo.121*，*No.243*，頁 12-30。

伊甸社會福利基金會、民生報主編（民 84）。娃娃健康書。伊甸福利基金會印。

何華國（民 84）。特殊兒童心理與教育。台北：五南圖書出版有限公司。

李鐘祥（民 81）。身體病弱兒童輔導手冊。國立台灣師大特教研究所。

周大觀（民 86）。我絕不向惡魔屈服。台灣日報，民國 86.3.30.。

邵正宏（民 83）。羅倫佐的油。宇宙光，*Vo.121*，*No.243*，頁 8。

吳金水（民 85）。從影片《神秘花園》談身心障礙兒童的病理與輔導原則。學生輔導，*47* 期，頁 76-89。

吳明峰、李瑩香譯（民 78）。兒童癌症之醫療與癌症病童之輔導。特教園丁，第 5 卷，第一期，頁 45-51。

吳淑美（民 77）。病弱兒的教養。時報出版社。

林炫沛（民 88）。認識並關心黏多醣症兒。自立晚報，民國 88.7.25.。

徐享良（民 82）。肢體傷殘與身體病弱兒童。特教園丁主編，頁 261-293。台北：五南圖書出版有限公司。

陳宜民（民 86）。對抗愛滋——從人心扭轉歧視。聯合報，民國 86.1.30.。

郭為藩（民 82）。特殊兒童心理與教育。台北：文景書局。

10

情緒障礙兒童

洪榮照

第一節　前言

一　正常與異常

　　股票族看到股市大漲，眉開眼笑；大園空難，目睹親人罹難，哀痛逾恆。每個人都有情緒（emotion），情緒的起伏，也跟外界的事物有關。在日常生活中常可看到某些人的行為表現，逾越了一般人的預期，有時候是因行為表現的時機不對，如莊子在妻子過世時仍高歌作樂，惠子評為不妥，此為行為表現之時機異於常人；又如范仲淹以「先天下之憂而憂，後天下之樂而樂」反映在現實生活上，則只是終日鬱鬱寡歡，談不上歡樂可言，雖為憂國憂民，但行為表現仍與一般常態有明顯的差異。又如從行為表現的強度而言，為一點細故爭執，動刀殺人，丟了一塊錢，嚎啕大哭數日等，皆為異常。

　　「正常行為」簡單的說，乃以多數人之行為表現，並視情境之不同而表現出眾人可接受的行為，反之則為異常。例如在遭遇挨罵、丟錢、親人死亡時會覺得不舒服、惋惜、悲痛，遇到被讚美、中獎、成績名列前茅時會感到歡愉，此皆為正常人的表現。一般人吃五穀雜糧，如有人撿垃圾堆的食物吃，行為則屬異常；有人畏懼人群，在眾人中感到不適，長久不能改善，亦屬異常。有人打完電腦資料後要做好幾份備份、鎖上門後要反覆再三檢查、睡覺前一再重複檢查瓦斯開關、反覆的用肥皂洗手，這些行為看似謹慎，實為異常。

　　兒童的天性活潑好動，然而如果在任何情境下均很難安靜下來，我們就有理由懷疑他是否為過動兒？從上述可知，「正常」與「異

常」通常是一種相對的概念，除了考慮行為本身外，也需注意表現的時機、強度、年齡與行為形勢等因素。

►二 情緒障礙的意義

為了瞭解什麼是「情緒障礙」？一般而言可從行為是否偏離社會規範？是否長期不適應？是否符合統計的常態水準等三方面來加以說明。

1.偏離社會規範

(1)社會文化常模

社會規範乃社會上一群人長久生活下來累積約定成俗的習慣與規定，為該社會中大多數人認可的行為。東西方社會，許多文化規範並不相同，諸如在阿拉伯世界的女人必須衣物裹身，頭帶面罩，公眾場合中不宜以臉示眾；反之在歐美西方國家較為開放，甚至在海灘上男女裸露之天體營，亦不足為奇。在中西方對於異性間性行為之開放觀點亦不一致，西方社會在公眾場所男女擁抱、接吻似不足為奇，在台灣社會或許會被譏為寡廉鮮恥；相反的，同性間勾肩搭背，在西方社會常被視為同性戀族群，在台灣社會反而不覺得有何異樣。

又如在台灣，學生在課堂上猛抄筆記，極少發問，師長們常視為乖巧學生，在西方社會則難被接受；尼泊爾，人死後在河邊火葬，骨灰隨同流水付諸東流；新幾內亞，人死後掛於樹上，任憑飛禽走獸啃食，將此天葬視為正常，在先進國家則視此為異常行為。此皆為社會文化不同導致觀念與行為之差異。

在古希臘時代，小小的希臘半島，斯巴達與雅典已有相當大的差異，斯巴達人民崇尚武術，對於驍勇善戰的國民給予高度的評價，在

雅典社會中，則愛好和平。此亦為社會文化差異所致。綜言之，判斷該人行為是否異常需考慮文化背景與民族習性，某行為在甲社會視為正常，在乙社會則視為異常。

(2)適合年齡之行為

年齡是判斷情緒障礙或行為異常的重要因素。以發展心理學的觀點，不同年齡層兒童有不同的身心特質，例如：許多人常以活動量的多寡，判定孩子是否為過動兒，在比較上常以哥哥或姊姊的行為特質與弟弟比較，如以正常發展觀點而言，二、三歲活動量明顯的較其他年齡為高（*Kauffman, 1997*），因此二、三歲兒童活動量較哥哥姊姊多者，仍可視為正常。

從情緒障礙的發生年齡來看，也可約略知道障礙的出現時期：自閉症（Autism）通常在進入學校前大約三歲即可判定出來；注意力缺陷過動症（俗稱過動兒）（attention deficit hyperactivity disorder）也常在入學後家長與老師才發現，造成生活與學習上的嚴重困擾；焦慮與害怕、攻擊、不服從、偷竊等則在任何年齡層均有，但對特定事物的害怕則在某些特定的年齡層；憂鬱（depression）、厭食症（anorexia）、藥物濫用（drug abuse）、精神分裂症（schizophrenia）通常第一次發生於青少年期（*Kazdin, 1993*）。

(3)性別差異

性別之不同，許多行為特質也會有明顯的差異，以攻擊行為來說，男性的肢體攻擊普遍遠高於女性（洪榮照，民 87），造成此種原因與體質因素（如男性賀爾蒙之分泌）及社會期待有關。就性別角色的社會化歷程而言，一般人較能接受男孩的攻擊性與女孩的焦慮、憂鬱等特質（*Wicks-Nelson & Israel, 1997*）。因此在判斷異常行為時也需考慮性別因素。

在正常社會以發生行為的性別統計，情緒或行為異常兒童的比

率，過動兒、反社會行為、語言問題、學習障礙等問題，男性的出現率遠高於女性（*Kauffman, 1997; Wicks-Nelson & Israel, 1997*）。

2. 長期不良適應

任何人在改變環境後，常有許多不適應的感受，諸如改變工作環境會覺得焦慮畏縮，行事變得相當謹慎。當幼兒初次從家庭帶到托兒所或幼稚園就讀時，可能也會持續哭鬧幾天，此皆為不適應的現象。但如長期皆如此時，則為不正常。如剛入小學的兒童在前二週，對學校的景物與措施感到惶恐緊張，可視為正常現象，但如一學期後仍然畏懼上學，在校感到極度恐懼不安，此即為異常現象。

3. 未符合統計常態

正常人的情緒起伏與變化，常有一定的幅度（range），遺失兩百元感到沮喪、親人過世感到哀傷、被父母責罵覺得情緒低落、被老師讚美感到心情愉悅、考試得一百分會心微笑，此皆為正常人之情緒表現，且在一段期間之後，就會慢慢平息下來；倘如遺失兩百元而持續數年朝夕不樂、親人過世而無動於衷、老師讚美後數年間終日沈醉孤芳自賞，此皆異於一般正常人之行為表現。洗手是愛整潔的行為，一天洗個十次二十次，我們都能接受，但如洗上二百次、三百次，即為異常現象。

又如說謊行為並不受一般人之認可，若捫心自問一輩子沒說過謊的人，似乎也難以覓得，因此不能以一次的說謊記錄斷定他終生的人格特質。但終日口是心非、虛偽矇騙的孩子即是相當嚴重的行為問題，此乃從一般正常人之多數表現統計得知。雖然眾人之行為未必為對，但大多數人偶有的偏差行為常被視為正常。

對於具有上述不良行為特質或情緒反應的稱呼，過去大家習慣使用「行為異常」（behavioral disorder）、「情緒困擾」（emotional disturbed）、「情緒異常」（emotional disorder）、「情緒障礙」（emotional handicapped; emotional disability）之類的名詞或這些名詞交互使用。

雖然對於名詞的使用習慣未趨一致，但許多學者也都認為「行為異常」名詞比「情緒障礙」更不具歧視性（*Kauffman, 1997*）。在國內洪儷瑜（民 84）曾非正式的調查教師對「嚴重情緒困擾」、「情緒障礙」、「行為異常」與「性格及行為異常」四種名詞的偏好，發現大部分的教師都喜歡使用「嚴重情緒困擾」及「情緒障礙」名詞，對偏好「行為異常」及「性格及行為異常」的教師比率倒是極低，此與美國行為異常兒童評議會（Council for Children with Behavioral Disorders，簡稱為 CCBD）的看法剛好相反。

目前在美國聯邦政府對此類兒童的稱呼為「情緒或行為異常」（emotional or behavioral disorder）（*Wicks-Nelson & Israel, 1997*）。

第二節 情緒障礙概念的演變

一 美國方面的演變

自從一九五七年 E. Bower 提出「情緒困擾（emotionally disturbance）」名詞以來，陸陸續續有許多學者或法令針對此類特殊兒童提出不同的名詞，美國一九七五年著名的 94-142 公法，也以「嚴重情緒困擾（seriously emotional disturbed）」來稱呼此類兒童。通常用以解釋異常之英文用語有 disorder（通常翻譯為異常、醫學上翻譯為疾患）、

abnormal（變態）、handicapped（障礙）、disturbances（困擾）、mala-djustment（不適應）、disability（障礙）等。

　　Kauffman（*1997*）曾加以整理發現，這些名詞其實是「情緒的（emotionally）、社會的（socially）、行為的（behaviorally）、個人的（personally）」加上「困擾（disturbed）、異常（disordered）、不適應（maladjusted）、障礙（handicapped）、衝突（conflicted）、損傷（imp-aired）」等的結合，因此在特殊教育界，可將情緒障礙、行為異常、情緒困擾等視為相同的類群。因此行為異常（behavior disorder）、情緒障礙（emotional handicapped）、嚴重情緒困擾（seriously emotional dis-turbed）三個名詞經常交互出現使用。

　　在美國行為異常兒童評議會找出許多理由主張以「行為異常」代替「嚴重情緒困擾」（何東墀，民 *82*）。對於此類兒童雖然在 94-142 公法中，使用「嚴重情緒困擾」一詞，雖然各學者有些爭議，並質疑何以在各障礙類別中並不標明「嚴重」一詞，唯獨在情緒困擾上，需特別強調，但在一九九〇年修訂「身心障礙者教育法案（Individuals with Disabilities Education Act）」時仍然未獲美國聯邦政府之接受，繼續沿用「嚴重情緒困擾」一詞。

　　在一九九一年美國全國心理健康和特殊教育聯合會（National Mental Health and Special Education Coalition）使用「情緒或行為異常（emotional or behavioral disorder）」術語來說明此類特殊兒童（*Kauffman, 1997*）。

　　一九九二年之後美國聯邦政府提請國會將「情緒困擾」一詞修改為「情緒或行為異常（emotional or behavioral disorder）」（*Kauffman, 1997; Wicks-Nelson & Israel, 1997*；何東墀，民 *82*；洪儷瑜，民 *84*）。因此在名詞運用的習慣上並不一致。目前常可見到的名詞包括「行為異常」、「情緒障礙」、「嚴重情緒困擾」等。

🐾 二、國內方面的演變

1.情緒障礙與行為異常

早在民國五十九年公布之臺灣省特殊教育推行辦法中列有「性格與行為異常」一類特殊學生，可稱為較早出現的名詞。

在民國六十七年即有學者提出「情緒障礙」一詞（陳騰祥，民67），到了民國七十三年公布「特殊教育法」時，將身心障礙學生區分為十一大類，其中兩類即為「性格異常」與「行為異常」（總統府，民73）。

在民國八十三年特殊教育法修訂草案時，辦理各區公聽會時，曾以「行為異常」名詞統稱此類學生（特殊教育通訊，民83），但在民國八十六年正式修訂公布時，則以「嚴重情緒障礙」一詞來代表此類兒童（特教新知通訊編輯室，民86）。因此多年來在名詞使用上意見紛歧，見仁見智，雖名稱上存在差異，但在這些名詞隱含的概念上則大同小異。

依據民國六十八年五月二十三日公布之「國民教育法」第十四條規定「國民教育階段，對於資賦優異、體能殘障、智能不足、性格或行為異常學生，應施以特殊教育或技藝訓練；其辦法由教育部定之」；又民國七十一年五月十二日公布之「強迫入學條例」第十三條規定「智能不足、體能殘障、性格或行為異常之適齡國民，由學校實施特殊教育，……」，此兩種法案將性格或行為異常並列稱之；然而在民國七十三年十二月十七日公布之「特殊教育法」中，第十五條「本法所稱身心障礙，指具有左列情形之一者：……七、性格異常。八、行為異常。……」，此法已將性格異常（Character Disorder）與行為異常

（Behavior Disorder）分開界定。

從民國七十九年至八十一年辦理第二次全國特殊兒童普查時，又將性格及行為異常合併在一起屬同一類別，其鑑定工具也稱之為「性格及行為量表」。

在民國八十六年正式修訂公布時，則以「嚴重情緒障礙」一詞來代表此類兒童（教育部，民86）。

由上述中美特殊教育發展，常用的名詞包括情緒障礙、行為異常、性格異常、性格或行為異常、嚴重情緒困擾、嚴重情緒障礙等。

第三節　情緒障礙兒童的定義與出現率

一　情緒障礙的定義

美國對特殊兒童的界定與各州的政策有關，基本上各州教育機關以行政的定義來看，大致上認為情緒困擾兒童與青少年的具體特質包含：情緒和行為的異常、人際的問題、在學校無法學習、與一般同年齡兒童有不同的行為特質、問題延續一段較長的時間、問題較為嚴重、需要特殊教育服務等（Kauffman, 1997），粗略來看，可從長時期無法學習、人際關係出現問題、呈現嚴重行為或情緒問題等方向瞭解。茲就美國與我國定義分述如下：

1. 美國定義

美國聯邦政府於一九七五年頒布之 94-142 公法對「嚴重情緒困

擾」之定義為：

　　⑴係指兒童呈現下列一種或一種以上的特徵，並持續一段較長的時間，而且達到明顯的程度，對教育表現有其不利的影響。

　　　①無法學習，但非智力、知覺或健康因素所能解釋。

　　　②不能與老師及同儕建立或維持良好的人際關係。

　　　③在正常的情況下，表現出不適當的行為或感受。

　　　④呈現全面性的、普遍性的不愉快或憂鬱的心情。

　　　⑤容易顯現身體的症狀或心理的恐懼，且與個人的或學校的問題有關聯。

　　⑵此一名詞包含了精神分裂症兒童或自閉症兒童，但不包含社會不良適應兒童，除非確定他們是嚴重的情緒困擾。

　　一九九一年美國全國心理健康與特殊教育聯合會對於情緒或行為異常的定義又有一番詮釋，認為情緒或行為異常是指：

　　1.情緒或行為異常是由於情緒或行為反應在學校學習課程中所表現出來的障礙特質，其異常乃不同於同年齡、文化、種族常態等。因此影響其學業、社會能力、職業能力、個人技能等教育表現。

　　⑴非環境壓力事件所導致暫時性的預期反應（亦即長久受到環境壓力事件的影響）。

　　⑵顯示出一致的反應在兩種以上不同的情境，且其中至少一種是與學校有關的情境。

　　⑶雖然在教育環境中施予個別輔導，但仍未見成效。

　　2.情緒的或行為異常也會共同伴隨著其他方面的障礙。

　　3.此類兒童包括精神分裂疾患、情感性疾患、焦慮性疾患或其他給予提供教育時仍然無法改善的持續性的舉止或適應困擾。

　　我國教育部（民87）在嚴重情緒障礙的鑑定基準即受上述定義的影響深遠。

2.我國的定義

‧性格異常與行為異常之界定

依據民國七十三年特殊教育法之精神，教育部於民國八十一年公布之「語言障礙、身體病弱、性格異常、行為異常、學習障礙及多重障礙學生鑑定標準及就學輔導原則要點」，其中對於「性格異常」與「行為異常」界定如下：

①性格異常界定：「指在青少年或兒童時期由於體質、生理、心理或長期外在環境因素之影響，造成人格發展之缺陷，導致其生活內容、思考方式或行為表現僵滯或偏差者，此種現象通常持續至成年。」

②行為異常界定：「在生活環境中所表現的行為，與生活常規或年齡發展常態明顯不同，妨害到自己學習表現、情緒、人際關係，或是妨害他人學習的學生。」

上述兩項界定相當模糊，更有許多重疊之處，如要給予強制區分，似可認定性格異常較偏重於內在人格發展之缺陷，本質因素似更大於外在環境的壓力，其表現之形態頗多，惟多不易使之產生改變；行為異常則較強調外顯的行為表現（教育部社會教育司，民78）。

在第二次全國特殊兒童普查時，已將行為異常與性格異常合併，其篩選工具為「性格及行為量表」，此時對於性格異常與行為異常合併界定，林幸台（民81）指出：「性格與行為異常是指兒童或青少年由於生理、心理或環境因素的影響，導致其生活內容、思考方式或行為表現僵滯或偏差，而在生活中出現明顯異於生活常規或與同年齡學童有明顯差異的行為，進而造成學業、生活、人際關係及情緒等方面的困難。」

依據教育部民國八十七年頒布之「身心障礙及資賦優異學生鑑定原則與鑑定基準」對於嚴重情緒障礙的鑑定基準為：

本法第三條第二項第七款所稱嚴重情緒障礙，指長期情緒或行為反應顯著異常，嚴重影響生活適應者；其障礙並非因智能、感官或健康等因素直接造成之結果。

情緒障礙之症狀包括精神性疾患、情感性疾患、畏懼性疾患、焦慮性疾患、注意力缺陷過動症、或有其他持續性之情緒或行為問題者。

嚴重情緒障礙之鑑定基準如下：

‧ 行為或情緒顯著異於其同年齡或社會文化之常態者，得參考精神科醫師之診斷認定之。

‧ 除學校外，至少在其他一個情境中顯現適應困難者。

在學業、社會、人際、生活等適應有顯著困難，且經評估後確定一般教育所提供之輔導無顯著成效者。（教育部，民87）

由上述鑑定基準歸納，綜言之，對於嚴重情緒障礙者的界定，在特殊教育的內涵中包括：與同年齡與文化相比較有顯著差異、此問題係延續一段長時期而非短暫的現象、非智能與感官因素所影響但無法學習、必須跨越兩個情境以上（至少其中一個是學校）、一般教育輔導無效者。然而這些名詞之界定仍然顯得相當抽象。

二　情緒障礙兒童之出現率

情緒障礙出現率之推估，由於受到估計方法的不同與缺乏標準化的定義所影響，官方與各學者之間的估計差異極大。究竟有多少兒童屬於情緒障礙或行為異常？以下分別從我國與美國的文獻資料加以說明。

1. 我國情緒障礙的出現率

　　根據官方資料統計，由於民國六十五年實施第一次全國特殊兒童普查時，對象並未包括性格及行為異常兒童，因此該次普查無數據資料。在民國八十一年完成第二次全國特殊兒童普查發現，性格或行為異常兒童的總人數為七千零八十九人，出現率為 0.199%，占障礙兒童 9.38%。（教育部特殊兒童普查工作執行小組，民 81）。然而這些評量數據，都由教師根據平日觀察資料研判，由於教師對行為與情緒問題的主觀認知標準不一，因此對這項結果也應持保留態度。

2. 美國出現率

　　依據一九八○年代美國聯邦政府教育部保守估計，情緒障礙學生的出現率大約在 1.2%～2%之間（*Kauffman,1997*），但大多數的專家學者調查估計約在3%～6%之間（陳政見，民 88）。在早期由教師填答之問卷評量行為異常時，曾高估此類學生約占總學生數的 20%～30%，近幾年來教師的評量認為此類兒童的出現率約為 7.4%（其中男孩占 11.3%，女孩占 3.5%）（*Kauffman,1997*）。

　　中美對於情緒障礙出現率之估計有相當大的差異，其原因固然與對情緒障礙的標準定義及估計技術有關，然而我國的情緒障礙兒童出現率不到美國最低估計標準的一半，此是否意味著國人對情緒障礙的認定標準較嚴，不輕易對學生貼上情緒障礙的標記？抑或國人對於情緒障礙的理解不足，導致在出現率上如此之低？此均有待仔細思量。

▶三　我國目前對於情緒障礙學生的安置

　　在民國七十四年由臺北市立師範學院附設實驗小學成立我國第一

個情緒障礙班，專收自閉症兒童。在民國八十一年第二次特殊兒童普查時可知，性格及行為異常安置於普通班者占 98.72%，資源教室占 0.45%，特殊班者占 0.64%，特殊學校、住宿設施、家庭、醫院者均為 0%（教育部特殊兒童普查工作執行小組，民 81）。以此數據顯示我國對於情緒障礙兒童仍然以安置在普通班級為最多，但此也不代表老師就能妥善指導情緒障礙兒童。

第四節　情緒障礙的分類與評量

一　情緒障礙兒童的篩選

一般用以評量情緒障礙兒童的方法，通常依賴問卷、個人晤談、社會機構推薦、行為評定及直接觀察等方法。從經濟的理由來看，最流行的方法為問卷與行為評定，雖然在學校中老師的判斷是最適當的、最可靠的、最有效的方法（Kauffman, 1997），然而也由於大家對「情緒障礙」概念的界定頗為歧異，因此不同的理論架構，便有不同的界定標準。加上許多教師缺乏適當的專業訓練背景，因此評量結果的差異極大。

Gresham（1983）指出，學校人員評量情緒障礙兒童時感到有所困難，因為平時缺乏變態行為醫療模式方面的訓練，因此提出替代評量模式的五個原則，分別從解決問題、功能性分析、類化能力、多重操作能力及社會效度等方向加以考慮。

此種向度係採多元評量的精神，分別從當事人所具有的問題解決能力如何？行為的功能性目的何在？是否會類化到其他情境？以及當

事人各方面的表現能力、社會大眾認定的觀點加以敘述。

如教育部頒訂之身心障礙及資賦優異學生鑑定原則鑑定基準的觀點來看，對於情緒障礙的鑑定應依循一些階段或步驟實施，侯禎塘（民88）將情緒障礙的篩選與鑑定區分為四個階段：

1. 階段一

全體普通班學生的篩選。教師將有明顯的外向性行為問題（如攻擊、破壞……）與內向性問題（如長期悶悶不樂、過度恐慌）之疑似情緒障礙學生找出，此階段只要憑著平日的觀察，加上用些評量工具，如人格測驗、社會關係測驗等即可篩選出來。

2. 階段二

主要是評量學生問題的嚴重程度與發生頻率。教師可根據同年齡兒童的行為比較與一般的文化常態作為比較，教師觀察學生之情緒或行為問題是否在學校外至少另一個情境也有如是問題，其次是在學業上、社會上、人際問題、生活適應等產生問題，且經一般的教育輔導無效果者。

3. 階段三

針對學生的目標行為直接進行觀察。

4. 階段四

實施跨領域整合之專業團隊的鑑定。此階段可包括普通班教師、特教班教師、學校輔導人員、心理治療師、精神科醫師、社會工作人員、家長、監護人等共同鑑定。將廣泛蒐集到的資料加以評估及鑑定，這些資料如生理、心理檢查資料、智力測驗、人格測驗、行為檢

核表、直接觀察、與父母晤談等，此意即符合多元評量的觀點。

教師如能根據上述階段加以判斷，粗略可知學生是否為情緒障礙。

✎二　情緒障礙的分類法

對於 94-142 公法中所談「嚴重情緒困擾」並未說明行為異常的定義，誠如 Kauffman（*1997*）所認為的「行為異常的定義是主觀的」、「沒有一種標準的定義能夠讓所有的專業人員所接受」，因此可從不同的角度中加以分類：諸如美國精神病學會有其分類方式、也有學者從實徵性資料因素分析加以歸類、有些則從學習能力的觀點加以分類。 Bruno 和 Walker（*1990*）曾以五個向度編製評量工具，評量幼稚園至十二年級學生的行為異常及情緒困擾，此五部分分別為：學習問題、人際困難、不適當的行為、不快樂／憂鬱、生理症狀／害怕等。

1.內向性與外向性問題分類

Achenbach（*1978*）早期將行為異常區分為「內向性（internalizing）」與「外向性（externalizing）」兩種。內向性行為常是因為自我個性內向所造成的問題，包括：擔憂（worries）、害怕、身體的痛苦（somatic complain）、社會性退縮。也常稱為「過分控制」（over controlled）、「過分壓抑」（over inhibited）、「害羞」（shy）、「焦慮」、「人格異常等」。外向性行為問題包括攻擊、活動過多（overactivity）、不服從（disobedience）、濫發脾氣、犯罪（delinquency）等。

2.反社會型與非社會型問題分類

也常有人將之區分為反社會行為和非社會行為兩大類，前者常表

現出對周遭環境的反抗，如破壞、打架、侵犯、違抗、不合作、偷竊等；後者則以消極的封閉自己為主，表現出自卑、退縮、害羞、憂慮、抑鬱、無自信等現象（林幸台，民 81）。

3. 教育部社教司分類

教育部社會教育司（民 78）在性格異常與行為異常學生鑑定方式、鑑定標準及就學輔導規劃之研究報告提及，根據兒童就診理由及輔導員觀察結果約略可區分為：

(1)情緒化行為傾向

情緒不穩定、浮躁好動、注意力渙散、經常分心出神、衝動而易激動、易疲勞、不斷尋求外來刺激、動作笨拙。

(2)抑鬱行為傾向

神經質焦慮、自閉傾向、消極而被動、壓抑與無能為力感、逸世態度、耽於幻想、白日夢、憂鬱寡歡、猶豫不決、疑心重重、孤僻自懲的發脾氣方式、存有死的意念與自殺的企圖。

(3)攻擊行為傾向

頑抗不馴、暴怒與狂暴的發洩方式、苛求與索求不停、惡作劇與好玩弄人、不斷製造衝突、多事而好打架、自責與自罰傾向、粗語咒罵、出言不遜。

(4)退回行為傾向

經常要求精神支持、恐懼失敗而逃避作業、過分熱情、糾纏成人、極端嫉妒、感情勒索、缺乏成就動機、無法用心、霸道、壟斷與專制態度、易受暗示、毫無主見、不斷尋求他人注意、小丑動作、經常哭啼、畏縮膽怯、團體內的代罪羔羊。

(5)墮落行為傾向

偷竊、恐懼、極端殘酷、兇暴與破壞性、好說謊、不當性行為

（如挑逗、暴露慾）、常手淫、出走遊蕩、極端污穢、幻想狂、行為古怪、尋求肉體接觸、刻板化遊戲方式。

(6)心因性心理症狀

遺尿、失眠、惡夢、夜驚、貪饞、豪食、厭食、偏食、大便不遂、痙攣、啃指甲。

4.實徵性資料分析分類

Quay（1986）以因素分析的實證性研究資料，找出情緒障礙兒童的主要向度，分別為：

(1)舉止異常（Conduct Disorder）

諸如具有攻擊、破壞、反抗權威、敵意等特質。

(2)焦慮——退縮（Anxiety-Withdrawal）

例如焦慮、害怕、緊張、害羞、膽怯、退縮等行為，他們容易造成過動、易受傷害、自我意識不佳。

(3)不成熟（Immaturity）

缺乏對環境要求做適當反應的發展能力。包括短期注意空間、無法專心、喜歡做白日夢、缺乏統合能力、分心等特質。

(4)社會化攻擊

通常有其次文化，違規犯罪。結交狐群狗黨偷竊、結夥搶劫、逃學、向法律挑釁等。

Kauffman（1997）分析結果與 Quay 相類似，他發現情緒障礙可分為四類，分別為：

(1)過動、分心、衝動。

(2)攻擊。

(3)不成熟、不當、退縮。

(4)道德發展問題。

第五節　情緒障礙的評量方式

一　情緒與行為異常兒童的篩選

一般用以評量情緒與行為異常，通常依賴問卷、個人晤談、社會機構推薦、行為評定、及直接觀察等方法。從經濟的理由來看，最流行的方法為問卷與行為評定等，因此在學校中老師的判斷很顯然是最適當的、最可靠的、最有效的方法（*Kauffman, 1997*）。然而由於許多因素，也造成評量工作難以進行。

由於許多學者對「情緒／行為異常」概念的界定頗為歧異，造成不同的理論架構，有不同的界定標準，加上評量人員缺乏適當的專業訓練背景，尤其教育人員平時缺乏變態行為醫療模式方面的訓練，形成評量的困難，因此 Gresham（*1985*）提出替代評量模式的五個原則，分別從解決問題、功能性分析、類化能力、多重操作能力及社會效度等方向加以考慮。

Hobbs（*1975*）曾列出有效的篩選情緒／行為異常兒童的過程中，其中必須考慮：

1.擔任篩選人員包括：普通班教師、特殊教育工作者、心理學家、父母。

2.熟悉篩選工具的信度、效度，且必須考慮到適合的特殊發展需要與文化種族之差異問題。

3.篩選的個案是否很明確？是否是大家所熟知異常者？

4.篩選是否會發生「假性正向（false positives）」和「假性負向

（false negatives）」的情形？以致造成錯誤鑑定。

　　5.篩選的結果是否可以提供未來的研究需求或接受到特殊教育服務，以符合他們的實際需要。

　　6.是否具有統整的評估與經濟有效的的篩選？

　　學校協助情緒障礙學生之篩選，應多思考Hobbs（1975）的觀點。以避免產生錯誤鑑定之情事。

　　Kellogg 和 Kaufman （1990）發展一套配合教育工作者篩選情緒障礙學生的計畫（ED Screening and Awareness Project, EDSA）的流程。茲說明如圖 10-1。

　　上述之模式與概念亦可作為國內特殊學生評量、安置與教學之參考。

二　情緒障礙的評量

　　由於處理取向之不同，特殊教育教師與精神醫學評量著重的部分亦有差異。精神科醫師經過特殊的臨床訓練，在診斷上有相當多的臨床組病患可供參照，鑑定上較能掌握個案中的疾患重點。特教老師則較強調學習情境中的問題，也較關注學生的各項學習活動。

　　一般用以評量情緒障礙的方法有自我報告法、提名法、評定量表法、行為觀察法、診斷要件檢核等方法，各種評量方式均有其優點及使用上的限制（洪榮照，民83）。

1.自我報告法

　　由於自我報告法是由受試者自己回答，因此較能測得隱性及外顯問題的各個層面，但也易受既有社會規範、價值觀念的影響而產生過度的自我防衛現象，以致影響測量結果的真實性，回答的答案常常是

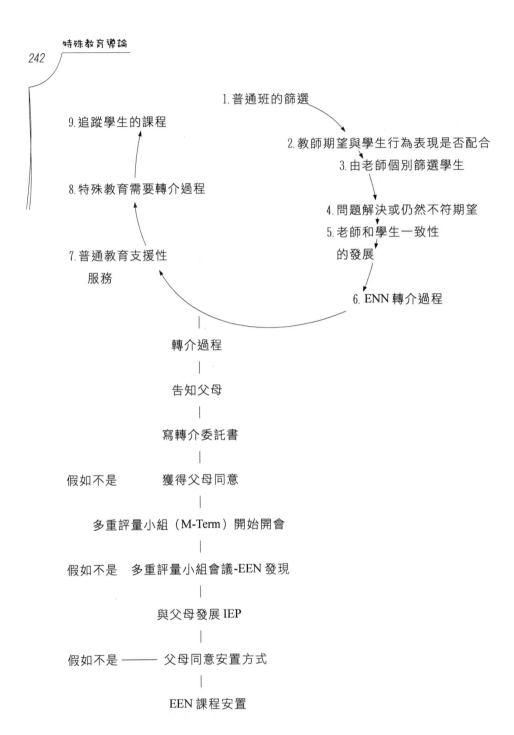

1. 普通班的篩選

2. 教師期望與學生行為表現是否配合

3. 由老師個別篩選學生

9. 追蹤學生的課程

4. 問題解決或仍然不符期望

5. 老師和學生一致性
　的發展

8. 特殊教育需要轉介過程

7. 普通教育支援性
　服務

6. ENN 轉介過程

轉介過程
│
告知父母
│
寫轉介委託書
│
假如不是　　獲得父母同意
│
多重評量小組（M-Term）開始開會
│
假如不是　多重評量小組會議-EEN 發現
│
與父母發展 IEP
│
假如不是 ─── 父母同意安置方式
│
EEN 課程安置

圖 10-1　篩選情緒障礙學生的計畫流程

社會的期望，而非自己的真實狀況。然而如果年紀太小或防衛心過強，自我報告法的真實性必大受影響。

2.提名法

通常由熟識者依據平日相處情形，以提名方式來找出情緒障礙學生，其評定方式為提名者根據平日的認識狀況加以提名。在特定群體內提出具有較高攻擊性的人。提名者可包括教師提名與同儕提名兩種，同儕提名的之優點在於同學間的相處時間較長，接觸較為頻繁，能在短期間內取得評量資料，且可深入老師或家長觀察不到的盲點，迅速簡便，但此種方法也容易受到人際關係、學業成就、教師暗示等先入為主的主觀評定所影響。由教師提名方式固然可力求客觀，然而部分無法觀察得到的遊戲場合，常缺乏真實訊息，尤其是在缺乏一套客觀具體的評量要件下，教師仍然免不了課業成績、人際關係等先入為主印象的影響。

3.評定量表法

評定量表法可在較短時間內蒐集到較多的資料，且較不會有隱瞞事實的情況發生，但評定者必須與受評者有一段長時期的觀察，才能對受評者的行為作一番客觀的評定。以兒童攻擊行為而言，適合擔任評定者包括級任教師與一般同儕，其中以相處時間較長之級任教師比較適合擔任評定，至於同儕的評定也可蒐集到一些資料，然而評定過程中易受到受評者學業成就、人緣、長相及先入為主的觀念所影響，尤其對於非外顯行為、發生頻率較低的行為，或超乎評定者所能觀察得到的範圍（如老師無法客觀評定學生家中行為），亦不容易作客觀的評定，此種現象為月暈效應及邏輯誤差的影響所致（郭生玉，民77）。倘評定中的許多特質無法以客觀的數據加以描述，容易影響評

定者的判斷，導致有些評定會產生寬大、嚴格、趨中誤差等（郭生玉，民 77）。由教師評量的兒童行為的優點在於教師受過專業訓練，較能做出客觀的判斷，資料蒐集經濟、迅速、容易（*Kohn & Rosman, 1972*；*Parker & Asher, 1987*）。

有些評定可藉由家長協助，此固然可兼顧學生在家中的行為表現，然而訓練家長客觀評定不易，主觀認定不一，有時並不容易獲得正確的資料。

4. 行為觀察法

採行為觀察方式是較不容易產生偏差的評量方法，觀察員在觀察前先予訓練，對於目標行為資料的蒐集較為具體客觀，本方法特別適用於對自我報告有困難的學生（如學前兒童）。至於記錄的方式，可採用發生次數、持續時間、延宕時間等方式記錄。觀察法之缺點常因觀察者的介入，會影響兒童的行為表現，且觀察法常需要花較長的時間蒐集資料，並不十分經濟。例如攻擊行為表現的頻率，並非相當頻繁，有時數天才發生一次，因此資料蒐集成本較高（洪榮照，民 83）。雖然行為觀察法較為客觀，但在訓練觀察員與實際參與觀察評量工作等方面，均需投入大量財力、人力與時間。

✈ 三　情緒與行為評量工具

1. 美國精神醫學學會（*APA, 1994*）DSM-IV 診斷法

依據美國精神醫學學會（American Psychiatry Association，簡稱為 APA）在一九九四年出版心理異常診斷統計手冊第四版（Diagnostic and Statistical Manual of Mental Disorders.（4th ed.），簡稱為 DSM-IV），作

為心理異常診斷方法，DSM-IV的診斷採多軸向評估（Multiaxial Assessment）的方式，分別從五個軸加以描述心理異常與個人行為的特徵，惟診斷者必須有豐富的臨床經驗，與掌握到問題敘述的核心，方能有效診斷出特殊兒童，茲舉注意力缺陷過動症（俗稱過動兒）的診斷要件為例說明如下。

美國精神醫學學會（APA）對注意力缺陷過動症（attention deficit hyperactive disorder， 簡稱為 ADHD）的診斷列出以下要件：

A：(1)或(2)

(1)分心（inattntion） 症狀持續六個月（或六個月以上），且有不適應和無法與一般發展水準相符者，在下列症狀中有六個（或以上）者：

①通常無法在細節上集中注意力，或學校作業功課、工作上常常做錯。

②通常很難持續注意工作（task）或遊戲活動。

③經常不注意聽指示。

④無法依序思考教學內容、無法完成學校作業、無法完成零碎事務、無法遵循指導 （非來自於反抗或無法瞭解）、無法完成分配雜工。

⑤無法組織共作和從事活動。

⑥通常會逃避、不喜歡或勉強（不願）去從事一些需要持續心理思考活動的工作。

⑦經常會遺失一些必需品（如玩具、上學用品鉛筆、簿本、文具等）。

⑧很容易被外在刺激所引誘而分心。

⑨經常忘了每天的活動。

(2)過動——衝動（hyperactivity-impulsivity），下列各項中有六種症狀以上並持續六個月以上，且不適應和與發展水準不一致：

①過動

・經常手忙腳亂，坐立不安。

・常常在需要坐著的時候離開座位。

・經常喜歡亂跑或不適當的攀登（在被限制的情況之下）。

・通常對遊戲或從事休閒活動感到困難。

・經常跑來跑去，或像是開一部車子竄來竄去。

・通常話很多。

②衝動

・經常在問題尚未問完之前，毫不思索的回答問題。

・通常很難靜靜的等待。

・其他人遊戲或談話時，很容易中途插入或打斷。

B：過動、衝動或分心現象在 7 歲前發生。

C：這些障礙通常同時出現在二或二個以上情境中（如學校、家中、工作中。

D：必須很明顯的顯示在臨床上的障礙，如社交、學業或工作上。

E：這些症狀排除廣泛性的發展障礙（pervasive development disorder）、精神分裂症或其他精神病，而且不是其他心理疾病所能解釋的（如心境病患、焦慮病患、精神官能症或人格病患）。

＊附記：共分三種組型

314.01　ADHD 結合型，在過去六個月中所發生，符合上述 A(1)及 A(2)條件。

314.00　ADHD 主要分心型，在過去六個月中所發生，符合上述 A(1)條件但不符合 A(2)條件。

314.01　ADHD 主要過動衝動型，在過去六個月中所發生，符

合上述 A⑵條件但不符合 A⑴條件。

　　美國精神醫學學會也特別呼籲，使用此種診斷者，必須要有豐富的臨床經驗，及掌握各診斷要項的關鍵重點，才能正確的診斷出個案的狀況是否異常（*APA, 1994*）。

　2.性格與行為量表

⑴編訂緣由

　　在第二次全國特殊兒童普查時，由於缺乏性格及行為異常之評定工具，遂由林幸台（民 81）所編訂的「性格及行為量表」作為進一步篩選是否有性格及行為異常現象之基礎。

⑵量表架構

　　此量表共計六十四題，將性格與行為異常兒童區分為五個分量表：

　　　①人際關係問題：常無法與同學或教師建立並維持滿意的人際關係，諸如打架、口角、好批評、濫發脾氣、不與人來往等均屬於此類型。共計十三題。

　　　②行為規範問題：違規犯過或反社會行為，如遲到、缺席、逃學、說謊、偷竊、易怒、出現破壞行為、考試作弊、不遵守規定、傷害別人等。共計十八題。

　　　③憂慮情緒問題：經常有不快樂或沮喪的情緒，對活動不感興趣、自傷、悲觀、對自己漠不關心、情緒低潮或畏縮等。共計十四題。

　　　④焦慮情緒問題：因過度焦慮導致身體不適應的症狀、恐懼反應或強迫性行為。如容易緊張、過度激動、過度恐懼等。共計八題。

　　　⑤偏畸習癖：如吸允指頭、異性打扮、沈迷藥物、強力膠等。共計十一題。

(3)常模與信、效度

常模樣本來自全國北、中、南、東區公立幼稚園大班、國小一至六年級、國中一至三年級五歲至十五歲學生中，依城鄉、性別、年級，以分層隨機取樣方式，抽取一千二百名學生為常模樣本。

信度考驗以 Cronbach α 內部一致性為信度考驗方式，各分量表內部一致性係數在 .531-.877 之間，總量表之內部一致性係數為 .862。

效度方面由於本量表邀請臨床心理學家、測驗編製專家、特殊教育學者及國中小教師數人，分別就理論架構與內容進行審議，經數次研議認定內容效度及表面效度頗佳。

(4)施測方式

本量表之施測與計分方式，乃由接受複查學生之級任教師根據平日觀察，及其他任課教師所提供之意見，在各題所描述的內容後，勾選符合該生的情況，據以計分，並對照常模，瞭解個案是否為異常。

第六節　情緒障礙的教育與治療

1. 生物介入模式

早期對於情緒障礙或精神疾病患者，曾有心理手術、電休克治療、胰島素昏迷等方式，後來醫藥發達後，許多處理精神與情緒問題之藥劑陸續發明使用。常用的藥物有：抗精神病劑、抗憂鬱症劑、抗焦慮症劑、抗躁症劑、興奮劑。由於許多精神科藥劑副作用大、容易形成藥物濫用、放棄其他治療（過度依賴藥物）、人際關係、學業能力無法隨之改變。

過去醫學界也有運用電療或電休克治療法，此法乃將情緒極端失

控之個案以 150 伏特之電壓電擊，以制止失控場面。在電影「飛越杜
鵑窩」裡可看到電療此幕，但感覺上並不人道。胰島素昏迷術也是對
於激烈情緒反應的個案處理的方式之一，此法是對當事人注射胰島素
使其昏迷，然後再注射葡萄糖使其甦醒，惟此法仍有部分的危險性。
心理手術也是過去曾被使用的治療方法，是將病人的腦前額葉的白質
切除術，使其恢復正常（林天德，民 82）。

2. 心理治療模式

(1)個別心理諮商（或心理治療）：首先治療者與當事人建立良好
關係，在接納與信任的氣氛下，協助當事人自我探索、自我瞭解、進
一步進入工作或改變階段、最後結束。運用治療者的專業知能與技
術，透過系列的治療歷程，協助改變。

(2)團體心理治療：部分採用個別心理治療技術，由領導者帶領同
儕成員運用團體的凝聚力，以協助改變 （*Kernberg & Chazan, 1991*）。

3. 以不同理論導向的處理模式

(1)心理動力論模式

精神分析治療大師佛洛伊德（Freud, S.）主張將個案的潛意識挖
掘出來，精神異常現象即可迎刃而解。

佛洛伊德常用的方法包括：自由聯想（病人完全放鬆的躺在聯想
椅上毫無拘束的將想到的一一說出來）、夢的解析（分析病人的夢
境，瞭解問題之所在）、解釋（向病人說明潛意識與病狀的關連，藉
以除去不良適應）、移情（病人將治療者視為生活中的重要他人，藉
此將問題合盤拖出）等。

本模式是幫助個案覺察其不良行為的形成因素，並充分的表達反
社會情緒。因此在治療開始前，應先建立良好關係，保持接納的氣

氣，接受孩子的感受與行為，其次提供學生一個宣洩（catharsis）的管道，允許兒童自由表達其意見。因此應提供一個安全隱密的空間與氣氛，彼此建立良好關係，鼓勵個案充分放鬆自我，接納自己，在教室情境中大家互相信賴，塑造一個非競爭的、友誼的氣氛，並允許個別化及自我表達的情境。至於宣洩的管道可分為三種：昇華 （sublim-ation）、替換（displacement）、幻想（fantasy）。

(2)心理教育論處理模式

心理教育論的治療模式是針對此時此刻（here and now）個案的問題加以處理，不談過去經驗影響，也不去分析潛意識，相信任何問題的發生均是可以治療的，透過營塑學習分享、開放、信賴的氣氛，可達治療之效果。

心理教育論的治療模式對於個案的指導原則包括：

①學校的任務是提供學生實用性技能、強調優勢與補救弱勢。

②創造一個學生可以成功的環境。避免學生經常性的在失敗陰影下學習。

③教師必須充分瞭解每個學生的知覺、情感、思考與行為，創造一個良好的教育條件，使學生產生適當的行為改變。

④去除不成熟行為，培養成熟行為。

⑤教導學生自我覺察不良行為。

⑥學習傾聽、說、適當的非語言行為。

心理教育論者則將焦點注意到兒童本我（ego） 的需求上，強調意識認知層面、情意領域，重視現實世界的問題，幫助兒童重新獲得領悟（insight） ，重視兒童動機及需求的滿足，協助自我控制能力的發展（*Kauffman, 1997*）。

(3)社會學習論處理模式

社會學習論者強調不良行為是經由示範學習（modeling）的結果，

當示範者對兒童採用懲罰的方式時，兒童也較可能使用暴力方式來控制別人。教育工作者，應強調改善兒童現存的社會環境問題，而非潛意識層面。在學校方面應處處提供學生良好的示範的學習情境，師生及同儕之間，建立友誼、溫暖、人性化的氣氛，對於學生表現的行為給予適當的回饋，讓孩子在日常生活中有角色扮演的機會，給予因應技巧（coping skills）的練習，並適時提供增強以增進孩子的社會技能。

綜言之，社會學習論的教導策略包括教導學生受歡迎的社會技巧，訓練兒童認知策略及自我指導的技能，幫助學生練習因應情境，發展自我控制的能力。此外父母的再教育訓練仍是非常重要的課題，親職教育也是不容忽視的。

⑷人文取向治療模式

人文心理治療大師羅吉斯（Rogers, C）創立了個人中心學派（person-centered therapy），治療過程中強調良好關係的建立，治療者必須充分運用真誠、同理心、無條件關懷等幫助當事人，在建立互信、安全的良好關係下達到自我實現，解決自身問題。

⑸行為治療模式

行為治療理論的基本假定為任何行為都由學習而來，也可透過學習加以去除。

行為就是一種習慣，行為治療模式-ABC 中，A 是前因（antecedent）、B 是行為（behavior）、C 是結果（consequence）。

輔導者應瞭解行為的報應關係，此關係簡稱為行為的ABC 法則，A（antecedent）指行為的前奏，B（behavior）指行為的本身，C（consequences）指行為的後果。透過制約學習正增強、負增強、消弱（忽視）等方法，以去除不當行為，建立良好的行為反應模式。採用行為治療的步驟是輔導者必須先找出改變不良的目標行為，蒐集與記錄學生的基線資料，找出適當的增強策略，最後依計畫執行並評鑑其改變

成效。

行為的改變方式一般包括：正增強、負增強、剝奪、處罰，茲舉下表為例：

	提供	移去
喜愛刺激	正增強	剝奪（隔離、間接懲罰）
嫌惡刺激	直接懲罰	負增強

舉例來說：

①正增強：孩子專心寫作業，成人給他食物（喜愛刺激之提供），以後孩子就學會認真寫作之行為。

②剝奪：孩子哭鬧就剝奪他看電視的權力（喜愛刺激之移去）。

③直接懲罰：孩子哭鬧時用竹子鞭打，以制止哭鬧行為。

④負增強：孩子按時完成功課，即可免打掃一次。此目的在強化孩子打掃行為。

4.行為處理方案的設計與實施

對於兒童行為或情緒問題的處理，需有一套完整的計畫，運用團隊的力量，才能獲致最後的成功。因此需藉由團隊的力量協助，方能奏效。

(1)行為處理方案設計需藉由跨領域專業團隊合作來完成處理計畫

這些團隊人員包含：行政人員、保育員、專業人員、臨床工作者、父母。團隊必須對兒童的下述問題蒐集資料並詳加研判。

①問題行為的敘述（具體行為為何？如「上課不乖」──過於抽象）。

②背景資料的蒐集與敘述（是指一段時間的表現）。

③目標行為（「不乖」非具體行為，「打人」就是目標行為）。

④行為的評量（觀察發生次數或延續時間的量）。

⑤基準線資料的建立（經由一段時間觀察並蒐集資料，以建立未輔導前的行為資料，便於日後輔導之比較。例如蒐集三天哭鬧的紀錄，瞭解未處理前的行為狀態）。

⑵行為診斷與功能分析

在美國一九九七年頒布之 105-17 公法對於情緒障礙兒童的處理，強調功能性行為評量（functional behavioral assessment）的重要性（引自：鳳華，民 88）。此種評量的重點在問題行為發生時，瞭解問題前因（antecedent）、行為（behavior）、結果（consequence）之間的關係，比便提供適當的處理。

①前因：分析造成行為問題的可能因素，可從個人因素與環境因素分析。例如引發問題的時間、人物、情境等，在個人因素上包括生理、醫藥、環境、遺傳、認知等因素。

②結果：瞭解行為與結果的關係，探討個案行為的功能性目的（如打人是為了引起大家的注意），以瞭解這些行為是否為他的溝通方式？引起他人的注意？獲得具體的事物？感官刺激？逃避感官刺激？逃避厭惡事物？情緒發洩？或兼具上述多重功能？例如：孩子哭鬧後得到食物，而且也如預期得到，因此以後想要食物，就以哭鬧方式表達。分析結果之目的在瞭解行為與結果間的關係。

⑶設計輔導方案

在深入瞭解個案行為的功能性目的後，輔導者可從環境前因控制著手，設計一些具體的輔導方案，以幫助案主改變。

⑷緊急情況的控制

對於情緒障礙兒童行為或情緒極度失控時，老師必須注意下列要

項（施顯烇，民 *84*）：

①保持冷靜態度，仔細觀察前因後果。例如當兒童喧鬧不休時，老師不要急於處罰，應冷靜觀察，找出原因，以便對症下藥。

②充分的人力支援。對於極端失控的兒童，單憑一位教師很難處理，因此必須講究支援人力。

③生態環境的重新布置。例如當事人常常欺負鄰座柔弱的同學，此時老師應可考慮重新安排座位，可避免爭端。

④消除誘發事件。例如環境擁擠時則有打人事件，在類似情境出現時應先避免防範。

⑤避免節外生枝。

⑥暫停不必要的要求。例如：要求吃飯時情緒失控，父母應暫時停止要求，俟情緒穩定後，再予處理。

⑦適度的關切傾聽。尊重、關懷當事人是必要的，有時靜下心來，傾聽孩子的想法也可避免問題的擴大。

⑧維護個人尊嚴。處理孩子問題時應顧及顏面與自尊。

⑨促進身心放鬆。情緒緊張時應先利用鬆弛技術，將情緒穩定下來。

⑩拖延。

5. 結語

對於情緒障礙兒童，或許家長與老師常以「以暴制暴」或「忽視」的態度來面對，其實任何問題行為都有改善的可能，只要抱定決心，提供良好環境，整合團隊小組力量，做好輔導計畫，並持之以恆，終究有改善的空間。此外也必須注意消除偏差行為後是否會另外產生替代的偏差行為。

就學校處理立場而言，情緒障礙的兒童除了積極強調嚴重行為問

題處理外，必須一併致力於基本學業能力教導與人際社會技能訓練，
如此始能面面俱到。

參考書目

✐ 中文部分

王亦榮、杞昭安、李乙明、李永昌、胡永崇、洪榮照、徐享良、陳政見、陳訓
　　祥、黃世鈺、張昇鵬、錡寶香、謝建全（民 88）。特殊兒童鑑定與評量。
　　台北：師大書苑。

林天德（民 82）。變態心理學。臺北市：心理出版社。

林幸台（民 81）。性格及行為量表指導手冊。台北：國立台灣師範大學特殊教
　　育研究所。

洪榮照（民 83）。行為觀察的正確性。載於台中師範學院特殊教育中心主編：
　　特教論文集。

洪榮照（民 87）。兒童攻擊行為與認知行為策略輔導效果之研究。國立彰化師
　　範大學特殊教育研究所博士論文，未出版。

洪儷瑜（民 84）。必也正其名手──行為異常、性格異常、情緒障礙或嚴重情
　　緒困擾？特殊教育季刊，*54* 期，頁 10-15。

侯禎塘（民 88）。情緒與行為障礙學生的鑑定及教育。特教園丁，*15*(1)，頁 12-17。

施顯烆（民 84）。嚴重行為問題的處理。台北，五南圖書出版有限公司。

特教新知通訊編輯室（民 83）。行政動態。特教新知通訊，*1*（10），頁 10-11。

教育部（民 76）。特殊教育法施行細則。76.03.25.，台（七六）參字第一貳六一
　　九號令。

教育部（民 81）。語言障礙、身體病弱、性格異常、行為異常、學習障礙及多
　　重障礙學生鑑定標準及就學輔導原則要點。81.02.21.，台（81）社字第 09057

號令發布。

教育部特殊兒童普查工作執行小組（民 81）。第二次全國特殊兒童普查工作分區檢討會書面報告資料。

教育部（民 87）。特殊教育法施行細則。87.05.29.，台（87）參字第八七〇五七六六號令。

教育部（民 88）。身心障礙及資賦優異學生鑑定原則鑑定基準。88.03.05.，台（88）特教字第八八〇二一四四四號函。

教育部社會教育司（民 78）。性格異常行為異常學生鑑定方式鑑定標準及就學輔導規劃之研究報告。彰化師範大學特殊教育研究所承辦。

陳政見（民 88）。情緒／行為異常者之教育。載於王文科主編，特殊教育導論（修訂版）。台北：心理，頁 150-212。

陳騰祥（民 67）。情緒障礙兒童的成因與對策。師友，*129*，頁 8-12。

郭生玉（民 77）。心理與教育測驗。台北：精華出版社。

國立台灣師範大學特殊教育中心（民 83）。中華民國特殊教育法規彙編。特殊教育叢書第三十一輯。

總統府（民 73）。特殊教育法。73.12.17 華總（一）義字第六六九二號令。

總統府（民 86）。特殊教育法。86.05.14 華總（一）義字第八六〇〇一一二八二〇號令。

鳳華（民 88）。功能性行為評估之意涵與實務。特教園丁，*15*(1)，頁 18-26。

英文部分

Achenbach, T. M.（1978）. The Child Behavior Profile： I. boys aged 6-11. *Journal of Consulting and Clinical Psychology, 46*(3), 478-488.

Achenbach, T. M. & Edelbrock, C. S.（1978）. The classification of child psychopathology : A review and analysis of empirical efforts. *Psychological Bulletin, 85,* 1275-1301.

Achenbach, T. M.（1991）. *Manual for the Child Behavior Checklist / 4-18 and 1991 Profile.* Burlington, VT： University of Vermont Department of Psychiatry.

American Psychiatric Association.（1994）. Diagnostic and Statistical Manual of Mental

Disorders.（4th ed.）（DSM-IV）pp.85-91. Washington, DC 20005.

Bruno, R. M. & Walker, S. C.（1990）. Behavior evaluation scale-2. *Diagnostique, 15*（*1-4*）, 31-40.

Coleman, M. C.（1992）. Behavior disorder.Boston: Allyn & Bacon Com.

Hobbs, N.（1975）. Issues in the classification of children（Vols.I and II）. San Francisco : Jossey-Bass

Kauffman, J. M.（1997）. *Characteristic of Behavior Disorder of Children and Youth.* Columbus Ohio: Merrill Publishing Company.

Kazdin, A. E.（1985）. *Treatment of antisocial behavior in children and adolescents.* Homewood, IL: Dorsey Press.

Kazdin, A. E.（1987）. *Conduct disorder in childhood and adolescents.* Homewood, IL: Dorsey Press.

Kazdin, A. E.（1993）. Adolescent mental health. Prevention and treatment programs. *American Psychologist, 48*, 644-657.

Kernberg, P. F. & Chazan, S. E.（1991）. *Children with conduct disorder.* Printed in the united states of America: Basic Books,Inc.

Patterson, G. R., Chamberlain, P., & Reid, J. B.（1982）. A comparative evaluation of a parent training program. *Behavior Therapy, 13*,638-650.

Quay, H. C.（1986）. Classification. In H. C. Quay & J. S. Werry（Eds）, *Psychopathological disorder of childhood*（3rd ed.）New York: Wiley.

Wicks-Nelson, R., & Israel, A. C.（1997）. *Behavior disorder of childhood.* New Jersey: Prentice-Hall Inc.

11

學習障礙兒童

朱經明

第一節　學習障礙的定義與成因

一　定義

　　依據我國教育部（民 87）公布之身心障礙及資賦優異學生鑑定原則鑑定基準，學習障礙之定義為：「指統稱因神經心理功能異常而顯現出注意、記憶、理解、推理、表達、知覺或知覺動作協調等能力有顯著問題，以致在聽、說、讀、寫、算等學習上有顯著困難者；其障礙並非因感官、智能、情緒等障礙因素或文化刺激不足、教學不當等環境因素所直接造成之結果。」美國一九九七年特教基本法——障礙者教育法案（Individuals with Disabilities Education Act, IDEA）則定義特殊學習障礙（specific learning disabilities）如下：

　　1. 一般來說（In General）：特殊學習障礙意指理解或使用語言或文字之基本心理過程（basic psychological process）有一種或多種異常；以致在聽、思考、說話、閱讀、書寫、拼字和數學計算的能力上有缺陷。

　　2. 學障包括下列異常情形（Disorders Included）：知覺障礙、腦傷、輕微腦功能失常、閱讀困難症（dyslexia）以及發展性失語症。

　　3. 學障不包括下列異常情形（Disorders Not Included）：視障、聽障、動作障礙、智能不足、情緒困擾或環境、文化、經濟不利所造成之學習問題。

　　另一個受到重視的學習障礙定義是美國全國學障聯合會（National Joint Committee on Learning Disabilities, NJCLD）於一九九○年所修正提

出：「學習障礙是一個概括名詞，指在聽、說、讀、寫、推理或數學等能力的獲得與使用有顯著困難之異質性障礙團體。這些異常是個人內在因素所引起，推測是中樞神經系統失常，且可能發生在任何年齡。自我節制、社會知覺和社會互動的問題可能與學習障礙一起存在，但這些問題本身並不形成學習障礙。雖然學習障礙可能與其他障礙同時存在（如感官缺陷、智能不足、嚴重情緒困擾）或受到外在因素的影響（如文化差異、教學不足或不當），但卻不是這些障礙或影響所造成。」（引自 *Smith, 1994*）。日本學界對學習障礙之定義則為：「智能正常、感覺器官與運動機能無障礙，環境也無問題。視覺與聽覺等知覺，似能看出障礙，注意範圍狹窄，持續性短暫，既過度敏感又欠穩重。因此在認知學習上，如讀、寫、計算無法順利進行。推測是由於腦部機能有輕微障礙所引起。」（引自陳瑞郎，民 86）。

綜合以上定義，有關學習障礙之重要概念如下：

1.學習障礙是異質性的障礙團體，包括聽、說、讀、寫、算等障礙，並可能有注意、記憶、理解、推理、表達、知覺、知覺動作、自我節制、社會知覺和社會互動的問題。

2.學習障礙是個人內在因素所造成，應是神經心理功能異常。

3.學習障礙可能會跟其他障礙或環境不利因素一起發生，但鑑定學障須先排除這些障礙或不利因素。

4.學習障礙必須智力正常，我國及美國之鑑定原則均限於智力正常的學生。日本之定義則先指出學障為智力正常。

二 成因

學習障礙之成因，包括下列數種：

1. 遺傳

遺傳疾病如 X 染色體脆弱（fragile X）症候群和 Turner 症候群（性聯染色體為 XO）的女性和 Klinefelter 症候群（性聯染色體為 XXY）的男性傾向於有視知覺型的學習障礙。神經纖維腫（neurofibromatosis）第一型的孩子則有視知覺及語言為主因的學習障礙（*Church* 等，*1996*）。另外閱讀障礙也被認為有明顯的遺傳傾向，通常一個家庭的數個成員都會有閱讀障礙。造成閱讀障礙的語音過程缺陷（phonological processing impairments）被視為有高度遺傳特質。而 Cardon 等（*1994*）發現第六對染色體的短臂上的某個小區域和閱讀障礙有關。

2. 腦傷

Hinshelwood 在一九一七年發現一位因腦傷而無法閱讀的病人，他無法認識整個字，但能讀出單獨的字母。這位病人死後，經解剖發現其大腦左半球角回處有受傷。由於這個及其他個案的證明，他主張閱讀中心位於大腦左半球之角回部位（引自林寶貴，民 75）。另外史特勞斯在一九四七年發現一位腦傷的兒童 J. S. 在受傷回到學校後忘記了如何閱讀，他的語文智商為八十二，而作業智商為一百零六（引自 *Smith, 1994*）。

在發展階段中，造成腦傷的原因可分為產前、產中和產後。產前包括有 RH 因子配合相反、母親感染德國麻疹、母親營養不良、糖尿病、腎臟病、甲狀腺功能不足、藥物及酒精濫用、抽煙引起缺氧、胎兒感染巨細胞病毒（cytomegalovirus）、泡疹病毒（herpes simplex virus）和 X 光放射性的侵害等。產中因素包括生產過程費時過久引起頭蓋內出血、鉗夾分娩引起腦傷、臍帶環繞脖子引起氧氣缺乏、胎盤分離過早等。產後因素則包括頭部受傷、腦瘤、攝取有毒物質、維生素缺

乏、營養不良、低血糖症、高熱、腦炎、腦膜炎等（*Smith, 1994*，陳瑞郎，民 *86*）。

3. 成熟的遲滯（maturational lag）

有些理論認為，學習障礙反應視知覺、動作、語言、注意過程等的發展遲滯。學習障礙兒童常有發展不平均的現象。例如張生可能畫圖及數學能力很好，但是朗讀及聽覺理解很差；而李生閱讀、聽講及說故事很好但書寫則很差。這可能是他們有些能力發展正常，而有些能力則成熟遲滯。發展遲滯的兒童尚未準備好跟同年齡兒童學習同樣的課程，因此會產生學習障礙的現象。有些成熟的遲滯最後會趕上，但有些則無法趕上。前者如將字母寫反和抄寫問題，後者如快速命名和語音解碼困難（*Goldsmith-Philips, 1994; Smith,1994*）。

4. 環境

環境因素包括營養不良、刺激不足、多語言及多文化的影響、貧窮、不良情緒氣氛、環境中的毒物、食物過敏、非食物過敏、教學不當等（*Smith, 1994*）。另外，社會建構主義（social constructivism）的觀點強調社會文化的因素會造成學習策略的缺陷，這些因素包括課程、期待、師生互動、親子互動等（*Stone & Conca, 1993*）。將學習障礙視為學習策略的缺陷具有下列優點：(1)學習策略是可以改善的；(2)它允許有意義和主動地創造改善學習的規則；(3)它包括環境因素對不同的學生有不同影響的觀念；(4)它允許學生主動參與教學以決定何種認知策略最有效；(5)它有助於教學理論的發展（*Swanson, 1991*）。

5. 其他因素

有些研究指出正常孩子的左顳葉平台部較右顳葉平台部大，而有

些閱讀障礙兒童左右顳葉平台較為對稱（*Semrud-Clikeman* 等，*1994; Lundberg, 1995; Rumsey, 1996*）。學習障礙者特徵之一為注意力缺陷／過動（Attention Deficiency Hyperactivity Disorder, ADHD），而 ADHD 兒童之左右額葉較為對稱，正常兒童則是右額葉較左額葉為大。左顳葉平台被認為與閱讀有關，而右額葉則被認為與自我控制有關。以上是由腦結構的差異研究學障與ADHD的原因。另亦有由生化的不平衡或不規則研究 ADHD，如 Levy（*1991*，引自洪儷瑜，民 *83*）提出 ADHD 的功能失調是由於多巴胺在前額葉和基底核（位於腦深處與隨意肌運動的穩定性有關）巡迴異常現象所致，這種異常現象會造成計畫能力、或自我調控等行為的缺陷。使用單光子放射斷層掃描法（single photon emmission computed tomography, SPET），Lou 等發現 ADHD 兒童前額葉的血流較少，而Ritalin（一種常用來增加注意力的藥物）可增加其血流，因此前額葉功能的增加是受到神經化學的影響（*Welsh, 1994*）。

第二節　學習障礙兒童
的類型與特徵

　　Kirk 和 Gallagher（*1983*，引自何華國，民 *84*）將學習障礙分為發展性學障與學業性學障兩大煩。我國教育部（民 *81*）亦做同樣之分類：「學習障礙通常包括發展性的學習障礙與學業性的學習障礙，前者如注意力缺陷、知覺缺陷、視動協調能力缺陷和記憶力缺陷等；後者如閱讀能力障礙、書寫能力障礙和數學能力障礙等。」心理失常診斷及統計手冊（Diagnostic and Statistical Manual of Mental Disorders）第四版（簡稱 DSM-IV）對學習障礙之定義以學業性學習障礙為主，將學習障礙分為閱讀障礙、數學障礙和書寫障礙。Padget（*1998*）則將學習障

礙分為特殊語言缺陷（specific language impairment）、特殊閱讀障礙
（specific reading disability）和特殊數學障礙（specific math disability）。
他認為這三種分類與學業有關且符合美國聯邦及州之學障定義。由於
特殊語言缺陷之核心症狀（core symptom）為聽與說方面，與語言障礙
較有關，因此本文將學習障礙之類型分為閱讀障礙、數學障礙及書寫
障礙三種：

一　閱讀障礙

　　根據心理失常診斷及統計手冊第四版（DSM-IV, 1994），閱讀障礙
約占在學兒童的 4%。郭為藩（民 66）之調查顯示我國有 2.82%之國
小三至五年級學生疑似閱讀障礙。Olson（1989）認為閱讀困難的兒童
在語音解碼（phonological coding）方面有特別的發展性缺陷，他們指
出這個缺陷為無法將文字轉換為語音，是一種高度遺傳的特質。視覺
上的文字訊息須轉為聽覺的形式，閱讀才會產生意義，因為人類的短
期記憶主要是處理聲音訊息。閱讀是透過默唸或內在語言進行的，換
言之，閱讀時就好像聽到自己的聲音（梅錦榮，民 80）。另外有些閱
讀障礙兒童有命名的困難，尤其是快速命名（rapid naming）。患者因
找不到適當的名詞以致說話遲緩或停頓，而命名困難可能也是因為語
音解碼的缺陷所造成的（Katz, 1986; Wanger & Torgessen, 1987）。
　　雖然大部分研究者都同意發展性的閱讀障礙與語音解碼缺陷有
關，但他們認為閱讀障礙者只有一部分是真正生理缺陷所造成的。例
如 Rapala 等（1990）認為閱讀障礙者只是語音處理能力位於常態分配
中較低的位置，而不是生理上的不正常。這種語音處理能力的個別差
異使得有些小孩在閱讀時較易於產生困難，特別是採用傳統的教學方
法。Stanovich（1986）強調缺乏動機及練習太少是造成閱讀障礙的主

要因素，他認為有「好的閱讀者愈好，差的閱讀愈差」的現象。因為好的閱讀者較有閱讀的動機，較多的練習，以及較高的期望，並能獲得認知的技能，這些都會使其成為更好的閱讀者。而差的閱讀者正好相反，以致使得他們的差距愈來愈大。另外缺乏閱讀策略的障礙也是由於缺乏學業的經驗與要求所造成的，而不是因為有內在的生理原因造成無法產生及使用閱讀策略。一旦兒童陷入低期望、低動機及少練習的泥沼，他們就很難回到正確的閱讀途徑，這時就需要有積極主動的教育介入。

　　Orton 在一九二八年發現一位十六歲的男孩，智力正常但是對於字的形體有歪曲的認知，常把字形倒轉，例如 was 看成 saw, went 看成 met, bad 看成 dab 等，於是他提出了符號變形論（strephosymbolia）。其原因為大腦優勢的混亂，原左利者改用右手時，常有此現象。不過 Shankweiler（1992）認為倒轉錯誤在正常兒童早期閱讀階段也會產生，因此此種錯誤不能證明閱讀障礙兒童有視覺處理的缺陷，也不是閱讀障礙的主要原因。Walsh 發現有些個案雖會閱讀單字，但不會閱讀長的文章，其眼球掃瞄動作雜亂無秩序，不能逐字逐行閱讀而會跳字跳行，這是因為眼球運動有障礙的緣故（柯永河，民 76）。Baron 則指出有效率閱讀和無效率的閱讀者之間，目光跳動有顯著的不同。優秀的閱讀者的目光是平順地沿著所讀的內容移動，且涵蓋的範圍大；無效率的閱讀眼睛移動距離短，有時遲疑不前，且忽前忽後（邱大昕譯，民 81）。另有某些個案係因右腦病變，使其左視野缺損，所以閱讀時不從每行開頭而由開頭偏右地方讀起，因而感到無法瞭解文意（柯永河，民 76）。

　　閱讀障礙的分類，根據許天威（民 75）和毛連塭（民 78）可歸納為下列三類：

　　1.視覺性閱讀障礙：兒童可以看得見，但看了字形之後難以區別

字形、認知字義或記住看過的字。

　　2.聽覺性閱讀障礙：難以分辨字音之異同，難以把音素拼成一個字音。

　　3.一般性缺陷：記憶力損傷，包括聽覺和視覺兩方面。

　　唯近年來研究顯示視知覺不是造成學習困難的主要原因，而聽知覺對閱讀成就一致被肯定為重要預測變項（洪麗瑜，民 84）。Bakker（1979）則根據閱讀的速度和正確性將閱讀障礙分為下列三種：

　　1.語言型閱讀障礙（linguistic dyslexia）：閱讀速度相當快，但錯誤很多，如增字、減字、替代字等。

　　2.知覺型閱讀障礙（perceptual dyslexia）：閱讀相當正確，但是速度太慢，常常遲疑和重複。

　　3.混合型閱讀障礙（mixed dyslexia）：兼具前二類閱讀障礙的特質。

　　Van Strien 等（1995）則認為由於文字的複雜性與新奇性，初步閱讀主要為右腦功能。當文字的知覺處理自動化之後，兒童轉向語意及文句的閱讀過程，此時主要為左腦的功能。知覺型閱讀障礙者主要依賴右腦的視知覺過程而無法轉向左腦的語言策略過程。語言型閱讀障礙者則從初步閱讀開始，就使用左腦語言策略，因此有知覺錯誤的情形。語言型閱讀障礙者人數可能較知覺型閱讀障礙者為少。另Stanovich（1993）將閱讀障礙分為：

　　1.特殊性閱讀障礙（dyslexic 或 specific reading disabled）：主要為語音過程的問題，一部分為視知覺問題。

　　2.一般性閱讀障礙（garden variety poor reader）：主要為認知發展遲緩，包括語音過程問題。

　　Edwards（1994）則將閱讀障礙分為下列四類：

　　1.遺傳性閱讀障礙：有家族遺傳的傾向。

　　2.發展性閱讀障礙：出生時就有，但非遺傳而是在胚胎發展中產

生。

　　3.獲得性閱讀障礙：產中或產後因傷害或不利情況造成，主要為出生時缺氧或頭部受傷。

　　4.感情性閱讀障礙：這個分類較具爭議性，係語言發展前重大心理創傷所造成，會造成聽覺阻礙（listening block）。

　　Spear-Swerling（*1994*）根據閱讀發展階段，將閱讀障礙分為下列幾項：

　　1.非字母閱讀者（nonalphabetic readers）：沒有語音解碼的能力，主要依賴視覺線索去認字。

　　2.補償型閱讀者（compensatory readers）：語音解碼能力相當有限，主要依賴上下文及全字識讀（sight-reading）等補償能力。

　　2.非自動型閱讀者（nonautomatic readers）：已有語音解碼能力，但需費相當心力，未能自動化，可能需利用上下文去加速認字。

　　4.延遲型閱讀者（delayed readers）：需較多努力和較慢的速度才能獲得正確和自動化的認字技能，由於缺乏足夠的閱讀經驗，他們很難進入策略閱讀的階段。

　　5.次佳閱讀者（suboptimal readers）：認字已經自動化，並有一些閱讀策略，但缺乏高層次的閱讀理解能力，非高效率閱讀者。這類閱讀者一般並不被視為閱讀障礙。

二　數學障礙

　　Montague（*1996*）指出學障學生數學困難之類型如下：(1)記憶與策略的缺陷造成運算自動化及問題表徵的困難；(2)語言及溝通的缺陷造成閱讀、書寫及討論數學問題的困難；(3)過程與策略的缺陷造成理解問題及以數學表徵問題的困難；(4)低的動機、低的自我概念、失敗

的經驗使其對數學沒有信心及不喜歡數學。Badian（*1983*，引自楊坤堂，民 *84*）提出下列五種後天性算術障礙兒童：無識字能力／書寫能力、空間能力不足、演算能力不足、注意力序列問題和混合型算術障礙兒童。其中與語言能力不足和空間能力不足有關的數學障礙人數最多。心理異常診斷及統計手冊第四版（DSM-IV）指出數學障礙學生可能有下列缺陷：

1.語文能力：瞭解或表達數學名詞，運算或概念，以及將應用題解碼（decode）為數學符號。

2.知覺能力：認出及閱讀數字或數學符號，將物品分門別類。

3.注意力：正確抄寫數字或符號，記得進位與退位，以及正確看出運算符號。

4.數學能力：依循計算步驟，計數（counting）和學會九九乘法表。

Clement（*1980*，引自 *Gross，1993*）發現十二歲兒童數學錯誤有四分之一是因為閱讀理解的困難。Cawley et al.（*1987*，引自 *Mercer & Mercer, 1998*）發現數學障礙兒童對有較多訊息的應用題有相當困難。Montague & Bos（*1990*，引自 *Mercer and Mercer, 1998*）指出數學障礙兒童難以想出解題的運算方法和運算步驟。Gross（*1993*）則指出有些兒童不瞭解數學應用題所使用的數學語言，如較多、少於、一樣多、較短、相同、不同等。另有一些兒童雖然基本計算沒有問題，卻因抽象推理較弱無法想出解題步驟。

另一方面，Joffe（*1981*，引自 *Gross, 1993*）指出有特殊學習困難／閱讀障礙的兒童三分之二有基本運算的困難。他們可能瞭解某一問題需用何種計算方法，卻在基本運算上失敗。一般來說，他們學習書寫數字，理解運算符號及熟練計算步驟比一般兒童需較長的時間。他們可能無法將數字運算自動化，而需依賴手指頭協助計算，他們可能也有方向的困難，將數字顛倒，例如以 15 代替 51。Gross（*1993*）則指出

另有一群數學障礙兒童對圖表有極大的困難，他們寫數字很難看且常顛倒，其原因為空間知覺困難。另外他們的動作協調也較為笨拙。可是這些兒童可能有良好的語文能力。William & Boll（1997）說明非語文學障（Nonverbal Learning Disability, NLD）之特徵為數學缺陷，較弱的視覺空間組織能力和社會情緒發展的困擾，但有正常的語文能力，這種症候群也被稱為右腦學習障礙。

三　書寫障礙

　　學習障礙兒童大多有書寫方面的問題。蘇淑貞等自民國六十七年至七十二年蒐集台大醫院精神科兒童心理衛生中心閱讀障礙資料，共集得二十名（十九男、一女），發現所有二十名閱讀障礙兒童均會將字或注音符號寫成其他字型類似的字，或增減筆畫。另其中十七名（85 %）則有寫同音錯字的困難（引自台北市學習障礙者家長協會編輯部，民 86）。DSM-IV亦指出書寫障礙大多與其他學習障礙有關，純粹書寫障礙甚少。書寫障礙通常包括寫作障礙（文法及標點錯誤、文章組織拙劣、無法完整表達意思等）和寫字障礙（拿筆困難、字跡潦草難看、字體寫錯等）。

　　白可（民 86）提出國字書寫可能有的障礙如下：

1. 初學國字時，無法將國字整個保存記憶，必須一筆畫一筆畫的描寫。
2. 描寫時往往無法記憶對象字的位置。
3. 無法將筆畫的運作次序記憶下來。
4. 無法掌握筆畫的高低、長短。
5. 如果沒有格子，同一行中字的大小差距很大。
6. 如果沒有格子，無法將句子一直線寫下來。
7. 無法預先規劃字在紙張中的大小和排放的位置。

8.字的結構歪斜散亂。

9.常寫出線外或格子外面。

10.抄寫的速度很慢。

11.默寫時常常需要口頭提示部首或字的特徵才寫得出來；如：好提示女字旁，爸提示兩撇鬍子。

12.拼注音能力較國字能力強。

13.非常仰賴視覺來監控手寫。

14.無法一邊寫國字一邊思考。

15.描寫能力和默寫能力相差十分懸殊。

16.描寫隨著年齡大有進步，但默寫一直沒有進展。

17.思考創造力遠高於書寫能力。

18.偶爾有鏡影字、反轉字、同音異字混淆、錯字、漏筆畫等現象，但最常有的情形是將整個字「忘形」。

19.對字的記憶和字的練習次數、筆畫繁簡比較沒有關係，而和字的詞性和六書形式比較相關，如名詞較副詞容易固持，形聲字最容易記位，指示、假借等很難進入長期記憶。

20.拿鉛筆時手抓得很緊。

21.使用橡皮擦的次數過於頻繁。

22.無法持久握住鉛筆，常常掉筆。

四　特徵

Gearheart（*1989*）提出學習障礙者的主要特徵如下：(1)閱讀障礙；(2)數學障礙；(3)書寫或口語障礙；(4)中等或中等以上的智力。以上特徵與學習障礙的定義和鑑定基準有關。

另外，學習障礙者可能有下列一項至若干項的特徵：

1.未發展或發展不平均的認知學習策略。

2.注意力失常：包括容易分心、過動、或固執現象。

3.空間定位感不良，容易迷失方向。

4.時間觀念不足。

5.判斷大小、輕重、遠近有困難。

6.方向概念如左右、東西南北、上下有困難。

7.一般動作協調較差。

8.手指靈巧度較差。

9.社會知覺不良，如不瞭解何人是否接受他，不瞭解身體語言。

10.不能遵照老師指示。

11.跟不上班級討論。

12.知覺失常，包括視知覺失常如不能分辨六角形和八角形，字母看反產生鏡射字；聽知覺失常如不能分辨門鈴聲或電話聲，不能分辨不同的混合音。

13.記憶力失常：包括聽覺記憶和視覺記憶。

第三節　學習障礙的鑑定與矯治

一　鑑定

Padget（*1998*）指出美國診斷學障一般經由下列四個步驟：⑴實施個別智力測驗以評估學習潛能；⑵實施個別成就測驗，以評估各學科之成就水準；⑶根據各州標準決定能力與成就是否有顯著差距（discrepancy）；及⑷排除造成低成就的其他原因。這四個步驟中前三個步驟與差距標準有關。事實上，美國大部分的州與學區是依據能力與

成就的顯著差距作為鑑定學障的主要標準。我國八十七年公布之學障鑑定基準採用個人內在能力有顯著差異做為鑑定學障之基準。一般個人內在能力差異是以智力測驗語文量表與作業量表的差異或各分測驗之間分數的差異代表之。這種個人內在能力差異的基準是基於學習障礙者內在能力發展不平均的假設。周台傑（民 88）認為個人內在能力顯著差異包括能力與成就的顯著差距。

Lerner（1988）舉出下列四種決定差距的方法：

1. 低於年級水準差距法（Deviation from grade level）

兒童若智力正常，但成就測驗結果低於現在年級水準如下之年數，則被鑑定為學障：

(1)小學 1 至 3 年級：差距 1 年以上。

(2)小學 4 至 6 年級：差距 1.5 年以上。

(3)初中差距 2 年以上。

(4)高中差距 2.5 年以上。

2. 基於年齡及年級的潛能——成就差距法（Potential-achievement discrepancy based on age or grade）

這個方法又分為下列三種：

(1)心理年級法（Mental grade method）

(2)就學年數法（Years-in-School Method）

(3)學習商數法（Learning quotient method）

3. 基於標準分數比較的潛能——成就分數差距法（Potential-achievement discrepancy based on standard score comparison）

這個方法是將智力測驗的分數和成就測驗的分數都轉換為標準分

數，若成就測驗的分數低於智力測驗的分數一或二個標準差以上，則可能為學障。

4. 基於迴歸分析的潛能──成就差距法（Potential-achievement discrepancy based on regression analysis）

測驗學者較傾向於使用此一方法，認為可校正上述各種差距法的統計缺點。此法求智力測驗對成就測驗的迴歸方程式及估計標準誤，再以 1.5 個標準誤求成就分數的信賴區間，若兒童實際成就分數低於此信賴區間之下限，則可能為學障。

上述四種差距法以第三種及第四種在國內較為合適。另一種常用來決定能力與成就顯著差距的方法是計算智力測驗與成就測驗得分的差異標準誤（SE_{diff}），若智力測驗與成就測驗得分相差 1.5 個差異標準誤，則可認為能力與成就有顯著差距。下為差異標準誤的公式：

$$SE_{diff} = SD\sqrt{2 - r_{xx} - r_{yy}}$$

上列公式中，SD 為標準差，r_{xx} 與 r_{yy} 為信度係數。Valus（1986）指出求智力與實際成就之差異標準誤與以迴歸方式求差異是否達到差距標準，兩者並無顯著差異。

這種能力與成就差距的學障觀念是來自專業人員及特別是家長為了區別學習障礙與智能不足所建立的。家長們覺得他們學習困難的孩子有能力與成就的差距，希望他們智力正常的孩子能獲得特殊教育的服務。不過差距觀念也受到許多批評，這些批評包括：(1)智力與學習障礙不見得有關；(2)智力測驗可能會低估學習障礙兒童的潛能；(3)閱讀困難的孩子有些達到能力與閱讀成就的差距標準，有些則智力在七

十幾至八十幾之間，並未達到學障的差距標準，也未達到智能不足的
程度；(4)差距標準不適用於一年級或幼稚園的兒童，因為剛開始學
習，差距並不明顯（*Hallahan, 1996*）。

二　教學策略與補救教學

Herrs（*1988*，引自林惠芬）針對學習障礙者訊息獲取的缺陷提出以
下的教學策略改善學生學習的情形：

1.前置組織法（Advance Organizers）

是指教師在正式呈現教材之前，先對學生就教材內容做系統的提
示，以使學生明瞭將要呈現學習的重點。

2.自述／重點摘要法（Paraphrasing ／ Summarizing）

自述法是指導學生在讀過一段文章後，以自己問自己問題的方式
將中心思想及有關重要細節找出來，然後用自己的話重新述說一次。
重點摘要法是找出文章中最重要的句子，然後用自己的意思將重點重
新寫下來。這兩種策略要求學生從被動學習者變為主動學習者，有助
於對教材內容的瞭解與記憶。

3.加強聽力技能

是指教師在教學時要(1)以清楚、直接的方式提示重點；(2)以視覺
輔助（如寫黑板）加強其注意力；(3)以聲調、速度、提示等強調重要
的地方；(4)先教導有關之關鍵字；(5)將重點有系統、有組織地（如第
一點、第二點等……）提示學生。

學習障礙的補救教學模式，常被提及的有下列數種：

1.多感官的學習

以傅娜（Grace Fernald）所提出的視聽動觸同時使用法（Simultaneous VAKT）最早也最著名，其特色為以指觸及動作增進閱讀的效果。指觸及動作有助於單字的記憶，其原因是學習障礙兒童可能有視覺或聽覺管道學習的缺陷。多感官方式亦有助於記憶，如有一個實驗把兒童分為三個小組，拿出十張圖片讓兒童記憶。第一組兒童只聽，第二組兒童只看，第三組兒童不僅聽、看，而且還要說出圖片上物體的名稱。然後，讓兒童背述所看到的物體。結果第一組能說出大約60％，第二組說出大約70％，第三組卻能說出86％（張晨，民84）。另外，學生的學習型態偏好不同。有些學生是非常依賴視覺感官的，一定要看到每一件事。而有些人則不想看到書面化的東西，他們是屬於聽覺型的人。其他的人可能是運動型的，他們必須不斷地移動才能有效地學習事物（林麗寬譯，民86）。因此多感官的學習可適合不同學習型態的學生。

2.知覺動作訓練

這種模式即在找出學習障礙兒童動作或知覺發展中出現障礙的部分，給予適當的知覺——動作訓練，以恢復其學習之功能。這種教學方式亦屬於傳統的學障教學模式，常用於職能治療、學前教育等。目前國內盛行的感覺統合治療應屬此模式，一般認為因感覺統合功能異常而引起學習障礙的孩子可能好動不安，剪紙、畫畫做不好，寫字歪七扭八、左右顛倒，閱讀跳字跳行，動不動就摔跤；也可能情緒不定，容易和別人起衝突，或是個性孤僻。七歲以前是感覺統合治療的黃金時期。

3. 學習環境的控制

活動過多是學習障礙兒童常被提及的行為特徵之一。活動過多的兒童在學習時也顯得無法專注，因此其對學習會有不良的是響是可以預見的。為了減少環境中的刺激，使學習障礙兒童得以有效地進行學習活動，可參酌採行下列的作法（何華國，民 84）：

(1)學習活動的空間應儘可能寬敞，避免擁擠。

(2)教室的牆壁須保持樸素無華。

(3)採用具有三面隔板的學習桌。

(4)教室門窗應採半透明的毛玻璃為佳。

(5)教室最好鋪設地毯以減少走路的音響。

(6)教室內應儘量少用布告欄。

(7)書桌最好面向空白的牆壁。

(8)教師的服裝應力求樸素，甚至避免佩戴珠寶飾物，以免學生分心。

毛連塭（民 87）則指出環境控制法之要點為：

(1)減少環境刺激。

(2)減少空間。

(3)結構性學校方案和生活計畫。

(4)增加教材的刺激性。

4. 行為改變技術與認知行為改變技術

行為改變技術能對學習障礙兒童活動過多、衝動、分心的行為之矯治，以及學業與社會技能的學習提供幫助。行為改變技術主要是系統地運用增強的原理（獎懲的運用）以養成或消除某些標的行為。其實際應用時，常由教師與學生以建立行為契約的方式來實施。學生能否得到增強，全視其行為或表現水準是否符合契約上所訂的標準而定。因此所訂行為契約的具體明確，以及師生對契約條件的共識，常

是本技術能否發揮其成效的關鍵所在（何華國，民 84）。

　　傳統行為改變技術嘗試要改變可觀察到的行為，然而認知行為改變技術（Cognitive behavior modifiration, CBM）試圖要改變無法看到的思考過程。CBM 融合行為改變技術及自我教導、自我監控等特性，藉著修正認知，行為得以改變。CBM 的先驅 Meichenbaum 說明自我教導方案（self-instructional program）的步驟如下（引自周台傑，民 82）：

　　⑴示範及口述過程：教師一面做一面大聲說出自己工作的步驟。

　　⑵學生自我教導：學生照著教師的方式做相同的工作。

　　⑶學生自我教導逐漸消失：學生做工作時，輕誦剛才的教學。

　　⑷學生暗中自我教導：學生透過內在語言自我教導完成工作。

　　5.學習策略的訓練

　　⑴記憶策略

　　學習障礙學生很多有記憶的缺陷，記憶策略（Mnemonic strategies）的訓練被發現有相當的成效，下列記憶策略可作為參考：

　　①反複演練（rehearsal）：為最普遍的記憶策略，如反複背誦或抄寫。可採多樣性的複習以減少枯燥，增進效率。

　　②聯想：找出與已知或記得的事情之間的關聯性。聯想有類似聯想、諧音聯想、故事聯想、創造聯想等。

　　③分類整理：訊息若雜亂無章將不利記憶，大量的訊息更需分類整理，如分層體系法、大綱法。

　　④意義化：不理解或一知半解的知識較難記憶。

　　⑤興趣化：有趣的事物較能引起注意並有助於大腦的記憶功能，有趣快樂的事不易忘記。

　　⑥關鍵字法：如記燒燙傷的處理方式為「沖、脫、泡、蓋、送」，每個字都代表一句話。

⑦增加教材的刺激性：大腦容易記住新奇、多樣和具刺激性的資訊。

⑧多媒體：使用圖畫、音樂、顏色、符號、故事等可增進大腦的記憶。在記憶的過程中有愈多的感官功能參與，未來這些記憶愈易搜尋和運用。

⑨構築心象圖：一張圖勝過千言萬語，圖形化有助於記憶。

⑩重點記憶：掌握核心知識、重要概念（big ideas）有助於整個記憶系統的建立。

(2)認字及閱讀策略

在美國較有名的認字策略是拆字法（DISSECT）和聯想法（LINCS）。拆字法之步驟如下：

①研究（Discover）前後文。

②找出（Isolate）字首。

③分辨（Seperate）字尾。

④說出（Say）字根。

⑤檢視（Examine）字根。

⑥詢問（Check）別人。

⑦嘗試（Try）查字典。

聯想法之步驟如下：

①列出（List）字之組成部分。

②想像（Imagine）成圖像化。

③找出（Note）一聯想字。

④建構（Construct）一個故事。

⑤自我測驗（Self-test）。

漢字之記憶亦可採用拆字法及聯想法，如教「漏」字，漏必須有水（氵）、有屋頂（尸）和下（雨）。教「採」字，採必須用手

（扌），去摘樹（木）上的葉子（爫）。

　　在閱讀方面，則有下列策略（楊芷芳，民 83）：

　　①重覆閱讀。

　　②分段閱讀。

　　③作預測。

　　④作推論。

　　⑤作聯想。

　　⑥利用插圖。

　　⑦同化到個人經驗。

　　⑧利用前後文。

　　⑨反複閱讀新詞或難句。

　　⑩尋求外在資源協助。

　　⑪調整閱讀速度。

　　⑫省略不讀。

　　另外還有重點摘要法、概念構圖法（Concept mapping，將關鍵重點和重要細節組合成圖）、自問自答法、重新造句法（paraphrasing，將文中重要概念及細節以自己的話說出）、交互教學法（reciprocal teaching，經由老師示範、練習、對話、修正等歷程，學生學會如何提出問題、澄清疑慮、預期下文及摘錄重點等）和SQ3R法──瀏覽（Survey）、提問題（Question）、閱讀（Read）、複述（Recite）和檢討（Review）。

　　⑶寫作與數學解題策略

　　概念構圖可以將寫作的主題、重要概念組織起來，並歸納整理所需的資訊，是寫作的絕佳工具。美國有一個著名的軟體 Inspiration 就是使用概念構圖的方式來組織訊息、發展高層思想技能以及增進知識與思考的清晰性。圖形化也是數學解題策略之一，如 Montague 等

（*1993*，引自 *Mastropieri* 等，*1997*）提出下列七個數學解題步驟：閱讀題目、以自己的話說出問題重點、以圖或表將題目視覺化、提出解題假設、預測答案、計算答案及檢查答案。Mastropieri 等（*1997*）亦提出類似解題策略，其第二步為將題目在腦海中以圖畫呈現並以電腦動畫表現之。美國諾貝爾物理獎得主 K. Wilson 在所著「全是贏家的學校」中指出：「許多數學是靠視覺表現的，也有許多學生是靠視覺學習。但是過去我們很少利用它，因為我們習慣用紙筆演算，這是一個……無趣的過程。用電腦，我們可以迅速的、輕易的、正確的把函數圖像化。」（蕭昭君譯，民 86）。

6.科技的應用

許多傳統的教學器材如投影機、幻燈機、電影機、電視錄放影機等的使用，對有學習障礙的兒童，同樣可以提供莫大的助益（何華國，民 84）。電腦超媒體類似超文字（hypertext）之連結（link）功能，可以連結至另一個文件資料，除了是文字型態外，也可以是圖形、聲音、影像等多媒體資料。超媒體具有多媒體之優點，故能訊速取代超文字之地位。閱讀障礙兒童經常因為識字困難或緩慢而影響其閱讀理解。他們閱讀時常感到挫折以至於放棄或停止。這會形成一種惡性循環；他們愈不喜歡閱讀、閱讀能力就變得愈差。超媒體或超文字閱讀軟體能幫助閱讀障礙學生認識他們感到困難的字。學生只要點取這些字就能得到字義或解釋，也可以聽到字音，或看到有助於理解的圖畫、動畫或影像片段。有些更先進的超媒體閱讀系統還提供摘要、心理圖像（mental imagery）、自我問答（self-questioning）和註記以幫助學生閱讀理解。根據 Higgins 等（*1996*）之實驗結果，超媒體閱讀系統對障礙學生之閱讀理解與記憶有顯著之幫助。目前美國已有一些教科書供應商提供超媒體 CD-ROM 之基本閱讀補充教材。另外很多老師以

HyperCard 或 Hyperstudio 編製超媒體或多媒體教材並在教室中使用。

學習障礙兒童有許多有過動的現象，Fitzgerald（1986）指出電腦可以從下列三方面幫助過動兒童：

⑴電腦允許兒童以自己的速度學習，而有證據顯示過動兒以自己的速度學習較跟隨老師的速度學習效果為佳。

⑵電腦可以提供連續性增強，而有研究者指出過動兒在連續性增強下效果比間歇性增強為佳。傳統教學一般是採用間歇性增強。

⑶電腦能以圖形、動畫和彩色吸引過動兒的注意。

但是使用電腦輔助教學也應注意下列幾點：

⑴圖形、動畫和彩色也可能使過動兒分心，使他們不能注意到重要的部分。

⑵連續性增強如果太強烈，可能使兒童過於興奮分心。

⑶若兒童不熟練鍵盤的使用，也可能使其產生挫折感。

因此編製學習障礙兒童適用之教學軟體，宜注意之點如下：

⑴畫面應生動活潑，應適當配以語音及音樂以引起學童之注意，並引起其學習動機。因學障兒童注意力較不集中，畫面若不生動，恐難引起其學習動機。

⑵雖然畫面應生動，但不應過於複雜，使其注意力分散，以致無所適從，市售軟體常有畫面過於複雜之缺點。

⑶操作介面儘量簡單，如使用滑鼠，對於幼兒可考慮使用觸控螢幕。

⑷利用多媒體電腦進行多感官教學。因學障兒童可能有視知覺或聽知覺的缺陷，利用多感官教學可發揮其所長，進而增進其所短。

⑸目前CD-ROM非常普遍，市面上已有許多光碟書，例如「多媒體童話世界」光碟電子書。CD-ROM輕薄短小、容量大、成本低。另外光碟燒錄機（CD Recorder）也日漸普遍，因此自行製作的多媒體電

腦輔助教學，也可燒錄成 CD 片推廣。

參考書目

中文部分

毛連塭（民 78）。學習障礙兒童的成長與教育。台北：心理出版社。

白可（民 86）。和國字書寫障礙之戰爭。台北市學習障礙家長協會簡訊，8，頁 14-17。

台北市學習障礙者家長協會編輯部（民 86）。試評中文閱讀障礙兒童之類型及智力測驗。台北市學習障礙家長協會簡訊，9，頁 10-14。

何華國（民 84）。特殊兒童心理與教育。台北：五南圖書出版有限公司。

周台傑（民 82）。學習障礙學生之認知缺陷以及補救教學方式。載於周台傑主編，特殊兒童教學原理。國立彰化師範大學特殊教育中心，頁 1-25。

周台傑（民 88）。學習障礙學生鑑定原則鑑定基準說明。載於張蓓莉主編，身心障礙及資賦優異學生鑑定原則鑑定基準說明手冊。國立台灣師範大學特殊教育學系，頁 75-92。

林清山譯（民 80）。教育心理學──認知取向。台北：遠流出版社。

林惠芬譯（Herr 原著）（民 80）。對學習障礙者訊息獲取的教學策略。特教園丁，7（1），頁 4-5。

林寶貴譯（Kirk / Gallagner 原著）（民 75）。特殊兒童心理與教育新編。台北：五南圖書出版有限公司。

林麗寬譯（Vos / Dryden 原著）（民 86）。學習革命。台北：中國生產力中心。

邱大昕譯（民 81）。心理學。台北：心理出版社。

柯永河（民 76）。臨床神經心理學概論。台北：大洋出版社。

洪儷瑜（民 83）。注意力缺陷及過動學生的認識與教育。台北市立師範學院特

殊教育中心。

許天威（民 75）。學習障礙者的教育。台北：五南圖書出版有限公司。

教育部（民 81）。語言障礙、身體病弱、性格異常、行為異常、學習障礙暨多
　　重障礙學生鑑定標準及就學輔導原則。中華民國 81 年 2 月 21 日，台（1）社
　　字 09057 號函發布。

教育部（民 87）。身心障礙及資賦優異學生鑑定原則鑑定基準。中華民國 87 年
　　10 月 19 日，台（87）特教字第 87115669 號函頒布。

郭為藩（民 66）。我國學童閱讀缺陷問題的初步調查及其檢討。載於特殊教育
　　論叢。國立台灣師範大學特教中心。

陳瑞郎譯（高野清純原著）（民 86）。學習障礙。台北：心理出版社。

張晨（民 84）。敲開記憶之窗。台北：新雨出版社。

楊坤堂（民 84）。學習障礙兒童。台北：五南圖書出版有限公司。

楊芷芳（民 83）。國小不同後設認知能力兒童的閱讀理解能力與閱讀理解策略
　　之研究。國立台中師範學院國民教育研究所碩士論文。

梅錦榮（民 80）。神經心理學。台北：桂冠圖書股份有限公司。

蕭昭君譯（K. G. Wilson 等原著）（民 86）。全是贏家的學校。台北：天下文化。

英文部分

Bakker, D. J.（1979）. Hemispheric differences and reading strategies: Two dyslexias? *Bulletin of the Orton Society, 29,* 84-100.

Bender, W. N.（1992）. *Learning disabilities: Characteristics, identification, and teaching strategies*（2nd ed）. Boston: Allyn and Bacon.

Cardon, L. R., Smith, S. D., & Fulker, D. W.（1994）. Quantitative trait locus for reading disability on chromosome 6. *Science, 226,* 276-279.

Church, R. P., Lewis, M. E. B. & Batshaw, M. L.（1996）. Learning disabilities. In Batshaw, M. L.（Ed.）, *Children with disabilities,* Baltimore, MD: Brookes.

Edwards, J.（1994）. *The scars of dyslexia.* New York: Cassel.

Fitzgerald, G., (1986). Computer-assisted instruction for students with attentional difficulties. *Journal of Learning Disabilities, 19*, 376-379.

Fleischner, J. E. (1994). Diagnosis and assessment of mathematics learning disabilities. In G. R. Lyon (Ed.), *Frames of reference for the assessment of learning disabilites* (pp. 441-458). Baltimore: Brookes.

Gearheart, B. R. (1989). *Learning Disabilities.* Columbus, Ohio: Merril publishing company.

Goldsmith-Philips, J. (1994). Toward a research-based dyslexia assessment: Case study of a young adult. In N. C. Jordon & P. J. Goldsmith (Eds.), *Learning disabilities: New directions for assessment and intervention* (pp. 85-100). Boston: Allyn and Bacon.

Gross, J. (1993). *Special education needs in the primary school: A practical guide.* Buckingham: Open University Press.

Hallahan, D. P., Kauffman, J. M. & Lloyd, J. W. (1996). *Introduction to learning disabilites.* Upper Saddle River, NJ: Pentice-Hall.

Higgins, K., Boone, R. & Lovitt, T. C. (1996). Hypertext support for remedial students and students with learning disabilities. *Journal of Learning Disabilites, 29* (4), 402-412.

Katz, R. B. (1986). Phonological deficiencies in children with reading disability: Evidence from on object naming task. *Cognition, 22*, 225-257.

Lerner, J. (1988). *Learning Disabilities.* Boston: Houghton Mifflin Company.

Lundberg. I. (1995). The computer as a tool of remediation in the education of students with learning disabilities-a theory-based approach. *Learning Disability Quarterly, 18* (Spring), 89-99.

Mastropieri, M. A., Scruggs, T. E. & Shiah, R. (1997). Can computers teach problem-soving strategies to students with mild mental retardation? A case study. *Remedial and Special Education, 18* (3), 157-165.

McLoughlin, J. A. & Lewis, R. B. (1994). *Assessing special students* (4th ed). New York: Macmillan.

Mercer, C. D. & Mercer, A. R. (1998). *Teaching students with learning problems* (5th ed). Upper Saddle River, NJ: Prentice Hall.

Montague, M.（1996）. Student perception, mathematical problem solving, and learning disabilities. *Remedial and Special Education, 18*（1）, 46-53.

Olson, R.（1989）. Specific deficits in component reading and language skills:genetic and environmental influences. *Journal of Learning Disability. 22,* 339-348.

Padget, S. Y.（1998）. Lesssons from research on dyslexia: Implications for a classification system for learning disabilities. *Learning Disabilities Quarterly, 21*（spring）, 167-178.

Rapala, M. M. & Brady, S.（1990）. Reading ability and short-term menory: The role of phonological processing. *Reading and Writing: An interdisciplinary Journal, 2,* 1-25.

Rumsey, J. M.（1996）. Neuroimaging in developmental dyslexia: A review and conceptualization. In G. R. Lyon & J. M. Rumsey（Eds）, *Neuroimaging*（pp. 57-78）. Baltimore, MD: Brookes.

Semrud-Clikeman, M. & Hynd, G. W.（1994）. Brain-behavior relationships in dyslexia. In N. C. Jordon & P. J. Goldsmith（Eds.）, *Learning disabilities: New directions for assessment and intervention*（pp. 43-65）. Boston: Allyn and Bacon.

Shankweilen, D.（1992）. Identifying the cases of reading disability. In P. B. Gough（Ed.）*Reading Acquisition*（pp. 275-305）. Hillsdale, NJ: Erlbaum.

Smith, C. R.（1994）. *Learning Disabilities: The interaction of learner, task and setting.* Needham Heights, MA: Allyn and Bacon.

Spear-Swerling, L.（1994）. The road not taken: an integrative theoretical model of reading disability. *Journal of Learning Disability, 27,* 91-103.

Stanovich, K. E.（1986）. Mathew efferts in reading: Some consequences of individual differences in the acquisition of literacy. *Reading Research Quarterly. 21,* 306-406.

Stone, C. A. & Conca, L.（1993）. The origin of strategy deficiency in children with learning disabilities: a social constructivist perspective. In L. J. Meltzer（Ed.）, *Strategy assessment and instruction for students with learning disabilities*（pp.23-60）. Austin, TX: Pro-ed.

Swanson, H. L.（1991）. Learning disabilities and menory. In B. Y. L. Wong（Ed.）, *Learning about learning disabilities*（pp. 103-207）. San Diego: Academic Press.

Valus, A.（1986）. Achievement-potential discrepancy status of students in LD programs.

Learning Disability Quarterly, 19, 200-205.

Van Strien, J. W., Stolk, B. D. & Zuiker, S. （1995）. Hemisphere-specific treatment of dys-lexia subtypes: better reading with anxiety-laden words? *Journal of Learning Disabili-ties, 28* （1）, 30-34.

Wanger, R. K. & Torgesen J. K. （1987）. The nature of phonological processing and its causual role in the acquisition of reading skills. *Psychological Bulletin, 101,* 192-212.

Welsh, M. C. （1994）. Executive function and the assessment of attention dificit hyperac-tivity disorder. In N. C. Jordon & P. J. Goldsmith （Eds.）, *Learning disabilities: New directions for assessment and intervention* （pp.21-42）. Boston: Allyn and Bacon.

Williams, M. A. & Boll, T. J. （1997）. Recent advances in neuropsychological assessment of children. In G. Goldstein & T. M. Incognoli （Eds.）, *Contemporary approaches to neuropsychological assessment* （pp. 231-276）. New York: Plenum Press.

12

多重障礙兒童

莊素貞

第一節　多重障礙的意義

在特殊教育中，為使所有特殊教育相關工作人員溝通便利，常根據兒童身心上顯著的缺陷予以分類。例如聽覺功能無法發揮的兒童稱之為「聽覺障礙兒童」；雙眼失明視覺功能無法發揮的兒童稱之為「視覺障礙兒童」。

然而有些兒童的障礙並非單一的，例如盲多重障礙兒童，除了視覺障礙外可能伴隨著不等程度之聽覺、智能或肢體等方面的缺陷，像這類兼具二種或二種以上障礙的兒童，謂之「多重障礙兒童」。國外亦有學者（*Snell,1978*）將多重障礙學生含括所有中度、重度、極度重度智能不足者、所有重度與極重度情緒困擾者，以及所有最少具有一種附帶障礙的中度與重度發展遲滯者。重度障礙除具某一種障礙外，常伴隨其他障礙，因而常成為多重障礙的同義詞。傳統上所指重度與極重度障礙者包含：⑴中、重度及極重度智能不足者；⑵自閉症者；⑶盲聾雙重障礙伴隨認知缺陷者（*Westling & Fox, 1995; Wolery & Haring, 1994*）。以上三類障礙者的共同特徵在於缺乏口語溝通或生活自理能力，也常出現自我刺激行為（*Abt Associate,1974*）。此外，這些人在生活各方面缺乏獨當一面所需的能力與技能（*Baker,1979; Brimer, 1974*）。

美國教育部（The U.S. Department of Education）對重度障礙兒童作如下的定義：

1. 所謂重度障礙兒童係指因生理、心智、或情緒問題，需要特殊教育的、社會學的、心理學的和醫藥的服務，以發揮其最大潛能並能實際參與社會生活與實現自我。

2. 重度障礙兒童包括嚴重情緒困擾（含精神分裂）、自閉症、極重度與重度智能不足、或同時兼具二種或二種以上障礙情況，如盲兼聾、盲兼智能不足、腦性麻痺兼聾。

3. 重度障礙者也許具有嚴重語言或和概念──認知缺損，明顯行為異常，譬如：無法對顯著社會刺激作適當回應，自我傷害，自我刺激，缺乏語言控制的基本型式，或／和生理狀況極不健康（*Federal Register, 1988, p.118*）。

美國重度障礙者協會（The Association for Persons with Severe Handicaps）也對極重度障礙定義如下：

個體不分年齡，在一項以上主要生活活動需要廣泛性、持續性的支持，以便能融入社會。而所需支持的項目可能包括行動、溝通、自我照顧和學習，以期能獨立生活、就業與自我實現（*Lindley, 1990, p.1*）。

此外美國 94-142 公法中，也明列多重障礙的定義，其內容如下：

多重障礙意指多重障礙伴隨出現（諸如智能不足，智能不足兼肢體障礙等），這種障礙狀況的合併所造成的嚴重教育問題，誠非單為某一障礙而設的特殊教育方案所能適應。簡單地說，多重障礙即是指身心具有兩種或兩種以上的障礙狀況，且其教育問題，遠超過一般特殊教育所能因應。

我國教育部（民 81）所界定之多重障礙者是指兼具二種或二種以上的障礙者。內政部與衛生署（民 80）所界定之多重障礙者是指非源

自同一原因所造成之兩類或兩類以上之障礙者。民國八十一年內政部修正「多重障礙判定標準」如下：

　　1.多重障礙之鑑定應以器官機能障礙之多寡為判定標準，故無論由同原因（包括外因與病因）或不同原因造成，只要各種不同器官同時存在有障礙，則應可判定為多重障礙。

　　2.至於多重障礙經各科鑑定後，最後應由何部門醫師（人員）判定類別乙節，因各醫院規模而有不同之作業方式，應由該鑑定醫院「統籌辦理殘障鑑定作業之醫師」判定類別等級，方屬適合（內政部，民 81）。多重障礙之定義長久以來就頗受爭議，看法各有不同，不過目前學者專家認為如何瞭解多重障礙兒童其獨特的教育需要與提供適當的特殊教育與復健方案要遠比對其定義的爭辯來得有意義多了。

第二節　多重障礙之類型

　　根據我國特殊教育法的規定，多重障礙係指生理、心理、智能或感官上（即智能不足、聽覺障礙、視覺障礙、語言障礙、肢體障礙、身體病弱、行為異常、性格異常、學習障礙等）任何兩種或兩種以上障礙的合併呈現（教育部，民 81）。根據上述定義，可產生為數不少的類型組合（如，智能不足兼具肢體障礙、智能不足外加聽覺障礙、智能不足伴隨視覺障礙等），種類繁雜，亦造成行政、研究上的困擾。因此，學者專家多以常見障礙組合作為研討的基礎，例如：Wolf 和 Anderson（1969）即以腦性麻痺、聽覺障礙、視覺障礙、智能不足等四種傷殘狀況為主列舉幾種常見的多重障礙。Kirk 和 Gallagher（1989）也以智能不足、行為困擾或視覺障礙為主，列舉出不同的類型，以作為研討的基礎。至於我國教育部（民 81），則將多重障礙分為下列五

類：

1.以智能不足為主的多重障礙

除了智能缺陷外，同時含有聽覺障礙、視覺障礙、說話缺陷、癲癇、知覺異常等障礙中的一種、多種或全部。

2.以視覺障礙為主的多重障礙

除了視覺障礙外，同時含有聽覺障礙、肢體障礙、說話缺陷、情緒障礙、癲癇、知覺異常等障礙中的一種、多種或全部。

3.以聽覺障礙為主的多重障礙

除了聽覺障礙外，同時含有智能障礙、視覺障礙、肢體障礙、說話缺陷、情緒障礙、癲癇、知覺異常等障礙中的一種、多種或全部。

4.以肢體障礙為主的多重障礙

除了肢體障礙外，同時含有智能障礙、視覺障礙、聽覺障礙、說話缺陷、情緒障礙、癲癇、知覺異常等障礙中的一種、多種或全部。

5.以其他某一障礙為主的多重障礙。

多重障礙的分類採「主障礙及附障礙」的觀點，是教育分類，而非病理分類。主要的原因是台灣地區多障班級均由各類學校開設，基於教育安置的考量，故以影響發展與學習最嚴重之障礙為主障礙，以免各校相互推諉，影響學生的就學權益。主附障礙的鑑定須由鑑定及就學輔導委員會綜合研判，以決定教育安置（萬明美，民78）。

第三節 多重障礙兒童之 教育與保育措施

一 教育安置

特殊教育的發展受宗教、哲學、經濟、社會變遷的影響，對特殊兒童的態度由摒棄、漠視，進而救濟與教育（郭為藩，民 73）。在美國，多重障礙兒童一直是被拒於學校之外的一群，直到一九七○年代。當時不少專家學者（如：Sontag, Smith & Sailer, 1977）強調唯有將此類兒童包括在國民教育中，方可達到教育全體殘障兒童的目的。Brown, Nietupski 和 Hamre-Nietupski,（1976）亦極力鼓吹多重障礙兒童應與一般兒童同樣享有在公立學校內就讀的機會。爾後隨著特殊教育理念的推廣，零拒絕與融合教育的教育思潮，愈來愈多的多重障礙者進入學校接受教育。

國內特殊教育的發展乃依循國外的發展方式，對特殊兒童的態度亦由摒棄、漠視，進而教養與教育。近年來，政府積極推動特殊教育，並已注意到多重障礙者的教育需求。在特殊學校設有多重障礙班；一般學校的啟智班也不再拒收重度智能障礙學生，同時也針對部分無法上學的多重障礙學童開辦在家教育模式，保障其受教的權利。我國教育部（民 81）規定多重障礙者之教育，應由鑑定及就學輔導委員會依其主障礙及附障礙影響發展與學習之程度，並依其溝通、移動與操作、生活自理、認知與學業、個人與社會適應能力及家庭狀況、設施條件等因素作綜合研判以選擇教育安置型態，施行個別化教育與

復健方案。多重障礙者之就學輔導，依下列規定辦理：

1. 可參與正常學習活動者於普通班或資源班就學，並接受部
   分時間之特殊教育措施。
2. 需充分時間接受特殊矯治或訓練，方可從事學習活動者，
   依其主障礙安置於該類特殊教育學校（班）或社會福利、
   醫療機構附設之特殊教育班就讀。
3. 需長期養護或醫療者，安置於社會福利或醫療機構，由教
   育主管機關指派合格之專業人員輔導。
4. 因情況特殊接受上述教育安置有困難時，由教育主管機關
   指派合格之專業人員輔導（教育部，民 81）。

由上可知，我國多重障礙兒童的教育安置，依學生的障礙程度以
及環境中限制的多寡，分別安置於：

1. 普通班級

如多重障礙兒童可以參與正常學習活動，則可安排與一般兒童一
起學習。此種教育安置適合輕、中度的多重障礙兒童。

2. 資源教室

多重障礙兒童大部分時間在普通班與一般兒童接受教育，部分時
間則在資源教室接受補救教學。

3. 特殊班

多重障礙兒童如需較多時間接受特殊服務（如：生活自理訓練、
語言治療、物理治療、職能治療等），則將安排於特殊班就讀。

4.特殊學校

台灣地區目前並無專門為多重障礙學生設立的特殊學校，多重障礙班均由各類特殊學校開設，如：盲多障班由台北市立啟明學校、台中國立啟明學校、私立惠明學校負責辦理。

5.養護機構

多重障礙兒童如需長期的看護或醫療，則將其安置於養護機構或醫療機構（如：台北市立陽明教養院），並由教育主管機關指派合格專業人員輔導之。

6.在家教育

政府為保障憲法所賦予每個國民接受教育的權利，特辦理「在家教育」措施，提供無法適應學校特殊教育的兒童或青少年。通常這些學生的障礙較為嚴重，多數為重度智能障礙、肢體障礙或以智能及肢體障礙為主的多重障礙學生。惟由八十二年起，其服務對象擴展至自閉症、植物人及其他三種對象（教育部，民 85）。

二　課程模式與重點

關於多重障礙兒童之課程編制模式，有採發展性課程取向（developmental domains curriculum approach）也有採功能性課程取向（functional curriculum approach），而不同的課程模式會形成不同的教學內容，因此慎選合適的課程模式更顯格外的重要。目前中外所採用的課程模式大致有下列四種：

1. 發展模式（The Developmental Model）

發展模式是以正常兒童發展順序為教學依據。根據這個模式，每一個階段是另一較高發展階段的先備條件，所有孩子，不管其年齡或有無障礙情形，其教育內容與教育順序必須基於正常兒童的發展。發展模式課程內容通常包含下列六大領域：

(1)語言。

(2)視覺／精細動作。

(3)社會／情緒。

(4)認知。

(5)生活自理。

(6)粗大動作。

發展課程模式一直受到許多教師喜愛，其主要原因在於孩子的學習情形可藉由許多現成的檢核表、發展量表加以評量，但是使用時仍有些問題存在。譬如：發展模式假設每一發展階段是另一較高發展階段之先備條件，所有個體包含多重障礙兒童必須遵循相同的發展模式與學習順序。這樣的假設是否完全正確，頗受質疑。試想每個個體是否以同樣方式與順序習得同一技能呢？答案是否定的，如有些小孩毋須經由爬行階段即可學會走路。此外，發展性模式的課程領域是被分開教導的，學習者較少有機會去統整所習得的技能並應用於日常生活當中，這些正是令許多採用它的教育人士感到沮喪的地方。

2. 環境模式（The Ecological Model）

環境模式或生態模式的課程內容設計是依據兒童目前所處環境中最迫切需求的技能來決定的（*Nietupski, Susan & Hamre-Nietupski, 1987*）。其課程內容編制步驟如下：

(1)將課程分為居家生活、社區生活、休閒／娛樂生活與職業訓練四大領域。

(2)找出所需領域。

(3)找出目前與未來可能的環境。

(4)將主環境細分為更細的次環境：如學校圖書館為主環境，次環境則可分為借書處、閱讀區、期刊雜誌區、藏書區等。

(5)分析次環境目前與未來所需面對的各種活動。主環境為麥當勞速食店，次環境則可分為點餐區、用餐區、遊樂區、化妝間等。其次分析點餐區所需各項技能，包括：①說出所需食物名稱；②從口袋拿出錢；③把錢遞交工作人員；④接過盛滿食物之餐盤；⑤等候；⑥將餐盤端至餐桌等（如圖 12-1）。

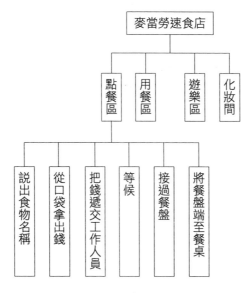

圖 12-1　環境模式分析

(6)確定每一活動中,所需各項技能。透過工作分析法,將每一技能分為許多更小、更具體的步驟,以利孩子學習。

(7)分析並找出孩子目前不具備之技能。

(8)發展指導方案,以便教導所需技能。

環境模式最大優點在於兒童所習得技能能夠真正應用到實際環境當中。然而從事環境評量與活動分析需耗費相當人力與時間,加上未來所處環境難以預測,這些都是造成教育人士對於採用此種模式裏足不前的原因。

3. 個別化課程連續模式(Individualized Curriculum Sequencing Model,簡稱 ICM)

個別化課程連續模式係指將不同領域中的不同類組技能(skill clusters),按照自然的方式依序排列後在同一時間教導學習者。譬如,在同一時間訓練一位多重障礙兒童:(1)能自行操作輪椅至老師旁;(2)面對老師指出置於輪椅上之杯子圖片,表示口渴想喝水;(3)等待老師協助;(4)點頭微笑表示感謝。此一過程包含動作、溝通、社交等不同領域的內容。此種課程模式包括下列重點(*Helmstetter & Guess, 1987*):

(1)所習得之類組技能彼此相關。

(2)使用多種教材、活動、教學地點與教學者。

(3)提供學生做選擇的機會。

(4)注重校外教學。

(5)使用功能性教材與活動。

(6)使用自然提示與結果。

(7)隨機適時教導技能。

(8)結合學習者自發性行為。

(9)採用分散訓練而非密集訓練。

根據文獻指出個別化課程連續模式已被廣泛地應用於教導不同年齡層與各類障礙別兒童身上，包括學齡前多重障礙兒童（*Guess, Jones, & Lyon, 1981*），重度智能不足青少年（*Holvoet, Mulligan, Schussler, Lacy, & Guess, 1985*）和盲聾多重障礙者（*Helmstetter, MurphyHerd, Robert, & Guess, 1984*）。

4.個別化重要技能模式（The Individualized Critical Skills Model，簡稱 ICSM）。

個別化重要技能模式強調教導學習者與環境有相關的技能，以增進其在目前與未來環境中獨立生活的能力，此種課程模式具有下列幾項特性（*Holouach, 1989*）：

(1)針對學習者需求而設計個別化且相關的教學課程。課程內容都必須透過訪談、環境評量，以及學習者目前的表現，再由教育人士、家長與監護人共同謹慎挑選所要教導的技能。

(2)參考當地的社區生態，分析學習目前與未來在當地環境中所需活動技能，以作為教學內容的依據。

(3)使學習者能參與未來生活情境。個別化重要技能模式強調分析學習者未來三年可能參與的潛在環境，並系統化地找出參與這些環境所需的重要技能。

(4)闡述適齡的重要。個別化重要技能模式強調學習者所習得之活動技能必須符合其實際年齡。

(5)涵蓋生活各領域。個別化重要技能模式調查學習者在家庭、職業、娛樂或休閒與一般社區領域所需的重要活動技能，訓練他們功能性技能，使其能獨立地在目前與未來各種環境中生活。

(6)結合教學需求與基本技能的教學。個別化重要技能模式除了強調重要活動之外，也非常重視在重要活動的情境中教導基本生活技能。

(7)運用替代性活動／輔助性策略確保學習者有更大的參與層面。此種模式建議使用替代性方法增加學生參與環境活動的機會，如：利用溝通板提升學習者表達的能力，以增加參與各種環境活動的機會。

(8)在教導重要技能時，強調使用自然刺激、自然結果與自然時間。個別化重要技能模式強調自然刺激（如：晚上十點鐘，疲倦了，想睡覺）、自然結果（如：離開客廳，前往寢室）與自然時間表（如：累了，想睡覺時），而不是使用非自然的教學提示（「小莉去寢室」）與非自然的時間。

(9)以學習者在各種不同環境的表現來評量教學效益，而非僅以其在課堂上的表現。

(10)家長或監護人全程參予系統化教學過程。

個別化重要技能課程模式非常重視教導學習者參與目前或未來環境所需最重要的技能且強調這些技能必須符合其實際年齡，它最大的優點在於可使學習者實地參與社會生活，然而，實施這個模式需耗費相當多的精神與體力，以目前國內的教學情境（如：班級學生人數過多，限制校外教學次數）可能無法吸引太多教育人士採用此種課程模式（李淑貞譯，民86）。

上述除了發展性課程模式，其餘三種則屬功能性課程取向。功能性課程的最大優點在於能將習得的技能運用於真實的日常生活當中，其缺點是課程的編制須仰賴專業人員高度的能力與學校行政良好的配合，否則實施會相當的困難。由於發展性課程模式與功能性課程模式各有利弊，因此近年來有強調兩種課程模式並進實施的趨勢（黃光明，民86）。

一般而言，多重障礙兒童之課程重點包括：動作技能（moter skills）、自我照顧技能（self-care skills）、社會技能（social skills）、溝通

技能（communication skills）、功能性學術技能（functional academic skills）、職業技能（vocational skills）、休閒活動技能（recreation and leisure skills）等七大領域。茲將這幾個領域的重點內容略述如下：

1. 動作技能（moter skills）

粗大動作（如：跑、跳、走）、精細動作（如：扣鈕釦、繫鞋帶、穿針線）技能的訓練。

2. 自我照顧技能（self-care skills）

包括穿衣、脫衣、沐浴、如廁、飲食、衛生等方面的訓練。

3. 社會技能（social skills）

如減低兒童退縮、攻擊的行為，促進其與同儕及成人互相來往的機會，讓家庭、社會真心接納他們。

4. 溝通技能（communication skills）

如口語、手語、點字、可觸知符號溝通系統、擴大性溝通系統、肢體、手勢等溝通技能的訓練。

5. 功能性學術技能（functional academic skills）

如認識某些常用的字詞、寫自己的名字、住址、日常生活中所需基本算術技能等。

6. 職業技能（vocational skills）

如操作技能的訓練、庇護工廠裡的工作。

7.休閒活動技能（recreation and leisure skills）

如種花、養鳥、觀賞電影、參與體育活動等

以上七項課程領域的內容應與兒童的年齡契合；換言之，隨著兒童的成長，教育內容也要隨之改變，方能滿足其教育的需求。

三　教育與輔導策略

多重障礙學生之間的身心特質差異甚大，所需教育內容與輔導方式也大不相同，要提出一套適合全體多重障礙學生的教育與輔導策略是相當困難，雖然如此，在此仍提出幾項原則以供參考。

1.重視診斷與教學的配合

鑑定的目的在於確定學生的障礙狀況及找出其問題與能力所在，以便進行教學或訓練的規劃。教師若認為既有的鑑定資料不足以協助達成完整教育計畫方案規劃時，則應再針對個案做必要的診斷與鑑定。多重障礙兒童的鑑定可分為二類：

⑴障礙性的鑑定：其主要目的在瞭解學生的障礙性質，以利教學上的規劃。譬如：學生在體能上有何限制，那些活動應該避免。

⑵功能性的評量：其主要目的在於瞭解個體的功能能力，譬如：會做什，不會做什麼；個體能力必須經過評量後，教師才有辦法去規劃完整的教育計畫。

2.早期療育

多重的障礙狀況使這類兒童在發展、學習和行為產生嚴重的困

難。在行為上常表現出的症狀有活動過多、經常哭鬧、自閉傾向、注意力散漫、自傷行為、癲癇、破壞性行為、刻板動作（如不斷搖晃身體、打擊頭部）等。在發展狀況方面常出現心智遲滯、生活自理能力低下、運動機能障礙、社會適應不良、缺乏溝通能力、知覺和感覺異常等。然而有些多重障礙兒童的智力是正常，但因學習管道受到阻礙而形成遲緩或低成就，因此早期發現與治療對於啟發多重障礙兒童之潛能與抑制障礙狀況之惡化，具有相當大的意義。

3. 系統化的教學過程

教導重度、多重障礙者獲得新技能常採用工作分析法，它是有系統地將某一特定技能分為幾個小的步驟，讓學生按部就班的學習，再配合有效的教學策略，如：提示、示範、讚美、身體協助等，以增加學生成功經驗的一種教學法。

4. 重視各階段的學習

正常的學習階段包括：(1)習得（acquiring）；(2)強化（strength en-ing）；(3)保留（maintaining）；(4)類化（generalizing）；(5)應用（application）等五個階段。為了使多重障礙兒童有效地學習，能將所習技能靈活應用，除了必須將教材詳細分析外，教法更應與兒童的學習階段相互配合（何華國，*84*）。

5. 提供團隊合作的教育與服務

特殊教育是一項跨領域的團隊工作，唯有透過家長、教育人員及其他專業人士（如：語言治療師、職能治療師、物理治療師、護士、營養師等）密切的配合，才能幫助孩子克服各種障礙，使其發揮最大潛能。

6.科技的應用

科技能幫助障礙者克服困難，獨立生活，建立自信心，並使他們成為社會上有生產力的貢獻者；譬如：科技使語言障礙者能與外界溝通（使用溝通板），視障者能進入網際網路（使用盲用電腦），聽障者學會說話（使用助聽器、人工電子耳、觸動器）（朱經明，民86）。

四　保育措施

我國「兒童福利法」（民82）第三條規定：「父母、養父母及監護人對其兒童應負保育之責任。各級政府及有關公私立機構、團體應協助兒童之父母及監護人，維護兒童身心健康與促進正常發展，對於需要指導、管教、保護、身心矯治與殘障重建之兒童，應提供社會服務與措施」。保育的範疇包含：

1.保護兒童。

2.生活訓練。

3.促進兒童身心健全發展。

4.養成健全的人格。

多重障礙兒童，或由於腦中樞神經受到傷害、身體運動機能障礙、重度智能障礙、或視／聽覺障礙等症狀導致身心發展遲滯，認知、學習等各方面比一般人來得更加困難，然而其保育理念與正常兒童的保育理念是相同的（許澤銘，民85）。多重障礙兒童保育的基本目的如下：

1.改善、減輕幼童身心障礙的狀況與程度。

2.增進克服障礙的自主性動機。

3.激發求生意志。

4.培養穩定的情緒、良好的人際關係與社會學習。

5.家庭、社區的接納。

多重障礙兒童的情況互不相同，有些兒童可能重度智能不足兼視覺障礙，有些是腦性麻痺兼具智能不足；有的可能用拐杖行動，有些則需靠輪椅行動；有些具有口語能力，有些只能靠手勢。有了上述這些心理、生理、感官上不同的障礙，因此極難描述適合全體多重障礙兒童的保育方法，在此只能針對一般性的保育措施加以探討說明。

1.生活自理

生活自理能力係指個體在日常生活中，可獨立自主的能力。生活自理能力缺陷，即表示缺乏自我照顧能力，無法獨立處理日常生活中各種需要。此種能力的缺乏，隨著智能的愈趨低下，也愈趨嚴重。一般生活自理技能的教導內容包括：

⑴飲食方面：使用餐具、公共場合進餐、使用茶杯、用餐儀態等。

⑵排泄方面：排泄習慣、自理排泄能力等。

⑶盥洗方面：洗手、洗臉、洗澡、刷牙、處理個人衛生習慣等。

⑷儀表方面：站、坐、行走的姿勢，調配衣飾的能力等。

⑸整理方物：收拾衣物，送洗衣物等。

⑹穿脫衣服：穿脫有拉鍊、鈕釦、帶子的衣服及鞋子等。

⑺外出旅遊方面：辨別地理方向，搭乘各種交通工具等。

⑻其他：打電話、鋪被褥、節制飲食、寄信、處理輕微外傷，認識社區服務機構等。

一般而言，教導多重障礙兒童學習各項生活自理技能，可利用工作分析法，將各項生活技能分析成幾個小步驟，再配合適當的教學策略與獎勵，讓學習者能按部就班的學習，減少遭遇失敗的經驗（林千惠、賴美智編，民86）。

2.溝通能力訓練

父母是孩子第一個老師亦是最好的良師，透過父母與孩子每日生活的互動，教導了他們如何使用語言。父母做的每件事，如：擁抱、親吻、接觸、手勢、臉部表情、身體姿勢與眼神等都是溝通過程的一部分，一般孩子在無形中學習這些溝通的方式。

然而多重障礙兒童因身心多方面的缺陷，在溝通學習方面常比普通兒童略遜一籌，所以對多重障礙者除應培養對訊息的理解能力外，更要加強其表達能力之訓練。若多重障礙兒童因生理缺陷的限制而無法言語，則可以考慮指導其使用手語或其他溝通方式，如：可觸知符號溝通系統（莊素貞，民86）或擴大性溝通系統（莊素貞，民87）。可觸知符號溝通法（圖12-2、圖12-3）乃是藉由圖片或實體物符號之運用，提升無口語能力且認知層次較低者之社交能力、並增進其表達機會，減少因無法溝通所產生的焦慮與挫折感，期使學習者之溝通潛能發揮至極點。

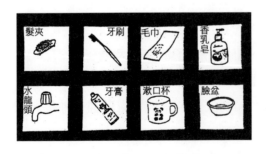

圖 12-2　可觸知符號溝通系統

因為學生阿美目前正在使用這一廠牌及款式的牙刷，所以用這一圖案代表刷牙時間到了

圖 12-3　符號所代表的意義

3.動作技能

　　二十世紀初期研究腦傷者之治療與復健專家，如高獅汀（K. Gol-
dstein），史特勞斯（A. Strauss），韋納（H. Werner）等人強調動作與
感官訓練以促進知覺作用的價值與概念的形成。特殊教育專家諸如凱
柏（N. Kephart），葛德門（G. Getman），巴夏（R. Barsch），弗洛斯
蒂（M. Frosting）等人亦認為加強動作發展可促進認知的發展。由上
可知，在孩子的成長過程中動作技能發展的重要性。動作技能的發展
可以說是學習各項技能的基礎，但多重障礙幼童在動作技能方面往往
因身心各方面的障礙而有發展遲緩的現象，若能及早提供早期療育，
對其往後各項學習會有莫大的助益，故身為這些兒童的父母與老師對
此項技能的發展應多費些心思。父母與老師必須依孩子的主要障礙與
附帶障礙作一仔細的評估後，配合其殘餘能力以協助其動作技能的發
展。在孩子還未上學之前，父母是與孩子接觸最多的人，如能在家中
安排一個安全無慮的空間訓練其粗大動作（如：翻身、坐、爬、站、
走、跳）及精細動作（如：兩手抓拿、單手抓拿、運用手指等），如
此對其動作發展應有相當的幫助。又如家中還有其他的兄弟姊妹則最
好邀請他們一起參加發展訓練的各項遊戲，如此不但能讓家中的多重
障礙孩子有一個正確模仿對象，同時也能促進家庭中親情的發展。在
學校裏，老師應儘量運用現有的資源協助孩子在動作技能的發展並將
原本規律且不斷重複的動作訓練安排於遊戲中，再配合學校同學們彼
此間良好的互動，則更能提高孩子的學習意願與效果。對於腦性麻痺
兒童來說，幾乎都有肢體上的障礙，或知覺動作方面不協調的問題，
因此物理與職能治療更顯格外重要。

4.音樂治療

音樂可解除、紓緩在生活與工作上的壓力。在醫院裡，對於憂鬱症、焦躁不安等精神病患，常用音樂治療的方式來減緩病情；在特殊教育的領域中，音樂治療所扮演的角色亦受到相當大的肯定。音樂治療的主要目的是藉由柔和的音樂，幫助患有生理、心理、情緒障礙的孩子學習肌肉的鬆弛、紓解心情緊張，以助治療、復健、教育與訓練。透過整體療程使孩子在輕鬆有趣的情境中認識音樂，也培養出興趣與自信。

5.藝術治療

藝術治療的主要目的除了輔導孩子從事藝術相關的活動，培養審美的能力與學習的興趣外，尚具有醫療復健的效果。舉例來說，像是吹畫的課程，可以訓練孩子的口腔肌肉運用以及呼吸控制的能力，而且做出來的成品會讓他們覺得很有成就感；或是在地面鋪上圖畫紙，讓孩子用腳來畫圖，藉由與地面、紙張、顏料的接觸，達到對腳部的刺激效果。

6.飲食的護理

孩子的進食能力是隨著口、舌運動能力而進展。正常的進食所需的能力包括吞嚥、嘴唇的閉合、面頰的吸吮動作、上下顎的咬切及咀磨、舌頭的擾動、並配合上肢及手部的取食、進食及持用餐具的動作。若上肢運動功能不佳，可使用特製餐具，或特別設計的輔具器材以協助進食。但若口腔、唇舌的運動功能不好時，宜做唇舌機能的訓練；且進食時要改變食物的形質或進食的方法。一般而言，食物的形質可分為下列五種（莊宏達，民83）：

(1)液體食物：如開水、牛奶、果汁等，適合於使用奶瓶吸管或管灌進食，但對於吞嚥機能不良之殘障者，液體食物有時容易嗆到。

(2)流質食物：如稀粥，通常只要有吞嚥能力者，皆可由口餵食，它較液體食物不容易嗆到。

(3)泥狀食物：如果泥、菜泥、魚泥，此類食物適合具有吞嚥但無良好咀嚼能力者。

(4)半固體食物：如豆腐、果凍、布丁等，適合有些咀嚼能力者食用。

(5)固體食物：如米飯、麵條、麵包、肉、蔬菜等。進食者需有咬切、咀嚼的能力，常用各類固體食物，有助於牙齒咀嚼及舌頭活動的機能。

7.癲癇的處置

所謂癲癇係指因腦細胞的過度放電導致意識不清伴隨局部或全身肌肉抽搐的慢性疾病。不少多重障礙者都有這方面的問題。癲癇形成的原因很多，包括：生產受傷、腦部出血、代謝性障礙、腦炎、腦膜炎、腦瘤、高燒、遺傳（比例不大）、車禍頭部受傷、腦血管異常、糖尿病等。其型態種類與症狀如下（莊宏達，83）：

(1)大發作：大吼一聲，失去意識，眼睛上吊或斜視，口吐白沫，全身肌肉做持續性或節奏性的收縮。通常在二至三分鐘內自動停止，如果超過且連續發作，就必須送醫。

(2)肌肉抽搐性發作：眼睛上吊或失神，局部肢體抽搐。

(3)點頭發作：突然性頭頸向前屈，發作大時軀幹亦前彎。兩上肢外張，隨即恢復，常見於幼兒。

(4)失張性發作：突然失去意識並全身失去肌張力而跌倒地上。隨即恢復意識。

(5)失神小發作：幾秒失去意識，但不會跌倒。

(6)精神動作性發作：無意識的產生一連串動作，動作時意識不明。

癲癇治療的方法有開刀與藥物治療。有腫瘤、放電的點，一般以開刀為主要的治療方式。癲癇在內科來講，70%有藥物可治，且其中50%可治癒，其餘要終身吃藥（賴向榮，民 85）。癲癇的發作常是突發的，然而大體上來說不會造成嚴重的後果，請以穩定的心情按照下面五種方式處理這種突發的狀況。

(1)解開衣服的鈕釦或褲帶，使其身體放鬆。

(2)意識不清時給予半俯臥，掏出口中異物。

(3)若上下齒咬住舌頭時，以硬物撐開雙齒。

(4)手腳搐動時不要壓住以免肌肉拉傷。

(5)周圍的環境要安靜。

8. 輔具的應用

舉凡日常生活中，能協助人們更容易、更進步進行生活活動的各種器具都可以稱為輔具。適當的輔具可幫助身心障礙者提升獨立生活的能力，促進生活品質以及維護個人尊嚴，同時亦可減輕照顧者的負擔。茲將多重障礙者可使用之輔具大致分為五類介紹：

(1)靜態擺位可使用的輔具：包括斜形坡、側臥器、三角椅、站立檯等。

(2)活動時可使用的輔具：包括手推車、改良式三輪車、手動和電動輪椅、步行器等（張勝成，民 79）。

(3)溝通輔具：如溝通板、助聽器、人工電子耳、觸感式助聽器等。

(4)視障輔具：如盲用電腦、有聲計算機、時鐘與鬧鐘、放大鏡、望眼鏡等。

(5)生活自理時可使用的輔具：如改良式的馬桶、飲食餐具等。

選用輔具時應考慮個別需求，徵詢專業人士的意見並針對障礙部位與程度選擇合適的輔具。

五 教養與保育態度

父母與兒童相處時間最久，也是最瞭解他們的人，因此父母的參與往往是特殊兒童教育成功的關鍵。Buscaglia（1975）曾說「不論有多少專業人員教導特殊兒童，其影響之深遠，仍遠不及特殊兒童父母對其影響。」這句話說明了父母在特殊教育推展上所扮演的重要角色是不容忽視的，那麼要怎樣做一名稱職的家長？茲說明如下：

1. 瞭解並接納孩子

家有殘障兒對父母的打擊相當大，非當事人是無法體會其心中的傷痛與壓力。大部分的殘障兒家長均有罪惡感、拒絕、焦慮、悲哀傷痛的複雜情緒，必須一段時間的適應，才能慢慢接受事實，這種現象應屬正常，然而長期處於悲哀傷痛的情緒中，對孩子日後的教養並無幫助，父母應儘早將負面悲傷情緒化為主動積極的力量，接受家有殘障子女的事實，並且要勇敢地肩負教養障礙子女的責任。

2. 多發現孩子的優點並多加鼓勵

每一孩子都有優點，多重障礙孩子也不例外。家長要多用心發現孩子的優點，以其優點作為學習的起點使其潛能發揮至極點。不忘常常給予孩子成功的經驗，多加稱讚、獎勵，使孩子有信心及勇氣去學習新事物。

3.擁抱希望，永不放棄

多重障礙孩子常被視為社會的負擔、無生產能力的一群，但如家長也抱持這種想法孩子會真的變成那樣子。反之，如能對孩子抱持希望，孩子所能達成的，往往會超出想像，俗云：「一枝草，一點露。」相信只要教養有道，上天絕無枉生之才，海倫凱勒就是最好的例子。

4.多方面蒐集多重障礙的資訊

知識就是力量，新資訊的獲得常可對長期困擾的問題有所改善，因此，身為多重障礙兒童的家長，想要讓孩子有所進步，除了本身的細心照顧以外，還要多請教醫生，多聽有關的演講，參加協會與其他多重障礙兒童的家長或保育員交換意見，多閱讀有關的書籍、留意雜誌、報紙、網路新知，由這些資訊以及本身的經驗不斷尋求教育孩子的方法。

參考書目

中文部分

內政部與衛生署（民80）。殘障等級。

朱經明（民86）。特殊教育與電腦科技。台北：五南圖書出版有限公司。

何華國（民84）。特殊兒童心理與教育。台北：五南圖書出版有限公司。

李淑貞譯（民86）。中、重度障礙者有效教學法──個別化重要技能模式 *ICSM*。
台北：心理出版社。

林千惠、賴美智編（民 86）。工作分析教學法。中和：台北市第一兒童發展文
　　教基金會。

邱上貞（民 82）。中、重度及極重度障礙。載於特殊園丁雜誌社主編，特殊教
　　育通論——特殊兒童的心裡與教育。頁 221-259，台北：五南圖書出版公司。

高松鶴吉原著（民 80）楊源儒譯。智障兒童保育入門。大展出版社。

張勝成（民 79）。多重障礙者的輔助器材探討（下）。特教園丁，第 5 卷，第
　　3 期，頁 30-32。

張勝成（民 79）。多重障礙者的輔助器材探討（上）。特教園丁，第 5 卷，第
　　3 期，頁 28-30。

教育部（民 81）。語言障礙、身體病弱、性格異常、行為異常、學習障礙學生
　　鑑定標準及就學輔導原則要點。

教育部（民 85）。國民中小學在家教育輔導手冊。台北：教育部。

教育部（民 82）。兒童福利法。台北：教育部。

莊宏達（民 74）。腦性麻痺兒的溝通訓練。台中：瑪莉亞文教基金會。

莊宏達（民 79）。腦性麻痺兒的肢體照顧。台中：瑪莉亞文教基金會。

莊宏達（民 83）。殘障兒童實用護理學。台中：瑪莉亞文教基金會。

莊素貞（民 86）。可觸知符號溝通系統。台中師院特殊教育論文集，第 8501 集，
　　頁 345-361。台中：國立台中師範學院。

莊素貞（民 87）。擴大性溝通符號系統。台中師院特殊教育論文集，第 8601 集，
　　頁 127-146。台中：國立臺中師範學院。

許澤銘（民 81）。怎樣做一名身心障礙兒童的好家長（保育員）。國小特殊教
　　育，第 13 期，頁 12-15。

許澤銘（民 85）。談學前多身心障礙兒童之保育、教育。國小特殊教育，第 21
　　期，頁 1-3。

連淑華、高愛德（民 76）。腦性麻痺兒童家長及教師手冊。屏東：屏東基督教
　　勝利家。

郭為藩（民 73）。特殊兒童心理與教育。台北：文景書局。

黃光國（民 68）。特殊教育課程與教學。載於周台傑主編：特殊教育行政與殘
　　障福利，頁 53-112。彰化：彰化師範大學編印。

萬明美（民78）。多重障礙學生鑑定方式鑑定標準及就學輔導規劃之研究報告。
台北：教育部社會教育司。

✐ 英文部分

Abt Associates（1974）. *Assessment of selected resources for severely handicapped child-
ren and youth: Vol 1*. A state of the art paper. Cambirdge, MA: Abt Associate, Inc.
（ERIC Document Reproduction Service No. ED 134614.）

Baker, D.（1979）. Severely handicapped: Toward an inclusive definition. *AAESPH Review,
4*（1）, 52-65.

Brimer, R. W.（1990）. *Students with severe disabilities current perspectives and practices*.
Mountain View, CA: Mayfield.

Brown, L., Nietupski, J., & Hamre-Nietupski, S.（1976）. Criterion of ultimate f unctioning.
In M. Thomas（ED.）, *Hey, don't forget about me*. Reston va: Council for Exceptional
Children.

Buscaglis, Leo.（1975）. *The disabled and their parents: A counseling challenge*. Thorofa-
re, New Jersy: Charles B. Slack.

Federal Register.（1988）. Code of federal regulations. 34: Education: Parts 300-399, re-
vised as of July 1, 1988. Washington, DC: US. Government Printing Office.

Guess, D., Jones, C., & Lyon, S.（1981）. *Combining a transdisciplinary team approach
with an individualized curriculum sequencing model for severely/multiply handicapped
children*. Unpublished manuscript, University of Kansas, Departmen t of Special Edu-
cation, Lawrence.

Helmstetter, E., & Guess, D.（1987）. Application of the individualized curriculum sequen-
cing model to learners with severe sensory impairments. In Lori Goetz, Doug Guess, &
Kathleen Stremel-Campbell（Eds.）, *Innovative program design for individuals with
dual sensory impairments*（225-253）. Baltimore, Maryland: Paul H. Brookes Publish-
ing Co..

Helmstetter, E., Murphy-Herd, M., Roberts, S., & Guess, D.（1984）. *Individualized cur-

riculum sequencing and extended classroom models for learners who are deaf and blind. Unpublished manuscript, University of Kansas, Department of Special Education, Lawrence.

Holvoet, J., Mulligan, M., Schussler, N., Lacy, L., & Guess, D.（1985）. *The Kansas Individualized Curriculum Sequencing model.* Portland, ORL A. S. I. E. P. Education Co.

Kirk, S. A., & Gallagher, J. J.（1983）. *Educating exceptional children.* Boston:Houghton Mifflin Company.

Lindley, L.（1990, August）. Defining TASH: A mission statement. *TASH Newsletter,16*（8）, 1.

Nietupski, J. A., & Hamre-Nietupski S. M.（1987）. An Ecological Approach to Curriculum Development. In Lori Goetz, Doug Guess, & Kathleen Stremel-Campbell（Eds.）, *Innovative program design for individuals with dual sensory impairments（225-253）.* Baltimore, Maryland: Paul H. Brookes Publishing Co..

Snell, M. E.（Ed.）.（1978）. *Systematic instruction of the moderately and severely handicapped. Coulmbus,* Ohio: Charlese. Merrill.

Sontag, E., Smith. J., & Sailor, W.（1977）. The severely profoundly handicapped: who are they? Where are we? *Journal of Special Education,11（1）,* 5-11.

Wehman, P., Renzaglia, A., & Bates, P.（1985）. *Functional living skills for moderately and severely handicapped individuals.* Austin, TX: Pro-ed.

Westling, D. L., & Fox, L.（1995）. *Teaching students with severe disabilities.* Columbus, OH: Merrill.

Wolf, J., & Anderson, R.（1969）. *The Multiply handicapped Child.* Springfield, I11: Carles C Thomas.

Wolery, M., & Haring, T. G.（1994）. Moderate, severe, and profound disabilities. In N. G. Haring, L. McCormick, & T. G. Haring（Eds.）, *Exceptional Children and youth*（6th ed.）pp.258-299. Englewood Cliffs, NJ: Merrill / Prentice Hall.

Wolery, M., & Haring, T. G.（1990）Moderate, severe, and profound handicaps. In N. G. Haring, & L. McCormick（Eds.）*Exceptional children and youth: An introduction to special education*（5th ed.）. Columbus, OH: Merrill.

13

自閉症兒童

黃金源

第一節　自閉兒的身心特性

　　自閉兒一詞，一般人常望文生義以為是：自己把自己封閉起來，不與人交往的兒童。時下年輕人流行的口語：「你又在自閉了」，「喂！你少自閉一點好不好？」充分說明一般人對自閉症兒童的誤解。既使時至今日，仍有許多老師將那些不與人說話，不和人互動的學童稱為自閉兒。

　　學術上，「嬰幼兒自閉症」（infantile autism）一詞，首度出現於一九四三年美國小兒科醫師肯納（Leo Kanner）所發表的一篇論文中，當時肯納醫師在臨床上發現一群兒童，具有共同的特徵如下：

　　1.無法與人建立社會關聯。
　　2.不能正確地使用語言於溝通。
　　3.過度企求事物的同一性。
　　4.迷戀於某些東西。
　　5.良好的認知潛能。（*Trevarthen, etc. 1996, p.8*）

　　自從肯納將這一群具有同特徵的兒童，命名為嬰幼兒自閉症起，無數的專家開始努力揭開自閉症的神秘面紗。這五十多年來，對自閉症已有較深入的瞭解。但肯納所敘述自閉症的五項特徵中的前四項，一直到一九九四年美國版心理疾病診斷統計手冊第四版（DSM-Ⅳ），仍然是以它為主要鑑定標準。

　　底下是筆者根據眾多專家的研究結果，詳細描繪自閉兒的共同特徵。希望讀者明察的是，並非每一位自閉兒均擁有下述的每一特徵，

自閉兒之間還是有很大的個別差異。

一　認知變異

1.智能不足

根據眾多研究報告指出，約有 70%-80%的自閉兒是智能不足，換言之，約有 20-30%的自閉兒之智力正常。那些兼具智能不足的自閉兒中，約有 70%屬中度或重度智障（趙文崇，民 85）。另有報告指出：自閉兒的智力分布為：約有二分之一是重度智障；四分之一是中度智障；五分之一是輕度智障；只有6%在智商七十以上。

不同的報告其結果不同，但是至少百分之七十是智障則是共同的看法。一般而言，自閉兒的智能缺陷是在語言、模仿、抽象概念、推理及執行功能（排序、組織、計畫、執行、彈性）等能力有缺陷（Russell, 1997）。

2.零碎天賦

自閉兒可能具有計算、音樂、藝術、機械能力、空間關係、機械性記憶等特殊才能。

少數自閉兒有十分優秀的機械性記憶力，根據筆者所接觸的個案顯示：他們可以過目不忘地記住電話簿上的電話號碼、電視上的廣告詞、外語歌曲的譜與曲、影片的每一幕場景。

曾有一個個案在觀看過紐約的聯合國大廈後，竟然可以如照相般地，鉅細靡遺的畫出整棟大廈（Frith, 1989）。這種超強的記憶力，筆者稱之為照相式記憶。因為他們能夠只見、聞一次，便能絲毫不變地影音重現。

有些自閉兒有超常的計算能力，即用心算做三或四位數以上的加、減、乘、除或開平方。

有些自閉兒可以說出年曆上的每一個日期是星期幾？乍看之下，像似自閉兒記憶年曆，其實未必。因為他們能說出好久之前的日期，甚至未來的日期。他們似乎知曉其法則並以超快速度計算出。私立惠明學校的老師提及：該校有位視多重障兒童及另一位視障兒童均有此種能力。視障兒童既然看不見年曆，又沒有人念給他聽，自然不會用記憶的方式，記住所有的日期。可見他們是用計算的方式，算出哪一天是星期幾？

有些自閉兒的拼圖能力十分突出，在倒置圖案的狀況下仍可正確拼成。有些自閉兒的建構能力極佳，可以拆除複雜機器（如錄音機），並重新組合。有些父母報告：其子女對地圖的記憶及認路線的能力極強。

3. 狹隘的認知

許多自閉兒只能注意不同訊息管道（如視、聽、嗅、觸等）中的某一管道的訊息，或同一訊息管道中，某一部分的訊息。（王大延，民 83 年）造成自閉兒這種狹隘認知的原因有三：

(1)完形能力差

人類對外界的知覺，傾向於將相似、相近或相關的東西組成一完整的東西，稱之為完形（gestalt）。例如我們做色盲檢查時，實際上所看到是許多獨立的點，但是我們的知覺，會將相同顏色的小點，組成一個數字，這就是完形的能力。自閉兒可能欠缺這種完形的能力（*Frith, 1989*），所以會將一部腳踏車看成坐墊、踏板、手把、輪子等各自分離、獨立的零件，並且只專注於腳踏車的某一部分的零件。

(2)過度選擇

過度選擇意指個體被某一目標物的過度吸引,而忽略其他的目標物。例如當我們觀賞影片時,我們極可能忽視左右來往的行人。自閉兒常過度專注於某一細小的東西,卻無視於他人或他物的存在(王大延,民 83)。

(3)注意力缺陷

筆者將注意力分成七個向度:①朝向刺激(orienting);②掃瞄(scanning);③聚焦(focusing);④持久度(duration);⑤分離(divided attention);⑥轉移(shifting);⑦警覺度(alertness)。

自閉兒主要的注意力缺陷是在分離、轉移等向度出現困難。而這二個向度的缺陷,是自閉而呈現狹隘認知的原因。茲詳細分析如下:

①朝向刺激(orienting):一般而言自閉兒沒有朝向刺激的困難。但是大多數的自閉兒與人相處時,缺乏眼神接觸。自閉兒與人說話時,眼睛不看對方,縱使用雙手將他的臉轉向你,他的眼睛還是飄忽不定。還有許多自閉兒不理會別人的叫喊,聽而不聞像聾子一樣。這兩種情形,看似朝向刺激的困難,其實是不知道與人說話要看對方,及不知道別人叫他,或者是不知道如何回應的緣故。

與朝向刺激有關的另一個注意力缺陷是聯合的注意(joint attention)。一般而言,自閉兒常常被指稱無法將自己的東西展示給別人看,無法與人分享美景,不能和人共同完成一個活動或作品,這是自閉兒缺乏聯合的注意的能力所致。

②掃瞄(scanning):掃瞄的定義是連續性、有順序地、快速的聚焦。自閉兒無此方面的困難。

③聚焦(focusing):聚焦是指將注意集中於某一標的,排除不相干的刺激。自閉兒有聚焦的能力,可是自閉兒卻常常注意一些不相干或不重要的刺激。例如,在生活中會造成一般兒童驚嚇的巨大聲

響，自閉兒可能置若罔聞，但是對螢光燈所產生的小小嗡嗡聲卻十分專注。他們可能注目於一般人根本不理會細小的瓦片或小小的反光。專家將它稱之為過度的選擇（over selection）。用另一種說法是自閉兒具有基本聚焦的能力，但是他們不知道要聚什麼焦點。

④持久度（duration）：自閉兒對於他所興趣的東西，可以持續相當長（長達數小時之久）的時間。有些自閉兒甚至抗拒改變其活動。

⑤分離（divided attention）：分離的注意力差，所謂分離的注意力是指個體一心數用，能在同一時間搜尋多項目標。自閉兒缺乏此種能力，所以只能專注某一標的物而忽略其他的目標。正如同初學開車者，只能專注於方向盤而無暇去注意紅、綠燈或左右來車。小學低年級的小朋友也是因為缺乏此種能力，而無法一邊聽講一邊作筆記。這種分離的能力較差乃是造成自閉兒狹隘認知的原因。

⑥轉移（shifting）：轉移的注意力差，自閉兒不像一般人，可以快速地由注視一個東西轉移到另一個東西，或從一個訊息管道轉移到另一個管道。自閉兒轉移能力較差是其固著於某一活動及狹隘認知的原因。

⑦警覺度（alertness）：警覺度是指個體保持警醒狀態隨時注意周遭的變化。過動兒吃「利他寧」後，常常會昏昏沈沈，這時候的警覺度低。資優生則隨時保持高度的警醒狀態。自閉兒無警覺度的問題。

⑷抽象理解力差

因為自閉兒多數屬於智能不足者，因此對於抽象的東西難以瞭解。所以在語言學習上，凡是碰到抽象的語詞，大都十分困難瞭解，例如顏色、連接詞、介詞，或光明、黑暗、聰明等無具體表徵的語詞。問句及否定句亦是極為抽象，也十分難以教懂。

⑸心理表徵認知能力差

相對於心理表徵乃是物理表徵。所謂物理表徵乃是指客觀存在的

物理現象；心理表徵則是指個體內在的心理現象。自閉兒對於他人的存在是看得見，但是對他人的表情動作的涵義，卻不瞭解。換句話說，自閉兒無法就他人的表情動作，去推測內在的心理狀況（*Frith, 1989*）。所以當父母擁抱他時，他並不瞭解父母愛他。當然他更無法用擁抱的動作，來表達對父母的愛。因此自閉兒在認知別人情緒的能力十分薄弱。Hobson（*1992*）比較自閉兒和智能不足兒童歸類照片的能力發現：自閉兒是用衣服的形式分類；反之，智能不足則是用面部表情分類。Hobson（*1992*）的另一個研究指出：較年長的自閉兒仍然很難對不同的情緒表達的聲音與不同情緒表達的臉孔相配合。

有些研究指出：自閉兒會表現異常的表情，如沒有理由的哭泣，或焦慮不安的時候傻笑。自閉兒也很難對他人的微笑，回報以眼神接觸與微笑。自閉兒也不會用撒嬌的肢體語言去向別人請求東西。

心理表徵認知的缺陷進一步造成自閉兒缺乏角色取替（role taking or perspective taking）的能力。即自閉兒很難理解別人的信念、慾望、意圖，也很難從別人的觀點去看問題。一個典型的實驗：讓自閉兒、唐寶寶和正常兒童等三類受試，一起觀看，子布偶將一玩具放入大櫃內，然後離去。此時，母布偶將玩具移到小櫃子內。接著，子布偶回來找玩具。此時受試被問：子布偶會在那個櫃子找玩具？研究結果顯示：85%的唐寶寶，20%自閉兒答對了。即在大櫃子找。因為，子布偶並不知道玩具被移動了。答對的受試者表示具有角色取替的能力。這個研究結果顯示：自閉兒比中重度智障的唐寶寶更難發展角色取替的能力（*Mesibov & Adams & Klinger, 1997*）。

⑹短暫性表徵認知能力差

相對於短暫表徵乃是長久表徵。短暫表徵乃是指短暫存在的現象，例如一個人所說的每一句話都是瞬間存在；而書寫在紙上的文字，則是相對長久存在。自閉兒偏好長久存在的東西，暫存即逝的東

西吸引不了他的注意。換個方式說，自閉兒的學習管道（一般稱為學習風格）是視覺學習優於聽覺學習。這種偏愛長期表徵的心理，造成自閉兒在生活上，有二種特殊表現。

　　①喜歡長久不變／拒絕改變：由於自閉兒的短暫性表徵認知能力差，所以很喜歡長久不變的東西，在生活上常堅持不要改變，因此形成同一性的特徵，他們會堅持喝同一品牌的牛奶，走同一條路線，用一條毛巾、牙刷，用同一方式遊戲。他們會拒絕生活上的任何改變，包括傢俱的佈置，東西的陳列方式與順序，遊戲的場地、方式與進程。當自閉兒從事某活動時，任何中止或改變，都會誘發激烈的反抗。

　　②喜歡圖畫文字勝過口語語言：父母或老師的口語，稍縱即逝，常受自閉兒的忽視。因此常常是長者言之諄諄，後者聽之渺渺。所以自閉兒常被描述成聽而不聞像聾子一樣。反之，自閉兒很喜歡閱讀書籍、漫畫等。這種相對長久不變的刺激，較受青睞。

　⑺模仿（imitation）的能力差

　　自閉兒缺乏模仿的能力，尤其是模仿動作的能力。兒童的學習大都來自模仿。培養自閉兒模仿的能力是自閉兒教學的第一要務。專家相信：模仿能力與角色取替的能力有關。透過模仿訓練，自閉兒逐漸瞭解：他的行為可以影響別人，進而瞭解與預測別人的行為。

　⑻計畫、執行的能力差

　　研究顯示：自閉兒的前額受傷所以計畫執行的能力差。這種能力包括計畫、衝動控制、彈性及有組織的搜尋。因此自閉兒常常表現無彈性，容易被細小東西分心，堅持固守不變的生活常規，只注意細節不看大局，狹隘的興趣，一再重複定型的行為（*Russell, 1997*）。

ᐅ二　感覺變異

1. 重力不安定感

有些自閉兒會害怕搖的東西，例如坐搖動橋、盪鞦韆、溜滑梯、坐升降機等等。任何重力不安定的情境，都會引起他的恐懼情緒。這種兒童在遊樂場所會拒絕坐摩天輪，到百貨公司會抗拒搭電梯或升降機。這種反應常讓父母親十分困惑。

2. 視覺異常反應

有些自閉兒所接收到的視覺訊息是支離破碎的，也就是說，當他看一個人時，他看到的是：頭、手、腳支離破碎的，而非完整的個體。有些人會對強烈對比顏色的東西，容易視覺混淆，例如印在白紙上的黑字，可能消失在白紙中。

3. 觸覺異常

有些自閉兒有觸覺過度敏感或過度不敏感的情形，前者會導致觸覺防衛的行為，即害怕身體被碰觸、擁抱；後者會使他強烈需求被擠壓。有些自閉兒對食物的偏好或拒絕吃某種食物，也是與口腔的觸覺的異常有關，也就是他們無法忍受該食物的質地（texture）。

4. 聽覺異常反應

有部分的自閉兒會對某些頻率的聲音作強烈且異於常態的反應。例如宇宙光雜誌社出版的「雨中起舞」一書，曾描述一位自閉兒一聽到下雨聲，就彷彿如同聽到狂風巨浪的海濤聲一般，引起莫名其妙的

強烈恐懼（陳景亭譯，民 *84* 年）。有些自閉兒不敢搭升降機是因為害怕它的震動聲音。雨人影片中的雷蒙便對警報聲表現極為劇烈的驚恐反應。

　　另一方面他們卻會特別喜歡某種頻率的聲響，例如他們會轉動鍋蓋、或不停地跳躍、或不停地發出聲響，是因為欣賞這種聲音的緣故。

🐦 三　語言變異

1.沒有語言

　　一般研究指出約50%的自閉兒不會說話，稱之為瘖啞症。這些孩子雖然不會說話，但有可能聽懂語言，這些瘖啞症的自閉兒約有70%是可由於教學技術的改進而學會說話（宋維村，民 *81* 年）。

　　這些瘖啞症的自閉兒與不會說話的聽障兒童亦有很大的不同。不會說話的聽障兒童仍然會用手勢、姿勢、姿態、表情去協助別人瞭解所見、所思。他們亦善於抓住別人的肢體語言，以領會情感及經驗，並加以回應。例如別人伸出雙手時，他也會伸出雙手回抱。這種肢體語言的理解與運用是自閉兒所缺少的。

2.鸚鵡語言又稱回聲語言（含立即性／延宕性鸚鵡語言二種）

　　立即性鸚鵡語言指自閉兒與人溝通時，常常覆述別人的話。例如，當你問他「你幾歲？」他也同樣回答「你幾歲？」這種立即覆述你的問話，稱為立即性鸚鵡語言。

　　立即性鸚鵡語言係來自語言發展落後，缺乏對一般口語語言的理解，與無法正常表達所致（*Durand & Crimmins, 1987*）。McEvoy、Lavelang 和 Landry（*1988*）研究發現：鸚鵡語言的百分比率與語言發展水準成

強烈的負相關。即隨著自閉兒語言發展，其鸚鵡語言便逐漸減少。

從另一方面觀察，其他障礙兒童如學障、智障兒童也都會有立即性鸚鵡語言的現象。即使正常兒童在語言發展初期，也會有鸚鵡語言的現象，但「正常兒童」年齡漸長，對語言的理解與運用自如時，便逐漸消失。一般而言，通常僅持續到三歲為止，自閉兒則持續至相當長的時間。

至於延宕式鸚鵡語言，是指自閉兒無意義或無目的地、一再反覆重述若干又或數月前所學過的話。延宕性的鸚鵡語言則是一種逃避困難的機制。他們兩位發現：當自閉兒面對困難的工作時，延宕性的鸚鵡語言便隨之增加；反之，除去困難的工作要求時，便立刻降低（*Durand & Crimmins, 1987*）。

過去認為鸚鵡語言是有意義語言發展的障礙，曾經大量使用褪除法來消滅鸚鵡語言。由上述的研究結果可以看出：鸚鵡語言不是沒有意義的行為，而具有認知的功能。它是自閉兒的溝通工具，所以企圖消滅鸚鵡語言是錯誤的。

3.隱喻式的語言

自閉兒常自言自語地說些別人聽不懂的話，這些話對自閉兒本身是有意義的，稱之為隱喻式的語言。有時自閉兒會用隱喻式的語言與人溝通，例如「看豐原畫」，來表達「去豐原看畫展」。這種隱喻式的語言常使聽者一頭霧水。

4.語音、語意、語用、語法的困難

⑴語音

會說話的自閉兒通常只注意語言本身（稱為主要語言），他們常常忽略副語言（包括表情、動作、姿勢、聲調高低、速度快慢、音量

大小等）。因此，自閉兒說話時，常常無表情、手勢、動作，且以單一音調的語言出現。

(2)語意

是指語言的意義。語言本身是由一群符號系統組合而成。而每一個符號都是事或物的表徵，稱之為語彙。語句則是一組語彙循一定的文法規則結合而成。語意的理解，全賴知曉語言符號與表徵物之間的關聯。若語言符號的表徵物是具體物，如雞、鴨、狗、鉛筆、書本、麵包等，則語言符號便容易瞭解；反之，表徵物若是抽象的如光明、聰明等便不容易懂。語句則是由抽象的語彙和具體的語彙結合而成，並且表徵一個全新的概念，它更加難以瞭解。要教導自閉兒瞭解抽象的語彙和語句是相當困難的事。

自閉兒對抽象語彙難以瞭解，表現在使用名字替代「你」和「我」，例如說，「強尼要吃水果」，而不是「我要吃水果」。

自閉兒在語意方面的困難，還包括使用少量的語彙來與人溝通，儘管他已經學會數百的詞彙了。自閉兒與人溝通時，也常常文不對題，或與情境不符合。

(3)語法

是指語句構成的法則，也就是俗稱的文法。因為語法是抽象的東西，自閉兒自然難以瞭解這些法則，所以很難用完整正確的語句和人對話，也不容易學會各種句型，如否定句、問句等。

(4)語用

是指語言的溝通功能。應用語言於人際溝通牽涉三種語意上的問題：

①副語意的特徵（paralinguistic feature）：即說話時的抑、揚、頓、挫，音調的高低，音量的大小，說話的急徐。自閉兒與人溝通時，幾乎是忽略這些東西。因此說話時常常是以單音調（monotone）

或電報式的語言出現。

他們也不知道這些副語意的特徵，會改變主體語言的意義。例如：一個女孩對男生生氣地說：「你給我滾開！」和撒嬌地說：「你給我滾開！」其間的差異，簡直是南轅北轍。自閉兒不會瞭解其差異。因此，常常是就語言本來（literal）反應。如老師生氣地對自閉兒說：「你給我坐下看看！」。此時自閉兒的反應是：坐下。因為他不瞭解老師生氣的口吻，改變了主體語言的意義。

②超語意（extra-linguistic）：指說話者的面部表情、姿勢、身體的動作及手部動作的大小等（此即一般所說的肢體語言）。肢體語言本身便具有溝通的功能，此外他還可以加強或改變主體語言的意義。自閉兒既不瞭解肢體與本身的意義，也不會運用肢體語言於人際溝通。因此，自閉兒說話時，通常是表情呆滯，喜怒哀樂不形於色。

③語意意圖（linguistic intent）此即前述溝通的功能。人際溝通的功能包括：詢問資訊、請求動作、表述意見、評論是非、交換訊息、情感表達、抗議不滿、拒絕要求。

年紀小或沒有語言的兒童，會用行為語言與人溝通。這些行為語言溝通功能有：a.請求東西；b.吸引注意；c.引導注意某東西；d.請求某行動；e.抗議等（Orelove & Sobsey, 1987）。沒有語言的自閉兒也會用行為語言與人溝通，但是行為語言的溝通功能，大抵是以請求、抗議、發脾氣及逃避為主。

有語言的自閉兒也只是大多用於工具性的溝通用途，如請求（我要喝水）、拒絕（我不要）之表達。很少用於社會性的溝通，如表達情意（我愛你）、禮貌（早安，你好嗎？）、分享訊息（昨天媽媽告訴我一個笑話，很有趣！）或與人對話、聊天等。

人際溝通有關語用的部分，還包括社會技巧的稱職性，包括選擇、帶入、維持、改變談話的主題。還有啟動、回應、輪流、回饋、

延宕、等待、插入等社會技巧。這部分也是自閉兒所欠缺的能力。

5.代名詞反轉

指自閉兒表達需要時，常用你代替我，例如當自閉兒說「你要喝水時」，其真正意思是「我要喝水」。當別人問他，你吃過飯嗎？他的回答，「是的，你吃過了」。

6.語言發展遲緩

語言發展遲緩包括三方面：

⑴始語期較慢

自閉兒的語言發展通常比一般兒童慢。正常兒童約一歲會叫爸爸或媽媽，但自閉兒可能要二、三歲才會。

⑵語彙的發展速度亦極為緩慢

自閉兒語彙少，除了受認知功能較差的影響外。自閉兒大部分的時間都是自己玩自己的，很少與人互動，其語彙的發展自然受到影響。更糟糕的是語彙少會反過來限制其人際互動，如此惡性循環。

⑶對語句的學習也比一般兒童落後許多，特別是否定句、問句、祈使句、假設語句之理解與運用均十分困難。

四　人際互動變異

1.缺乏眼神接觸

當親人對自閉兒說話時，他常不會目視對方，這是自閉兒的危險癥候。一般文章常將此現象稱之為「規避眼神接觸」。事實上，自閉兒並非規避眼神接觸，而是自閉兒看任何東西，均是驚鴻一瞥，包括

別人的眼睛。所以正確的說法是「缺乏」眼神接觸，並非「規避」眼神接觸。

2. 缺乏依戀行為

一般兒童幼年時期常常依戀父母或親人，父母或親人的出現令他高興，父母或親人的離去會令他難過。父母要去哪兒一般兒童通常會跟著屁股走，自閉兒童卻無此依戀行為（高功能者除外）。有些自閉兒會很乖，隨便給個玩具，便獨自玩一個早上，不會要求關心及注意。

3. 缺乏互動行為

自從肯南醫師發現自閉兒開始，自閉兒缺乏人際互動便成為主要的特徵。肯南醫師長期追蹤這群自閉兒發現：他們幾乎孤獨過一生，因此有孤獨俠的封號。當然高功能自閉兒及亞斯伯格症候群的患者可能有一些朋友。

自閉兒人際互動困難，來自於難以認知別人的情緒狀態。他們無法從別人的肢體語言線索去推測其情緒狀態，並與人接觸及表達親暱關係。例如當成人伸手要擁抱他時，他不會理解那是愛的表示，而作出對應的姿勢回抱。

他們也不在乎別人的情感表達，也就是說不會察顏觀色來與人互動，更不會和顏悅色主動討好別人，對別人的關心也不作反應，甚至漠視別人的存在。

不會說話的自閉兒和聽障生截然不同，一般不會說話的聽障生，仍然會用各種肢體語言，如表情、動作、姿勢、手語與人溝通，而自閉兒與人互動、幾乎只拘限表達需求或抗議而已。除此之外他是一位孤獨俠，做自己的事，不理會別人，不與人玩（自己玩自己的），也不參與別人的遊戲，對別人的存在視若無睹。

有些自閉兒不注意周遭的人及事物。對待人如同無生命的東西一樣。因此自閉兒常常被形容為：孤獨、不關心、不順從、不和人合作。

4. 全面人際關係差

自閉兒的人際關係不良是必然的，因為他們不會察顏觀色來與人互動，也不會和顏悅色主動討好別人，對別人的關心也不作反應，甚至漠視別人的存在。別人對他的關愛，既不瞭解，更不知感激。

此外，自閉兒負面的行為常常會引起反感。這些負面行為包括在公共場所喊叫、玩弄自己的生殖器、不適當的言語、向人吐痰、發脾氣、攻擊、過動、吃大便、搖動身體、咬手、打頭。

他們常堅持固定儀式的行為模式，惹出不少麻煩，更引人反感。

與其他小朋友相處時，常干擾別人，中斷別人的遊戲，破壞別人的作品，令人討厭。

自閉兒也很少依文化規範行事。在學校中，他不會遵守日常生活規範，我行我素，破壞秩序，干擾教學活動。

自閉兒很少依從老師的指令行事，例如當老師要學生到花園澆花，他可能喝水或摘花。

有些自閉兒由於語言的限制，常常無法表達他的需求。因此當其所欲不遂的時候，往往會爆發脾氣，此時也很難安慰，這也是引起反感的原因。

五　行為變異

自閉兒的獨特缺陷，如缺乏口語表達的能力、短暫的注意力，難以從外界的刺激加以組織、排序並解讀其意義，不容易理解別人的語言，不理解外在社會環境的要求，會導致自閉兒更多的怪異行為。自

閉兒的行為問題依其性質可分為攻擊行為、不適當的行為、自我刺激的行為、同一性的行為等。

1.攻擊行為（自傷、傷人）

自閉兒童常會有撞牆、搥頭、拍耳朵、撞桌子等自傷行為。自傷與傷人的行為是同一原因引起的。一般而言，自閉兒與常人無異，其攻擊行為大都來自於憤怒的情緒，例如當自閉兒從事某一活動被中止，或某種要求不遂所願，或生活環境被改變，或被要求去做他不要做的事等等，他可能做出攻擊自己或攻擊他人（如咬人、打人等）行為。基本上，他是以攻擊別人優先，若不敢攻擊別人，或攻擊不了他人，便傷害自己。

2.不適當的行為

包括干擾別人、中途闖入他人活動，及不順從、不理人。

⑴自閉兒童的干擾行為可能來自於自我刺激行為，如有些自閉兒童不斷地吼叫、出怪聲、繞圈子、自身旋轉、彈跳、不停關門、開門。此等行為會嚴重干擾教學，引起老師及同學的不滿。

⑵自閉兒童有時候會有打人、捏人等行為，看似傷人的行為，其實是要與人溝通的行為，這也是屬於不適當的行為。

⑶自閉兒童常被描述為不理人、聽而不聞像聾子一樣。因此，被認為不順從。其實是他根本不知道別人叫他，或不知道別人的意思。

3.同一性行為

所謂同一性行為，是指自閉兒常堅持生活中一些不可改變的瑣碎細節，例如出門時，一定要帶塑膠袋；走同樣的路回家；使用同一個奶瓶、牙刷；喝同一品牌的牛奶；在同一個地方玩；蓋同一條棉被；

床鋪一定要靠窗戶等等。

　　有些自閉兒會堅持光喝牛奶，不吃任何食物；只吃白飯，不吃蔬菜或肉類食品；只吃油炸食物；只吃土司，其他類的麵包一概不吃；不吃任何水果。

　　遊戲的形態也簡單，少有變化，例如有的自閉兒會花一個上午掏沙，然後觀看沙子從指縫掉下的情形；或用一、二個小時，甚至更長的時間撕紙條；或一個上午都在旋轉腳踏車的踏板或輪子。

4.自我刺激的行為

　　指自閉兒在生活空檔時，表現某種重複的相同的動作，以滿足感官需求，例如晃頭、搖動身體、扭轉手指、喊叫、出怪聲、作氣喘狀、磨牙、撕紙條、甩紙帶、以頭撞椅背、唱歌、延宕式的鸚鵡語言等。

第二節　自閉症的鑑定

　　鑑定兒童是否為自閉症，需由專家依目前的鑑定標準判斷。不過一般父母或老師可用篩選量表先作檢驗。若經過篩選量表評量結果，判定疑是自閉症兒童時，才再進一步送請專家鑑定。目前國內通用的自閉症兒童篩選量表是台大醫院宋維村教授修定的克氏行為量表（Clancy Behavioral Checklist）。

　　克氏行為量表共有十四項行為表現，每一行為表現都分「從不」「偶而」「經常」等三種程度。父母或老師可根據學童的行為表現評定符合的程度。若符合的程度是「從不」，則該項以零分計算；若符合的程度是「偶而」，則以一分計；若符合的程度是「經常」，則以

二分計。總分最高二十八分。判定學童是自閉症與否？其條件有三：一是總分大於或等於十四分，二是「從不」項目少於或等於三項，「經常」的項目大於或等於六。一個兒童若三個條件都符合，則該兒童是自閉症的機率為79%（宋維村，民 81）。

克氏行為量表的十四項行為表現表現如下：

1. 不易與人混在一起玩（不理人，自己玩自己的）。

2. 聽而不聞，好像聾子。

3. 強烈反抗學習譬如拒絕模仿說話或做動作。

4. 不顧危險。

5. 不能接受日常習慣之變化。

6. 以手勢表達需要。

7. 莫名其妙的哭。

8. 不喜歡被人擁抱。

9. 活動量過高。

10. 避免視線的接觸。

11. 過度偏愛某些物品。

12. 喜歡旋轉東西。

13. 反複怪異的動作或玩。

14. 對周圍漠不關心。

至於專家的鑑定標準，則是依據一九九四年美國版心理疾病診斷統計手冊第四版（DSM-IV）所定標準如下：

具有下列 1. 2. 3. 項中六個（或以上）項目，其中至少具 1. 中二項， 2.、 3. 中各一項：

1. 在社會性互動方面有質的缺陷，並至少具有下列二項：

(1)非口語行為，如視線接觸、面部表情、身體姿勢、以姿勢規範社會性互動等的使用上有顯著的障礙。

(2)無法發展出符合其發展水準的同儕關係。

(3)缺乏主動尋求他人分享喜悅、興趣或活動的行為（如很少拿自己感興趣的東西給別人看或指出來）。

(4)缺乏社會或情緒的相互關係。

2.在溝通方面有質的缺陷，並至少具有下列一項：

(1)完全沒有口語或口語發展遲緩。

(2)有語言能力者，在開始或持續會話的能力上有顯著的缺陷。

(3)使用刻板的、重複的語言或隱喻式的語言。

(4)缺乏符合其發展年齡的、富變化的、自發的假裝性遊戲或社會性模仿遊戲。

3.在行為、興趣、活動方面有拘限的、刻板的、重複的型式，並至少具有下列一項：

(1)在興趣方面，有一種或一種以上的刻板的、有限的型式，其強度與焦點均迥異於常。

(2)明顯地對特別的、非功能的常規或儀式有異常的堅持。

(3)有刻板而重複的動作（如晃動手或手指、拍手、擺動身體等）。

(4)經常沉迷於東西的某一部分（張正芬，民85）。

第三節　自閉症的原因

造成自閉症的原因，到目前為止，所知不多。唯一可以確定的是造成自閉症的原因，絕非單一因素。自一九四三年肯納發現自閉兒起，一直到一九六○年代為止，心因論最盛行。這時期自閉兒的父母最為可憐，因為當時的專家認為：父母對子女冷漠、不關心是造成自閉症的主要因素。在當時，自閉兒的父母被冠上「冰箱父母」的稱

號。根據心因論的看法，將自閉兒帶離父母是最好的治療方法。

後來發現：自閉症並非後天父母親的管教態度不良造成；反之，生理上的缺陷導致後天發展障礙才是自閉症的主要因素。

底下敘述目前所知的原因：

1. 遺傳

同卵雙胞胎比異卵雙胞胎同時患自閉症的機率大。根據台大醫院的研究，在二十一對雙胞胎自閉兒有十五對兩個都是自閉症；而且十五對中的九對是同卵雙胞胎，可見自閉症與遺傳有關（宋維村，民86）。另外國外研究結果顯示 36%到 91%的同卵雙生子同時是自閉症。但無一對異卵雙生子同時患有自閉症。（*Mesibov, Adams, & Klinger, 1997*）這個研究結果說明自閉症與遺傳有關。下列敘述與遺傳有關的症狀：

(1)X染色體脆弱症：此症患者在X染色體上有一異常的收縮或裂縫，其面貌通常十分特殊，如大而突出的耳朵，長鼻子，高額頭，還有大睪丸。患者主要與智障與過動有關。在整體X染色體脆弱症之患者中，約有 10%到 15%呈現自閉症的行為，包括語言發展遲緩、過動、較少眼神接觸、自傷、傷人的行為和同一性行為（宋維村，民86）。研究指出：因為X染色體脆弱症與自閉兼智障者之關係相對於與自閉而無智障者的關係，較為密切，可知X染色體脆弱症與智障有關（*Mesibov, Adams, & Klinger, 1997*）。

(2) PKU 是基因引起代謝失調的症狀，此症可能造成智能不足及自閉症。PKU是另一種隱性遺傳。他與漸進性的智能不足有關。假如PKU不治療的話，他會發展出自閉症狀；反之，經飲食治療，自閉症狀會消失，但智能障礙則不會消失（*Mesibov, Adams, & Klinger, 1997*）。

(3)結節性硬化症（Tuberous sclerosis）是一種顯性基因遺傳。估計

約 50% 的結節性患者是自閉症。Hunt 和 Shepherd（*1993*）的研究報告：
24% 的結節性患者符合自閉症標準，另外 19% 顯示自閉症症狀。
Smally、 Tanguay、Smith 和 Gutierrez（*1992*）研究指出：約 39% 的結節
性患者是自閉症，而此自閉症者中九成是中度智障（*Mesibov, Adams, &
Klinger, 1997*）。

⑷有研究指出：第十五對染色體異常（即出現三個染色體）也與
自閉症有關（*Mesibov, Adams, & Klinger, 1997*）。

2.懷孕及出生時的困難

如高齡產婦；孕婦服用藥物；孕婦第四個月至第八個月間流血；
Rh 血型不合等因素；懷孕期超過四十二週；羊膜提早破裂羊水流出
等，可能造成智能不足及自閉症。另有研究報告指出：胎兒初生序亦
與自閉症有關，如兩個孩子的家庭中的第一胎，或四個兒童以上的第
四胎，比較常見自閉症，其原因尚無法解釋（*Mesibov, Adams, & Klinger,
1997*）。

3.病毒感染

巨大性細胞（cytolomegalo）病毒、德國麻疹是二種被懷疑與自閉
症有關的病毒（曹純瓊，民 *83* 年）。

有些腦炎患者也可能表現自閉兒的行為（*Baron-Cohen & Bolton,
1993*）。

4.腦傷

已經有若干研究發現自閉兒的小腦比一般人小。也就是自閉兒的
小腦亦有缺陷，這與自閉兒的協調動作困難有關。

有些研究者指出自閉症者的腦容量較大。正常兒童發展在生命的

前幾年，會被修剪，但自閉兒的則無修剪，因而造成腦容量較大
（*Mesibov, Adams, & Klinger, 1997*）。

人類的大腦皮質規範較高層的認知功能，其中包括語言、抽象思考、推理及計畫等。因為這些能力受損是自閉兒的主要特徵，因此自閉兒腦皮質受傷是合理的推論。有研究指出約有43%的自閉兒有頂葉受傷。在非自閉症成人中，因為中風或腫瘤導致頂葉受傷，也會表現自閉症的選擇性注意力缺陷（*Mesibov, Adams, & Klinger, 1997*）。

有些研究報告指出自閉兒的大腦的前額有畸型的現象，此與自閉兒執行及控制的功能缺陷有關。

有些專家相信自閉兒的社會性行為的缺陷與顳葉受損有關。研究顳葉受損後的猴子，也會表現類似自閉的行為，如無法發展出正常的社會關係、空白的表情、貧乏的肢體語言、缺乏眼神的接觸、固定的行為型態等。自閉兒的解剖研究，也發現其顳葉神經元尺寸較小，但每單位的神經元較多（*Mesibov, Adams, & Klinger, 1997*）。

有些研究顯示自閉症的腦橋或腦幹有問題。這些腦部畸型可由核磁共振發現（*Baron-Cohen & Bolton, 1993*；宋維村，民86）。

另有研究發現自閉兒的左撇子比正常兒童高。一般而言，人類的語言溝通能力受制於左半部大腦，而視覺間關係與右半部的大腦有關。自閉兒童通常語言發展受損卻長於視覺空間技巧。這種特色與此研究結果一致（*Mesibov, Adams, & Klinger, 1997*）。但是另一研究發現：語言能力較差的兒童其右腦的活動力增加；反之，語言較好的兒童其左半邊的大腦活動力增強。研究者解釋說，語言能力受損的兒童由於左半邊大腦受損，傷害到左邊大腦的神經元而引起右腦較大的活動量。

5.人體內化學物質新陳代謝失調

部分研究指出：自閉兒血中的血清過高的現象（宋維村，民86）。

血清牽涉到睡眠、痛苦及感覺的知覺、動作功能、食慾、學習與記憶等生理功能。藥物治療如fenfluramine可以降低血清，但是對於自閉症狀的改善研究結果並不一致。整體而言，它對於智商、社會性的回應及溝通技巧沒有幫助，但是對過動行為有效減低。有研究指出：有家族史的自閉兒，其血清高過於無家族史的自閉兒。此研究顯示，也許血清過高是遺傳性自閉症的徵候。因為血清與腦部發育有關，所以有人懷疑過高的血清，阻止中樞神經的發展，導致神經傳導的功能受損（*Mesibov, Adams, & Klinger, 1997*）。

自閉兒腦中的因多分過高，被懷疑是自閉兒自傷的原因，因為因多分可以阻斷疼痛的知覺。但是自閉兒的因多分是否過高，及因多分是否影響其社會性行為，研究結果尚無定論（*Mesibov & Adams, & Klinger, 1997*）。

現代許多生化療法，如DMG、鎂、維他命B6（*Trevarthen etc, 1996*）及B15、腸激素等均可改善自閉症的部分症狀。這些研究成果等於證實：人體生化失調與自閉症有關（曹純瓊，民83年）。

第四節　自閉兒的教育治療

自閉兒的教育治療可從下列五個大方向進行：

一　去除伴隨障礙

1.藥物治療的方法曾經被用來消除自閉兒的伴隨障礙（宋維村，民86年）：

⑴估計約有30％的自閉兒會有癲癇，通常發生於青春期。Tegretal

被證明為有效的抗癲癇的藥物。此藥物也曾經用來治療攻擊行為。

(2)Haldol曾經用來消除攻擊過動及同一性的行為，同時可以增加注意力，其副作用是患者臉部、下巴、下顎及上肢，會有不自主的抽動。但一旦停藥則副作用自然消失。

(3)心理刺激物或安非他命如利他寧，有時用來減少過動。但值得注意的是，有些自閉兒服用此藥物，會出現退化，有些會有悲傷及憂鬱的情緒。

(4)抗憂鬱症藥物曾用來消除自閉兒的強迫症及固著行為。

(5)鋰鹽是躁鬱症的治療藥物也用來治療出現週期躁鬱症及攻擊行為的自閉兒。

(6) Naltrexone 對於極端嚴重的自傷行為的治療有效。

2.部分自閉兒伴隨有過動症狀。而消除過動症狀，除藥物治療外，有賴行為治療。有些自閉兒有感覺障礙，包括痛覺不敏感、聽覺異常、觸覺防衛、重力不安定感等。曾經使用於消除這一類障礙的方法，包括：感覺統合治療（sensory integration therapy）（鄭信雄譯，民81）、聽覺統合訓練（auditoryintegration training）（陳景廷譯，民 84）及藥物治療。

✄二 改善基本障礙──認知缺陷

自閉兒的基本障礙有：

1.狹隘的認知（包括分離的注意力差、過度選擇、完形能力差）、注意力缺陷（朝向刺激困難、轉移的注意力差、分離的注意力差）等。以上能力的缺陷可從動作模仿的活動下手，並加上即時的增強等方法予以改善。

2.針對自閉兒短暫的刺激較難把握、抽象表徵認知能力差、心理

表徵認知能力差等基本障礙。這些障礙較難克服，所以教學時，應反方向思考，從其優點下手。例如：自閉兒對持久性的刺激較偏愛，所以教學時，多呈現視覺訊息（持久性刺激），少用短暫性刺激（聽覺刺激）。又如：自閉兒對抽象表徵認知能力差，因此教學時，必須先從具體表徵的事物（包括具體物及各種動作的名稱）教學。

☛三　促進自閉兒的語言發展

　　自閉兒的語言障礙包括瘖啞、鸚鵡式語言、代名詞反轉、語言發展遲緩及語意、語用、語法的理解與使用有困難。

　　1.對無口語能力的自閉兒而言，各種替代性溝通系統都可以滿足自閉兒主要的溝通需求，其中以電子語音溝通系統功能最好。

　　2.自閉兒的鸚鵡式語言，過去大都以行為治療的方式消除之。邇來，視鸚鵡式語言為兒童語言發展初期到語言發展完成之間的正常現象。因此，目前傾向不直接消除之，而是藉著直接促進語言發展而間接消除。

　　3.代名詞反轉的原因是父母錯誤教導的結果，可透過再教導的方式予以糾正。如當媽媽拿水給自閉兒喝時，應教導自閉兒說：「我要喝水」。如此反複練習之，自閉兒將會修正先前說：「你要喝水」。

　　4.語言發展遲緩及語意、語用、語法之理解與使用有困難等問題，可併用下列方法處理：

　　⑴結構化的語言教學。

　　⑵隨機教學。

　　⑶基礎語言教學，忌諱用整體語言教學（whole language）。例如要教自閉兒向人說再見時，先教他說：「再見！」慢慢再教他說：「阿姨再見！」「叔叔再見！」又如先教他說：「書包」，然後再教

他說：「藍色書包」，「美麗的藍色書包」。

　　(4)先從接受性語言（聽、讀）下手。

　　(5)從生態語言教學。教自閉兒語言一定要從生態有的事物開始。一者易於瞭解，再者方便使用。

✒ 四　促進社會化

　　自閉兒的主要問題之一為人際互動，因此，教育治療的目標便是促進兒童互動的發展，這可從兩方面著手：

第一部分：運用社會故事教導自閉兒社會生存技巧以促進自閉兒社會化。

1. 理論基礎

　　人際互動技巧缺陷是自閉兒的主要特徵。此項缺陷主要的原因有二：第一個障礙是來自人際知覺的缺陷，他們無法從別人的語言及行為語言，查知別人的情緒、信念、意圖。因此沒有能力做出符合別人企求的行為。例如一位小朋友對著自閉兒叫其名字「迪克，你好」，可是迪克卻視若無睹，毫無反應。此種場景並不表示迪克自高自大，看不起別人，而是迪克根本不知道，別人叫其名字，是有意和他做朋友或和他玩遊戲。

　　此外，自閉兒角色取替（role taking or perspective taking）的能力亦有缺陷。他們很難站在別人的立場去感受別人的情緒需求。譬如說一個自閉兒的爸爸說：他一再教導其兒子「叫爸爸」，但是他的兒子始終不肯。其中的一個原因是，此自閉兒根本不知道爸爸多麼期待他叫一聲爸爸。

　　第二個障礙是自閉兒在計畫、對應（coping）、執行的能力有缺陷。一般而言自閉兒很少會用撒嬌或諸種設計（打招呼或稱讚別人）來贏取獎賞（口頭讚美或實物增強），這是缺乏計畫、執行的能力。又如自閉兒可以被教會騎腳踏車。但是要求自閉兒騎腳踏車去生鮮超市卻會有困難，因為它牽涉計畫、對應（對各種不可預知的變數加以應對的能力）、執行的能力。又如亞斯伯格症候群（Asperger's syndrome）的兒童，他們的語言能力通常是不錯的，他們可以發展正常的語彙及語意的理解。但是在語用（pragmatic）上卻會有難。因為語用仍然是牽涉計畫、對應、執行的能力。

　　為了克服第一項障礙，有些專家（*Howlin, 1999*）從教導自閉兒閱讀別人的心靈下手。雖然研究證實心靈閱讀是可以教導的，但是自閉兒被教導而能理解別人的意圖後，仍然沒有能力做出適當的反應。這就是自閉兒的第二項障礙即欠缺計畫、對應、執行的能力所致。

　　過去的研究（*Quill, 1995*）證實：教導自閉兒做正確反應的方法是運用社會故事（social story）教導自閉兒社會生存技巧（social survival skill）。其方法是由父母或老師依據某一社會情境編寫社會故事，將自閉兒應有的應對行為技巧（coping skill），以一步一腳印的方式，編入社會故事中。然後由老師或父母帶著自閉兒一起朗讀社會故事，直到自閉兒可以朗朗上口為止。在朗讀的過程中，父母或老師應運用圖片或真實情境，協助自閉兒瞭解社會故事的意義。當自閉兒可以朗朗上口之後，再運用真實情境反複演練該社會技巧，直到該社會故事能夠指引自閉兒從事該社會技巧為止。

　　根據班度拉（A. Bandura）認知行為改變理論，人類的行為發展共有三階段。第一階段主要是受別人的外在語言所控制，如媽媽大聲叫「不可以玩火柴！」兒童便將火柴放下。第二階段是受制於自己的外在語（這時候屬於一邊動作，一邊自言自語階段），如兒童要過馬路

時，一邊注視紅綠燈，一邊自言自語道：「過馬路要注意紅綠燈」。第三階段是受制於自己內在語言。也就是兒童是先思（內在語言）而後行。運用社會故事教導自閉兒社會生存技巧，其實是透過社會故事之朗讀，使自閉兒擁有適當的外在或內在語言來指導其行為，以正確的對應各種社會情境。

2. 社會故事的編寫要點

(1)社會故事通常包含三個部分（*Quill, 1995*）

　　①描述句（descriptive sentence）：此種句子主要的目的是描述故事的背景。例如：

　　　社會故事主題：排隊
　　　描述句：我的名字叫王大延，就讀古亭國小三年級，上學
　　　的時候常常要排隊。

　　②指示句（directive sentence）：此種句子是用來教導自閉兒如何做？如何與人對應？

　　　社會故事主題：排隊
　　　指示句：早上，老師會說：各位小朋友，現在要升旗了，
　　　趕快到教室前面排隊。各位小朋友很快跑到教室前面排
　　　隊，我也會趕快到教室前面排隊。

　　③角色取替的句子（perspective sentence）：此種句子是用來教導自閉兒瞭解別人行為對自閉兒的影響，或自閉兒的行為會使別人有什麼感受。

社會故事題：排隊

角色取替的句子：排隊的時候，李大明彎腰繫鞋帶，他的屁股撞到我的肚子。老師告訴我說：不要生氣！李大明不是故意的。

(2)社會故事的內容

包括生活自理技巧（吃飯、洗手）、居家生活技巧（如使用盥洗室、迎接未來的弟妹）、社區生活技巧（過馬路、去麥當勞買漢堡）學校生活技巧、（發言要先舉手、不可以隨便離開座位）、社會技巧（微笑與大聲笑、招待客人、打招呼）、休閒技巧（看電視、打躲避球、養寵物、到紅茶亭飲茶），甚至是職業技巧（警察伯伯在指揮交通）。筆者將以上的技巧總稱為社會生存技巧。

3.編寫社會性故事應注意的事項

(1)社會故事的編寫應以第一人稱撰寫

如前所述，社會故事既然是用來教導自閉兒經由反覆的朗誦而形成內在語言，以指導其為人（與人對應的技巧）處事（做事的方法）。作為內在自我指導（self regulating）的語言，必然是以第一人稱出現。

(2)社會故事的編寫應儘量避免抽象的文字

大多數的自閉兒如同語言學障的兒童，對抽象的語言不容易瞭解。在社會故事中使用太多的抽象語言，將增加教學的困難度。而且社會故事的旨趣是用來教導自閉兒做事或與人互動的技巧，故社會故事的主要內容應限制在與人、事、物及動作有關的詞彙。

社會故事中有些是角色取替的句子，有些是動作的句子（如排隊的時候，有些小朋友可能會彎腰穿鞋子而碰到你）。但是有些是表達他人感覺的句子（如看電視的時候我會把聲音關小一點，否則爸爸媽

媽會不高興），這時候運用抽象的句子是無可避免。

(3)社會故事的編寫應儘量一個故事一個主題（一個具體的生活情境）為原則

例如幫忙做家事這個主題，涵蓋許多生活情境，如幫忙掃地、洗衣服、收碗盤、擦桌子……等。編寫社會故事時，便應該分開撰寫。

第二部分：增進孩子的遊戲能力

自閉兒的主要特徵之一是固定而有限的行為模式及興趣。這包括象徵性、想像的、社會性的遊戲在內，自閉兒常自己玩自己的，跼限某種固定重複的遊戲方式，不參與各種互動性的遊戲。因此，指導自閉兒參與遊戲是有必要的。

要教導自閉兒遊戲，必須先瞭解自閉兒遊戲的發展階段。

一般兒童兒童遊戲的發展階段可從遊戲的層面與層次分析（*Quill, 1995*）：

1.遊戲的象徵層面（與玩具互動的層面）

(1)沒有互動

遊戲發展在此層次的兒童並不會與玩具接觸玩玩具，只是從事一些自我刺激的行為，如注視扭動的手指、舞動手臂、搖晃身體等。

(2)操弄玩具

試探性地玩弄玩具，如敲打、咬、撞擊、搖晃、堆積或排列玩具。

(3)功能性的遊戲

以玩具本身的功能或用途來玩玩具，如拿玩具杯喝水、拿玩具搥釘鐵釘、用積木堆造房子。

(4)象徵或假裝的遊戲

兒童以某種東西代表另一種東西，稱之為象徵，如以竹竿象徵是

木馬；以鉛筆象徵梳子；以手指當釘子；以拳頭當鐵鎚等。

　　兒童假裝做某動作或假裝成某人，稱之為假裝的遊戲，如辦家家酒或角色扮演等。

　　比較高級的假裝遊戲可以摻和更高層次的想像，例如以手帕綁在手指上，象徵布偶，然後演布袋戲。

　　2.遊戲的社會性層面（與人互動的層面）

　　⑴獨自遊戲的層次

　　顧名思義此層次的兒童是自己玩自己的，明顯地，不知道別人的存在。只專注於當前所興趣的東西，如漫無目的地遊蕩、爬上爬下、靜靜地坐著，或背對他人自己玩。

　　⑵朝向刺激或目的物

　　此時兒童會注視目標物，如注視其他兒童及其玩具或活動，但沒有參與遊戲。

　　⑶平行或接近的遊戲

　　兒童使用同一空間但各自玩自己的玩具。偶而兒童會展現自己的玩具給玩伴看或彼此模仿。

　　⑷共同焦點

　　一群兒童彼此互動地遊戲。

　　教導自閉兒遊戲的方法是採鷹架式的指導法，首先給予示範、口頭指示及身體的協助，再慢慢地將口頭指示及身體的協助褪除，直到不需要協助而能參與遊戲為止（*Quill, 1995*）。

✍五　消除自閉兒的行為問題

　　自閉兒的獨特缺陷，如缺乏口語表達的能力、短暫的注意力、難

以從外界的刺激加以組織排序並解讀其意義、不容易理解別人的語言、不理解外在社會環境的要求,導致自閉兒更多的行為問題。茲敘述處理對策如下

1.攻擊行為(自傷、傷人)

(1)原因

自傷與傷人的行為是同一原因引起的。一般而言,自閉兒與常人無異,其攻擊行為大都來自於憤怒的情緒,例如當自閉兒從事某一活動被中止,或某種要求不遂所願,或生活環境被改變,或被要求去做他不要做的事等等,他可能做出攻擊的行為。基本上,他是以攻擊別人優先,若不敢攻擊別人,或攻擊不了他人,便傷害自己。

(2)處理策略

①透過功能性評量以瞭解其行為的功能性目的,然後教導以合適的行為替代不合宜的行為(黃金源,民85)。

例如,筆者曾在辦公室,目睹一位自閉兒抓著媽媽的頭髮往廁所走,這不表示自閉兒要攻擊媽媽,而是他尿急,需要解決。處理的方法是,教導他用口語或手語表示「要尿尿」,即可消除此問題行為。

又如,常見自閉兒在別人遊戲時打人,這不表示,他要攻擊別人,而是想要參與遊戲。處理的方法是教導他說:「我們一起玩好嗎?」。

又如,常見自閉兒在別人玩堆積木時,推倒積木,這不表示他有破壞的衝動,而是他不知道遊戲規則。處理的方式是,教導他遊戲規則及參與遊戲的方法。

有些自閉兒會有撞頭的行為,若此行為發生在生氣的時候,則是抗議的行為。處理的方法是教導他說:「我不要」「我不喜歡」「我生氣了」。筆者曾指導趙旼冠研究一位自閉兒的撞頭行為發現:

他的撞頭行為均發生在他生氣的時候，如他要吃麵包被阻止時；正在睡覺，卻被叫醒做功課等等（黃金源、趙旼冠，民 87）。

②利用自閉兒所偏愛的視覺訊息，教導生活常規。一般人，大多用內在語言（inner language）來控制自己的行為。自閉兒因語言能力薄弱，很難用內在的語言來管理行為，因此有賴使用外在的圖示，指導其行為規範，讓他瞭解何事可為、何事不可為（Quill, 1995）。

例如在幼稚園裡，有些自閉兒會推倒一大鍋的點心。此時，可在點心鍋前，置一牌子。在牌子上面畫一雙手推鍋子，並在其上畫一個叉。然後用此牌子，反複教自閉兒不可以推鍋子。

2. 不適當的行為

(1)原因

①有關自閉兒以自我刺激的行為干擾教學的原因在下一段詳細說明。

②有關自閉兒不適當的行為的原因是缺乏正確的行為技巧。

③有關闖入或干擾別人的活動及不理人等行為的原因，大多是由於不理解環境的要求所致。自閉兒由於認知缺陷，不能理解他人對他的要求期待，因此常不能順從別人的指令，遵循生活上必須遵守的常規。因此，自閉兒常會在教室內不聽師長的命令，我行我素，隨意走動，活蹦亂跳，大吼大叫，干擾上課。下課時，也不知同學間的遊戲規則，而隨意闖入、干擾、破壞別人的遊戲。

(2)處理策略

此外，日常生活順序，如早上起床後，先穿衣再折棉被，然後刷牙洗臉等，均應以圖畫來作提示。甚至做某件事的先後順序，均可以圖畫指導，讓自閉兒依圖行事。

在學校裡也可用同樣的方法，來規範自閉兒的生活。如老師可以

在教室裡的牆壁上，將當日生活進程用圖示或文字公告，然後指導自閉兒依此進程做活動。

有些自閉兒的行為問題乃是因為他不知道生活進程造成。例如，有一幼稚園園長提及：一位自閉兒每天到學園來，從不到教室上課，只是「不斷地開門、關門」（問題行為）。筆者便是指導老師們用生活進程圖示，修正此行為。明顯地，當自閉兒知道每日生活流程時，老師便容易用此生活流程，指導他進行活動。如此一來，「不斷地開門、關門」的問題行為，便會被正常活動所取代。

3.同一性行為

(1)原因

①安全、舒適、方便、愉快等感覺是同一性行為的主要原因。

②同一性行為也可以作為排除太多刺激的手段。誘發自閉兒延宕式鸚鵡語言的情境因素是刺激太少或刺激太多。當情境刺激太少時，他會以延宕鸚鵡語言作為自我刺激。反之，當情境刺激太多時，他也會用鸚鵡語言來排除它。

(2)處理策略

同一性行為可以用預防策略、「偉伯法則」、強制改變及接納等方法來消除。

①預防策略：其實同一性行為來自長久養成的習慣。自閉兒又習慣於這種固定不變的生活方式，內心才較坦然舒適。因此在行為成為習慣前，多加變化，便不易養成同一性行為。例如在教導自閉兒刷牙時，別忘了多準備幾隻不同顏色及形狀的牙刷，每天使用不同牙刷刷牙，如此他便不會堅持用同一隻牙刷。要用奶瓶餵奶時，別忘了多買幾隻不同形狀和不同顏色的奶瓶，同時使用。其他的日常生活用品，如棉被、鞋子、衣服等，均可用此方法處理。

②偉伯法則：所謂偉伯法則是指兩物差異不大（即二者差異在某種比率內）時，吾人不易覺知其差異。

改變自閉兒同一性行為時，可以漸進式地作細微改變，使他不易覺察而接受改變。例如要改變只喝牛奶的行為，可在牛奶中，漸進式地加上白色的麥粉，直到改變成吃固體食物為止。又如自閉兒出門時一定帶塑膠袋，可趁他不注意時，偷剪掉一點點，直到剪完為止。

③強制改變：有些同一性行為不能漸進式地改變，卻又必須改變時，那只好強制改變。強制改變前，要衡量它可能造成的傷害及可能遭遇的反抗，及改變後所獲得好處，作一通盤考量。例如有些自閉兒不吃任何水果，或會堅持只吃白飯，其他食物一概不吃。此時為了自閉兒的身體健康只好強制改變。此時，自閉兒一定會強烈反抗，父母宜注意，不可遭遇反抗，便中途放棄。

④接納：如果同一性行為若不會嚴重干擾生活時，不妨接納它，視為一種獨特的生活方式。要知道，每一個人或多或少都有某種同一性行為。例如我們常喜歡抽同一品牌的香煙，到同一商店買東西，走同一路線回家，坐同一位置聽課等，皆是同一性行為。這些行為不會嚴重干擾走路，不妨接納它。

4.自我刺激的行為

(1)原因

①自我刺激的行為，可能來自生理的需求。有位自閉兒博士自述，他小時候常喜歡躺在沙發墊下自我刺激。這種被壓的需求，促成他發明「抱抱機」來治療自閉症兒童。

②一些看似自傷行為（如撞牆、敲頭、拍打耳朵、咬手指、手背），其實是自我刺激的行為。仔細觀察這些行為大都發生在無聊的時候。研究顯示這些兒童腦部會產生過多的因多芬（腦內瑪啡），這

種物質會阻斷痛覺，而產生類似自傷的自我刺激行為。

　　③有些自我刺激的行為來自焦慮不安，這種行為大都具有強迫性。

　　④絕大多數的自我刺激的行為，來自心理的需求。縱觀人類的行為，不論殘障與否，有一共通性，即閒暇無聊時，便會找一些事或東西自我刺激。自閉兒亦不例外。

　　不過殘障兒童與一般兒童的自我刺激行為不同，例如一般兒童在無聊時在書桌或書本上亂畫、踢打小朋友、搶別人東西、在教室走來走去、玩鉛筆、丟紙條、吃東西、扭動身體。然而，殘障兒童如自閉兒、智障兒或肢障兒，由於智能的或肢體的限制，只能表現某種重複的動作或聲音，以滿足感官需求，例如晃頭、搖動身體、扭動手指、喊叫、出怪聲、作氣喘狀、磨牙、撕紙條、甩紙帶、唱歌、延宕式的鸚鵡語言等。

　　(2)處理策略

　　針對因無聊而起的自我刺激行為，可以用建設性的活動、干擾性較少的活動、合適的活動等替代之。

　　①以建設性的行為替代之：自我刺激的行為通常是非建設性的，它的主要作用，在填滿時間的空檔。因此，自我刺激的行為很容易被其他的行為替代。若用建設性的行為替代自我刺激的行為，則一方面消除自我刺激的行為，另一方面又可幫助自閉兒成長。例如自閉兒玩弄十個手指的行為，可以用玩油泥的活動替代，如此，一方面消除了玩手指的行為，又可增進自閉兒手指的力量及靈巧性。

　　②以干擾較少的行為替代之：有些自我刺激的行為會干擾上課秩序，例如，有些自閉兒會不停胡言亂語、喊叫、唱歌來自我刺激，此時可用隨身聽的音樂替代它。

　　筆者觀察一位自閉兒童不斷重複少數相同的語言（此為延宕式

鸚鵡語言），若能多教導他新的生活上實用的語言，則此延宕式鸚鵡
語言才有機會消除。

　　③以合適的行為替代之：有些自我刺激的行為是在不合適的時
間、地點進行，老師或父母可以教導他，在適當的時間地點辦事。例
如有些自閉兒會公開玩弄生殖器或自慰，此時可帶自閉兒到盥洗室或
私人房間為之。

參考書目

✎ 中文部分

王大延（民83）。自閉症者的特徵。特殊教育季刊，第52期，頁7-13。

宋維村（民86）。自閉症的治療。載於李玉霞編（民86年）家長資源手冊。台
　　北：中華民國自閉症基金會。

陳景廷譯（民84）。雨中起舞。台北：宇宙光傳播出版社。

黃金源（民85）。功能性評量：介入重度障礙兒童的行為問題。載於特殊教育
　　論文集（特教叢書8501輯）。台中：台中師院特教中心。

黃金源　趙旻冠（民87）。運用功能性評量處理自閉兒的行為問題。未出版。

張正芬（民85）。自閉症診斷標準的演變。特殊教育季刊，第59期，頁1-9。

曹純瓊（民83）。自閉症兒與教育治療。台北：心理出版社。

趙文崇（民85）。由自閉症談幼兒期發展障礙，載於特殊教育論文集，第8501
　　輯。國立台中師範學院特殊教育中心。

鄭信雄譯（民81）。自閉兒的感覺統合教育方案。特殊教育季刊，第42期，頁
　　11-14。

應小端譯（民88）。星星的孩子。台北：天下遠見出版股份有限公司。

⬤ 英文部分

Broek, E., Cain, S. L., Dutkiewicz, M., Fleck, C., Gray, B., Gray, C., Gray, J., Jonker, S., Dawson, G., & Gernald, M. （1987）. Perspective-taking ability and its relationship to the social behavior of autistic children. *Journal of Autism and Developmental Disorders, 17*, 487-498.

Durand, V. M. & Crimmins, D. B. （1987）. Assessment and treatment of psychoticspeech in an autistic child. *Journal of Autism and Developmental Disorders, 17*, 17-28.

Frith, U. （1989）. Autism: Explaining the enigma... Oxford: Basil Blackwell Ltd.

Hobson, P. （1992）. Social perception in autism. In E. Schopler & G. B. Mesibov（Eds.）. （1994）. *Behavioral issues in autism.* New York: Plenum.

Howlin, P., Baron-Cohen, S., & Hadwin, J. （1999）. *Teaching Children with Autism to Mind-Read: A Practical Giude.* New York: JJohn Wiley & Sons.

Howlin, P. （1998）. *Children with autism and asperger syndrome.* New York: John Wiley & Sons.

Lindrup, A., & Moore, L. （Eds.） （1988）. *The Original Social Story Book.* Arlington, TX: Future Horizons, Inc.

McEvoy, R. E., Lavelang, K. A. & Landry, S. H. （1988）. The functions of immediate echolalia in autistic children: A developmental perspective. *Journal of Autism and Developmental Disorders, 9*, 33-40.

Mesibov, G. B., Adams, L. W., & Klinger, L. G. （1997）. *Autism: Understanding the disorder.* New York: Plenum Press.

Orelove, F. P. & Sobsey, D. （1987）. *Educating children with multiple disabilities: A transdisciplinary approach.* Baltimore: Paul G. Brookes.

Prizant, B. M., & Duchan, J. F. （1981）. The functions of immediate echolalia in autistic children. *Journal of Speech and Hearing Disorders, 46*, 241-249

Prizant, B. M., & Rydell, P. J. （1984）. Anaylsis of delayed echolalia in autistic children. *Journal of Speech and Hearing Research, 27*, 183-192

Quill, K. A.（Ed.）（1995）. *Teaching children with autism: Strategies to enhance communication and socialization.* New York: Delmar Publishers Inc.

Russell, J.（Ed.）（1997）. *Autism as an executive disorder.* New York: Oxford University Press, Inc.

Trevarthen, C., Aitken, K., Papoudi, D., & Robarts, J.（1996）. *Children with autism: Diagnosis and interventions to meet their needs.* London: Jessica Kingsley Publishers.

14

發展遲緩

傅秀媚

第一節 發展遲緩的意義

一 發展遲緩的定義

「發展遲緩」這個概念在特教界算是近十幾年才出現的新名詞。在美國，從一九七五年 94-142 公法（殘障兒童教育法案）保障所有特殊兒童免費的受教權開始，一直到一九八六年的 99-457 公法（殘障兒童教育法案修正案）才將「發展遲緩幼兒」的相關議題訴諸文字（*Shonkoff & Meisils, 1990*）。而國內到民國八十二年修訂兒童福利法時才正式認定「發展遲緩」這個名詞，甚至在特教界也直到民國八十六年新修訂完成的特殊教育法當中才將「發展遲緩」列入十二項障礙類別之一（洪素英，民 88）。

在「發展遲緩」的定義方面，美國一九八六年的 99-457 公法（殘障兒童教育法案修正案）中的「發展遲緩」是指：

> 由多科技整合小組診斷在認知、語言、身體動作、視覺、聽覺、社會心理、或自我協助能力上有一項或一項以上的明顯遲緩，而所謂明顯遲緩指的是在某項能力發展遲緩了 25%或是在二項或二項以上發展項目出現六個月的遲緩。（洪儷瑜，民 81）

另外，一九九七年的身心障礙者教育法案修正案（Individuals with Disabilities Education Act Amendments of 1997, IDEA）中對發展遲緩兒童

的定義為：

> 經醫療診斷確定之三到九歲之生理發展、認知發展、溝通發
> 展、社會或情緒發展、或適應行為發展有遲緩現象的兒童。
> （洪素英，民 88）

在國內部分，兒童福利法施行細則的定義為：

> 發展遲緩之特殊兒童，係指認知發展、生理發展、語言及溝
> 通發展、心理社會發展或生活自理技能等方面有異常現象或
> 可預期會有發展異常之情形，而需要接受早期療育服務之未
> 滿六歲之特殊兒童。（內政部，民 82）

而教育部在民國八十七年公布的「身心障礙及資賦優異學生鑑定
基準」中則將「發展遲緩」定義為：

> 發展遲緩，指未滿六歲之嬰幼兒因生理、心理或社會環境因
> 素，在知覺、認知、動作、語言及溝通、社會情緒、心理或
> 自理能力等方面之發展較同年齡顯著遲緩，但其障礙類別無
> 法確定者；其鑑定依嬰幼兒發展及養育環境評估等資料，綜
> 合研判之。

依上述之定義看來並無一致之看法，也增添了診斷與評估之困難。

🕊 二　發展遲緩幼兒的人口

　　台灣的發展遲緩幼兒人口數究竟有多少，一直沒有一個確切的數字。若以世界衛生組織所統計的發展遲緩幼兒發生率 7%來推算，台灣一年約有三十二萬名新生兒，那麼台灣每年應約有二萬二千四百名發展遲緩幼兒出生，而三到六歲的發展遲緩幼兒便應約有八萬九千餘名（洪素英，民 88）。

　　但是根據內政部民國八十四年的殘障人口統計資料，台灣地區零到五歲的殘障人口有三千三百七十一人，占全部殘障人口的 1.3%。這份統計資料似乎與預估的發展遲緩幼兒人口數有很大的差距（王天苗，民 85）。

　　而根據王天苗、廖鳳瑞、蔡春美、盧明（民國 88 年）對台灣地區發展遲緩幼兒進行的人口調查研究發現，台灣地區共通報九千二百九十九名零至六歲發展遲緩幼兒，約占全國該年齡層人口的 0.49%，而且似乎發展遲緩幼兒的年齡愈大，被發現通報的比例愈高。

　　另外根據伊甸基金會的說法，台灣一年大約有六萬個發展遲緩幼兒出生，而發展遲緩幼兒的個案在台灣至少有十三萬四千個，平均每一百名幼童就有六到八名是發展遲緩幼兒。伊甸基金會在高雄縣旗山地區實地抽樣訪視三千一百多名六歲以下幼兒，發現有一百五十三名疑似發展遲緩的幼童，若再加計幼兒死亡人數，則人數比例接近世界衛生組織推估的 6%～8%的比例；但該地區實際上有通報並領有殘障手冊的幼童人數只占該地區六歲以下人口的 0.5%，與推估的人數相差十倍，可見國內發展遲緩幼兒的發現與通報仍需加把勁。

✦三 發展遲緩兒童的發現與篩選

一般而言，幼兒的發展是整體性的。以特殊教育的角度來看，幼兒的發展有下列五大領域：

適應能力——發展與年齡相當的自理行為，以及在不同場合之適應行為。

認知能力——發展與年齡相當的智力功能，尤其是獲得、瞭解與知道。

溝通能力——表達感覺能力之發展，並且瞭解其他口語、非口語、手語、手勢和文字之表達。

生理——發展與年齡相當的控制與協調大小肌肉之能力。

社會與情緒——發展與年齡和情境相符合之能力，瞭解其他人之感覺，發出合宜並為人所接受之行為。

而家長或老師可以依據幼兒在這些領域的表現，初步發現幼兒是否在發展上呈現遲緩現象，如果疑似發展遲緩則需初步篩選，進而轉介或評量。

篩選（Screning）應是為評估及治療過程中的第一個步驟。而篩選評量可以快速而且有效地決定幼兒是否需要接受進一步的評量或評估。其主要目的是幫助幼稚園或托兒所老師及幼兒家長們去發現、確定、幫助那些在發展與學習上有困難的兒童。因此，幼兒期篩選評量測驗的基本目標是要及早發現那些需要幫助的孩子，以避免發生更嚴重的學習困難（譚合令，民79）。

而目前台灣地區學齡前兒童篩選工作的做法，則依據學齡前特殊兒童通報、篩檢及安置模式試驗工作計畫中之規定。

1.初步篩選

目前是每一縣市至少應該選擇一鄉（鎮）或區試辦，包括健康檢查及心理評量兩部分。

2.複檢

(1)重點輔導縣市應就檢驗出疑似殘障兒童個案洽請有關醫院，協助辦理複檢工作。

(2)非重點輔導縣市應就疑似殘障兒童，循申請殘障手冊管道，轉介予以複檢。

就此辦法來看，通報與安置仍著重在入學階段，而對五歲以下之幼兒並未列入篩檢範圍內，以早期療育的觀點來看，應儘早將五歲以下之幼兒納入篩檢中。

其他配合預防注射的新生兒定期健檢，以及危險群兒童的監視系統，不可偏廢。而目前的新生兒出生，由於只有30%的新生兒在大醫院出生，70%仍在私人診所出生，因此無法掌握全部新生兒的出生基本資料，而無法再進一步發揮對確定或疑似障礙的幼兒，進一步提供療育的轉介服務及密切追蹤，加上目前衛生署出生通報作業的草案計畫只做到掌握新生兒的出生基本資料，實應再擴大發展此出生通報系統成為新生兒健診、殘障通報系統，才能真正保障全民的嬰幼衛生。

而在國外，對於五歲之下之幼兒已建立起完整之篩選系統，根據Linder（1983）的說明，篩選（Screening）乃是一種過程，從所有幼兒中選出有特別需要或須做更進一步評量的小孩子。「特別需要」可解釋為有醫藥、心理及教育上的問題。篩選的過程應該講求迅速、確實，及經費許可下的步驟來完成，畢竟篩選不同於診斷。篩選的順序宜注意：首先，篩選出之問題須是可治療的，是幼兒目前最需要的；

而且治療方法是機構或人員所能提供的。針對嬰幼兒篩選的意義乃在於及早發現，及早提供嬰幼兒所需的服務，同時也提供詳細的資料給學校，以便規劃這類兒童所需的長程教育目標。篩選的過程需由不同單位來通力合作，由於五歲以下的幼兒尚未在公立學校就讀，所以由專責機構統一或合作辦理，才能收真正實效（教育部，民79；傅秀媚，民85）。

而發展遲緩兒童的定義與原因，也是許多關心幼兒的家長與老師急欲知道的資訊，一般而言發展遲緩兒童是一群兒童因神經系統及（或）肌肉系統障礙，而表現出各種不同之症狀及徵兆，其原因可表現不同之症狀，反之，不同之原因可表現同一種症狀，因此在診斷及鑑定過程的難易度會出現很大的差異。因此發展遲緩兒童在求診之過程中需長期追蹤，除了針對個案之需求做不同之處理外，在求診過程中需專業團隊小組之共同協助，以達成鑑定及療育之目標。

✄ 四 發展遲緩兒童的需要

關於需要，則不只要考慮到疾病的類別，更要考慮年齡、嚴重度、遲緩（殘障）的種類、居住地及醫療資源的便利性、家境與家庭狀況等相關因素。因為這些因素都內含了當事人及其家庭的需求，如果不加以協助則早療的工作絕對是事半功倍的。

當我們單從障礙本身來看，其所涵蓋的問題與專業領域就已相當複雜。舉例來說，腦源性功能異常及其合併症就包括：

1.癲癇：服用癲癇藥物及其副作用。

2.運動障礙：肢體僵化、萎縮、攣縮而繼發骨質疏鬆或骨折。

3.餵食障礙：可能衍生營養不良、感染、代謝異常、性發育遲緩等。

4. 平滑肌功能障礙

(1)如吞嚥異常、胃食道反流，導致胃炎或肺炎，甚至造成貧血、慢性肺病等。

(2)便秘：巨結腸症，導致腸阻塞等。

(3)膀胱功能異常：尿道炎、尿失禁。

5. 認知異常：造成學習及溝通障礙。

6. 行為障礙：如自閉症、過動症，合併情緒異常、攻擊、自傷性行為和異食症等，並且可能伴隨多種外傷或精神藥物之副作用（郭煌宗，民88）。

若我們再從發展遲緩兒童的終身需求來看，其需要的範圍就更加廣泛。包括：

1. 醫療介入。

2. 家長諮詢。

3. 發展中的教育。

4. 教養安置。

5. 個人社會創意活動。

6. 個人的支持。

7. 職業訓練。

8. 長期終身住宿安排等，在不同的成長階段各有不同比重的需要程度（郭煌宗，民88）。

第二節　發展遲緩兒童的輔導與服務

一　早期療育的服務對象

早期療育的服務對象是發展遲緩的兒童。依據衛生署指定之「發展遲緩兒童聯合鑑定中心」定義，「發展遲緩兒童」是指六歲以前的兒童，因各種原因（包括腦神經或肌肉神經生理疾病、心理社會環境因素等）所導致認知發展、生理發展、語言及溝通發展、知覺動作發展、心理社會發展或生活自理技能等方面，有落後或異常之兒童。從以上描述，可以知道發展遲緩其實是包含了多種不同的問題，而有些小朋友也可能並不只有一項功能遲緩，再加上造成發展遲緩的原因很多，因此，發展遲緩的兒童往往需要有早期療育的服務團隊來加以協助。

二　早期療育的服務團隊

完整的早期療育團隊應該包括社會福利、醫療以及教育三方面的專業人員。每一位發展遲緩的兒童都應該進入早期療育通報系統，以便有專業的個案管理員協助案家相關文件及補助的申請，並且協助小朋友進行鑑定及療育的安排；醫療團隊則包含了各類專長於兒童醫療的醫師（小兒神經科、兒童心智科、新生兒科、小兒骨科）及各類治療師（臨床心理師、語言治療師、兒童物理治療師、兒童職能治療

師、聽力師）：當然，還必須有特殊教育老師的配合，才能將早期療育的效果延伸下去。

　　而服務的提供有賴專業團隊的努力合作，才能真正落實發展遲緩兒童的需求，各項專業服務說明於後。

✈ 三　兒童物理治療師的角色功能

　　兒童物理治療師服務的對象，包含發展遲緩高危險嬰幼兒（如極低體重的早產兒），而已經確定醫學診斷的兒童有：發展遲緩兒童、智能不足兒童、發展協調障礙（包含部分學習障礙兒童）、腦性麻痺兒童、腦外傷兒童、脊髓損傷兒童、臂神經叢傷害、神經肌肉病變、先天性髖關節脫臼術後、肌肉性斜頸症、先天性心臟兒童（促進健康體適能）、氣喘兒童（促進健康體適能）、唐氏症、多重障礙等等。

　　兒童物理治療師的服務內容，包含執行兒童物理治療評估、設計並實施兒童保健計畫、兒童發展篩檢、兒童物理治療計畫、行為介入計畫、設計並使用輔具科技，或作適當的環境改變來增進功能、協助設計個別化家庭服務計畫（IFSP）／個別化教育計畫（IEP）、提供醫療相關專業人員／患者及其家庭／專業團體／社會團體／特殊服務機構／一般社會大眾諮詢服務等等。因此，不是只有一對一的治療才可以找物理治療師，許多兒童物理治療師可以提供諮詢、體適能篩檢訓練、親子教室、輔具諮詢的服務，而各縣市教育局聘有物理治療師，可以協助身心障礙學生 IEP 的擬定（白偉男，民 89）。

四 語言治療師的角色功能

1.助聽器的應用

(1)一歲左右就可開始，因助聽器好比一個擴音器，除了放大所要聽的，同時也放大了其他的噪音。開始時往往不能適應，需慢慢加長戴的時間來適應。

(2) 一般有四種類型

①體型或標準型，適合嚴重失聽及幼童用。

②耳後型或耳掛型，不適兒童，適合失聽程度已由輕度漸入嚴重患者。

③眼鏡型，最貴。

④耳內型，適合輕度聽力障礙者。

(3)購買時應先確定該助聽器是否有保證書、免費服務及短期試用，耳模訂做價錢是否包括在內。

2.聽能訓練

一般人往往誤解聾的涵義，以為聾是什麼聲音都聽不到。其實大多數僅高頻率失聽，全聾者較少，而且大多具有殘餘聽力，言語訓練上可加以利用。訓練的過程是長期的，要先解決父母的心理障礙，得到他們的心理支持，然後有系統的利用所有知覺能力獲取外界訊息。訓練內容包括：(1)分辨不同種類的聲音，如樂器、交通工具、動物的叫聲、人聲、自然界的聲音、屋內的用具聲等；(2)分辨常用的詞句。

3. 讀話訓練

(1)讀話除了觀察嘴唇動作，還有臉部表情、自然手勢、身體動作。

(2)初學者以一公尺左右的距離最適合，習慣後保持一公尺至二公尺。

(3)說話時必須使用完整句子，否則會養成他用單字說話的習慣，以後就不會用完整句子說話或寫字。

(4)稍微側一點，三十度至四十五度之間比正面看好，可看到臉的二分之一至四分之三的角度，習慣後再從各角度練習。

(5)習慣讀話後，不但會父母、老師的口形，慢慢也要學習看到別人的口形讀話。

4. 說話訓練

中國文字雖多至數萬，但除去聲調只有字音四百一十個，如果經過長期的學習，可以學會大部分的字音正確發音法。但最大的問題，是如何將已學會的正確語音保持下去，因為他們無法聽到自己的語音正確與否，必須靠別人告訴他。所以愈加訓練愈有效果，但要注意：

(1)不可用手勢作為學習語言的媒介，將阻礙言語的發展。

(2)把他的手放在頰部或喉部來感覺到自己的發聲。

(3)教單字語句、名詞、形容詞、副詞，日常用語中較常用，容易說的。

(4)幫助他能用話語簡單表達自己的經驗，所做、所看、所想的事。

5. 語言訓練

在這裡是指詞類、句型、語法，讀與寫作方面的指導，聽力正常的人因從小每天不斷的聽、說，不需要特別學文法也能使用通順的句

子，但聾童接受的語言少，看口形所能瞭解的也不夠清楚，應利用隨機教育增加語言的指導。

(1)瞭解「誰」、「什麼」，表示「時間」、「位置」的詞。

(2)使用簡單的句子，否定句、疑問句、命令句、禁止詞句、比較詞、感嘆句、假定句等等。

(3)從反複練習，反複使用當中，讓聾童體會到正確句子的使用法，並幫助聾童能用語言做思考活動（劉秀芬，民89）。

五　職能治療師的角色功能

職能治療師則提供職能治療，尤其是生活自理技能之訓練：職能治療是一個從身、心兩方面來助人，以使其能以自助的方式把生活品質提高的行業，工作原則是選取各種合用的理論在工作對象配合的狀況下來評估他過日子的能力，必要時協助他得到所需要的各種體能、知識、技術及態度，以期能使他儘量發展感覺、運動和認知的能力及充分的人際關係技巧。

職能治療這個行業的特質是注重肢體運用，注重感官功能，注重心理、行為，注重這層層關聯所致的過日子的機會、能力與生活品質。所以在接觸個案時會先瞭解個案本身的身心特質，以及他的生活環境中有影響力的人與特殊的狀況，來判斷他的優點與不當（所謂不當即過多或不足）之處，來加以處理，使其能發揮優點，並對不當之處有所調整。

如痙攣性腦麻痺兒童之關節活動度小（不足了），故需要伸展成有足夠的關節活動度，以消除一項阻礙肢體靈活運用的因素。肌肉張力低的人，關節活動度很大（過多了），以致運作時的穩定度就不足，要設法使關節的拉力變緊一些，使關節活動度變小了就好。又如

活力太旺、理性不足，就需降低一些活力，增加一些理性。

　　職能治療將以豐富的、恰當的感覺刺激及適量的保護、適量的挑戰與鍛鍊來幫助孩子看得懂、聽得懂、學得來。有恰當的活力，動得好，動得有效率，玩得有建設性。有健康的心，能面對挫折，能欣賞別人也欣賞自己，能恰當的表露情緒，使孩子能均衡的發展，安然的長大。

　　兒童的生活領域多為遊戲與家庭生活。所以，職能治療將千方百計的教孩子如何運用肢體，如何玩，如何吃得恰當，穿得正確，保持衛生，照顧自己，並如何與人相處。

六　心理師的角色功能

　　零到六歲的孩子，是最需要家人照顧與陪伴的時候，故在早期發展的課題中，除了看孩子本身呈現的現象與問題外，亦重視家庭環境及其他重要人事物之影響，所以我們知道影響孩子發展的因素中，除了孩子本身的特質因素與照顧者的特質外，還牽涉到家庭與社會環境因素及文化因素等，故心理師是以全人全方位的態度與角度來看我們的孩子。

　　心理師同時兼有評鑑與治療兩功能，其主要工作如下：與家長晤談，瞭解家庭背景與動力，給予標準化智力或發展測驗，並透過觀察及評估孩子的目前功能，提供家長機會去討論孩子的問題與家長及老師們的溝通與諮詢，讓家長與老師瞭解孩子目前的學習狀況並提出可行的解決方案，也可訓練孩子基本生活技能，改善行為及規律情緒。並且以下列方式提供服務：

　　1.直接處理孩子的問題。

　　2.示範並教導家長如何處理問題。

3.增加親子間之互動。

4.給予家庭支持。

5.提高孩子學習動機。

6.有個人及兩人以上的孩子同時治療。

簡言之，心理師可協助瞭解孩子發展、認知、情緒、社交等能力，進行個別治療或團體治療，察覺家庭功能與需要，建議家庭或學校環境之配合與改善。心理師非常樂於與家長及相關人士共同來關心與討論我們的孩子（不管他／她是發展正常或遲緩）（張逸琳，民89）。

七　社工人員的角色功能

社工人員在早期療育中，可以扮演下列幾項角色：

1.資訊的提供者

提供正確的求醫態度或是服務的相關資訊、教養的相關資訊等，陪伴家長度過慌亂不知所措的情境，而能理性的做出選擇。

2.資訊的轉介者

依社工人員的協調整合能力，為家庭轉介適合需要的各項服務。

3.評鑑與療育服務的提供者

社會工作者能以專業知識技能協助家庭釐清問題，提供家庭問題處遇、社會資源結合及社會技巧、教養技巧的教導等等項目服務。

4.情緒的支持者

社會工作者除了提供實質上的協助之外，亦可提供情緒上的支

持，使家庭在面對療育服務過程中的不安及無助減到最低，增強家庭面對挫折的能力。

5. 個案管理者

由於發展遲緩兒童及其家庭經常要面對的問題是複雜的，需要不同專業人員的協助，而社會工作者由於專業訓練過程中有許多理論與知識技術來自跨專業的領域，使得社會工作者本身在工作執行上取得更多協調與統合的能力基礎，奠定社會工作者在整體服務觀念之下，具有更大的優勢作為一個個案的管理者。

✎八　特殊教育教師的角色功能

而特殊教育教師則在早期療育中扮演重要角色：特殊教育教師是提供發展遲緩兒童全方位有系統、有組織並且以完整課程呈現的重要人員。

在幼兒工作之訓練、教育措施與介入各方面受過訓練的特殊幼兒教育者，在許多方面可發揮相當大的功能。他們的主要工作包含參與IFSP之制度、訂定教學目標、與心理人員及其他專業人員共同從事診斷與評量工作。通常其與特殊幼兒之接觸最為頻繁，能指導幼兒學習、與家長溝通、提供家長支援等。

在目前各類型的特殊幼兒服務安置中，教師應有以下之職責：

1. 評量幼兒現階段之能力及學習優勢

在大部分的幼兒園，建議採課程本位評量方式，用以得知幼兒目前之狀況，並能找到起點行為，有利於銜接課程。

2. 制訂個別化家庭服務計畫

幼兒進入機構或園所之後,教師應依幼兒之現況並考量學習情形,替其訂定適合之學習目標,並且針對其他重要項目如家庭需求與目標、相關服務、長短程目標、轉銜服務,以及預估服務期限等,加以規劃說明,並以書面方式呈現。

3. 實際教學指導

這部分是教師最重要也是最主要之部分。將已擬妥之計畫、發展或活動,教導幼兒從活動中學習適合之目標,運用教材教具,並尋求適當之方法,使幼兒在整個學習過程中獲得能力之提升。

4. 評量學習效果

教師應以多元化方式評量幼兒之學習成效。其結果可供教師擬定新計畫與新目標之依據,並可提供相關資訊用以調整教法或教材,使其更能適合幼兒之需要。

5. 親師合作之溝通

教師應能密切與家長合作,家長可提供寶貴意見,使教師較能掌握幼兒特質,規劃較有利之學習內容與方法。教師亦能相對提供幼兒學習內容與情形,請家長配合訓練與督導,使幼兒已習得之技能更形穩固。

早期療育理論屢經發展心理學者及幼兒教育與特殊教育研究者的肯定與宣揚(陳東陞,民 82;黃世鈺,民 82)。目前台灣地區,特殊幼兒早期教育的重要性亦漸受到正視,而各項診斷、鑑定到教育安置等

一連串制度化的學前特殊教育體系正一一建立中（教育部，民 79；教育廳，民 83）。期望各相關專業人員共同投入，使發展遲緩兒童擁有更美好的未來。

參考書目

✐ 中文部分

內政部（民 82）。兒童福利法施行細則。台北：內政部。

王天苗（民 85）。台灣地區心智發展障礙幼兒早期療育服務供需及其相關問題之研究。特殊教育研究學刊，*14* 期，頁 21-44。

王天苗（民 88）。台灣地區發展遲緩幼兒人口調查研究。特殊教育研究學刊，*17* 期，頁 37-57。

白偉男（民 89）。早期療育服務團隊的運作模式。不怕慢，只怕站。台中縣政府。

白偉男（民 89）。兒童物理治療師所提供的早期療育服務。不怕慢，只怕站。台中縣政府。

洪儷瑜（民 81）。特殊兒童的家庭服務——談「個別化家庭服務計畫」。國立台中師範學院幼兒教育年刊，*5* 期，頁 161-176。

洪素英（民 88）。發展遲緩幼兒之家庭生活素質研究。國立彰化師範大學特殊教育學系碩士論文。

教育部（民 79）。學前階段特殊教育問題研究。

郭煌宗（民 88）。台灣地區發展遲緩兒童早期療育社會資源實務手冊。中華民國發展遲緩兒童早期療育協會。

張逸琳（民 89）。心理師在兒童早期發展中所扮演的角色與所提供的服務。不怕慢，只怕站。台中縣政府。

傅秀媚（民 85）。特殊幼兒教育診斷。台北：五南圖書出版有限公司。

劉秀芬（民89）。發展遲緩兒的語言治療。不怕慢，只怕站。台中縣政府。

譚合令（民79）。認識嬰幼兒發展篩選測驗。幼兒教育年刊，*3*期，頁2-7。

英文部分

Shonkoff, J. P., & Meisels, S. J.（1990）. Early childhood intervention : The evolution of a
concept. *Handbook of early childhood intervention* , p.3-31. Cambridge: Cambridge
University Press.

15

特殊教育未來 發展趨勢

傅秀媚

　　近年來由於我國經濟建設的豐碩成果，帶來社會的繁榮與進步，教育事業突飛猛進，身心障礙兒童的教育亦逐漸受到重視，除已積極確立特殊教育立法，建立特殊教育行政體系與制度外，提出並施行「加速特殊教育發展計畫」、「實施全國第二次特殊兒童普查」、「發展與改進特殊教育五年計畫」、「發展與改進特殊教育六年計畫」、「推動特殊教育學生鑑定安置及輔導工作指導計畫」、「推動中重度智障及多障兒童接獲第十年技藝教育」、「召開全國身心障礙教育及資賦優異教育會議」、「發表身心障礙教育報告書」、「推展特殊體育」、「落實個別化教育計畫」等一連串重要政策措施。又為實施特殊教育「有教無類」、「因材施教」的理念，並提高教育效起見，對不同種類、不同程度、不同特性的特殊學生之教育設施、教育鑑定、教育安置、教育評量、教育課程、教育內容、教育方法、教育評鑑、生涯輔導、社會適應、職業適應、轉銜服務、親職教育、早期療育等措施，積極展開各種實驗、研究、推廣、輔導、服務等工作。使身心障礙及資賦優異之國民，均能接受適性的教育機會，充份發展身心潛能，培養健全人格，增進服務社會的能力，以實現「人盡其才」的教育理想。

　　由上可知，近年來，政府對於特殊教育的推行，可以說是不遺餘力。特殊教育就發展的階段而言，可謂已由植基期、萌芽期、實驗期，進入蓬勃發展的階段。而未來特殊教育的趨勢，也可以歸納為下列幾項加以說明：

1. 強調身心障礙學生轉銜服務與就業之統整

　　在美國已立法明訂轉銜計畫必須是個別化教育計畫的一部分，並強調就業是特殊兒童未來生活品質指標之一（*Collet-Klingenberg, 1998*）。未來透過法令與理念之落實，希望能適當的協助身心障礙學生順利地

銜接各個階段。並且在離開學校系統時,即能擁有就業能力或進入職業訓練機構;肯定身心障礙人士之就業能力,並予以協助快樂的從事適合他們的工作。特殊教育行政系統與職業訓練單位或就業輔導單位密切合作,以便輔導障礙學生職業實習與就業。

2.重新檢討並落實資優教育

在升學主義之陰影下,資優教育處境艱難,必須重新檢視並予以調整,才能更進一步建立自我的風格,也才能落實資優教育之真正意義。作法部分先改進鑑定方式與安置,尤其是持續鑑定與彈性開放機會,才不致於埋沒人才。再者,需調整資優教育的生態,提倡研究風氣並注入本土研究的生命力,加強資優生的情意教育,培養其對關懷人類與社會之使命感。加強資優教育教師之培育也是一大課題,尤其是持續的在職進修,可以提供教師更多元化的思考方式與教法之革新,也藉以健全教師體系。最後是必須做好親師溝通,大家理念一致,才可以將學生之真正能力加以發揮。

3.立法與行政之重視

世界各國在立法中都開始重視特殊兒童的教育權。而我國自特殊教育法頒布之後,特殊教育向前邁進了一大步,且加速了特殊教育的發展,使特殊教育措施由實驗階段邁向全面推展階段,並提升特教品質,在未來除特殊教育相關子法陸續訂定外,可望會有更多法令在訂定或修正時會考慮到特殊需求的孩子。而在行政組織方面,中央與地方各機關分層負責,定位明確,且邁向專責化,將有系統地規劃推動特殊教育的各項業務。

4.特殊教育與普通教育之重整——邁向融合教育

融合教育的概念來自正常化（Normalization），旨在使特殊兒童能在最接近正常的環境中受教育。今日贊成與反對融合者仍時有爭議（*Kauffman, 1999; Dupre, 1977*）。但整個趨勢潮流仍鼓勵實施融合教育，且以下列四項前提為主：(1)標記使兒童受傷害；(2)隔離式特殊教育並未有太大成效；(3)特殊兒童之地位應與少數民族相同；(4)道德論優於經驗主義（*Artesain, 1998*）。過去特教分離普通教育之外，管理負責有別，因此造成特教離主流價值愈來愈遠。所以藉由教育機制的革新，建立嚴密的網路，透過教育鬆綁，教育體制逐漸從層層管制的行政機制，走向民主、自由和專業自主，並朝向融合之目標。而融合教育則是將有特殊需求的學生正入普通班，特殊學生和普通學生不分彼此，同屬一個班級，藉由教學技巧的改進和輔助工具的協助，讓所有身心障礙兒童得以在普通班中接受教育，強調去除標記，但並非要取消特殊兒童所需的支持與服務，而是要將這些資源提供給在一般教育環境的所有學生，並且使特殊需求之學生能儘早回到主流環境中，適應家庭、社區及獨立生活。

5.科際整合的專業團隊

目前特殊教育已逐步走向科際整合之方向，在這個專業分工的社會，唯有結合醫療、復健、教育、志工等相關專業團隊，始能提升服務品質。在跨專業的整合模式中，服務從「個案是一個完整的個體」為主要觀點出發，因此必須考慮個案的整體需求，而非零散的頭痛醫頭，腳痛醫腳。並在成員間建立共識，達成良好溝通，分享各自專業領域的知識與訊息，替兒童謀求最大的效益。

6. 重視特殊學生之鑑定與安置

障礙學生的鑑定程序，應在申請及執行上更為便捷。同時研發適用之鑑定工具，而且參與鑑定的人員需具備必要的專業知能。目前，隨著鑑定原則的公布，勢必能更落實鑑定的意義。針對特殊兒童的行為問題也是未來考慮安置時的一大議題。如何正確得知行為問題是否來自其發展上之障礙，並擬定妥善處理方式，將考驗學校與教師（*Nelson, Martella, & Galand, 1998*）。安置部分則朝向融合，因此提升普通班教師處理班級中輕度障礙學生之功課及行為問題的能力，並對重度、極重度學生提供適當的學習與生活輔導，乃安置之重要課題。

7. 特殊教育社區化

杜威說：「教育即生活」，在現實生活中，人人皆學生、處處皆教室，已深為人所熟知。提供社區本位的訓練與相關措施，以協助這些學生在畢業時即有適當的就業安置及良好的社會適應能力，實乃當務之急。

所謂特殊教育的社區化是指特殊學生所需要的特殊教育服務可以在學生所屬的社區內學校獲得，學生可以和自己手足、鄰居一起學習。可以在他熟悉的環境學習，這對一般越區就讀的國中生而言，可能不是什麼大不了的事，但對於長期處於環境適應劣勢的特殊學生而言，為接受適性的特殊教育而與熟悉的生活環境脫節，對其學習而言可算是二度障礙。所以自開始即在社區中就學、生活，將有助於特殊學生生活品質之提升。

8. 早期療育的觀念逐步落實

自特教法中的明訂身心障礙學生之教育延伸自三歲開始，即顯現

出政府重視特殊兒童早期療育之工作。近來更因一些家長、民間機構的率先推動，以及兒童福利法的訂定，發展遲緩兒童的問題，逐漸受到重視。也進一步結合社政、醫療與教育體系開始規劃，推動早期療育服務。有關早期療育的三項議題則是：(1)家庭在整個服務過程中的角色；(2)課程應以教師為中心或以兒童為中心；(3)融合學前教育是否對所有幼兒都是最佳選擇（*Carta & Greewood, 1997*）。而這些議題勢必成為台灣地區未來實施早期療育需審慎考慮之問題。未來透過科際整合，能及早發現障礙與適應困難，進而提供需要之服務，將能大大提升特殊幼兒之發展能力，並針對其家庭，提供必要之協助，盡可能減輕障礙程度，降低對未來特殊服務的需求。

9.重視家庭與家長之權益

從立法的精神中可以看出家長權益越來越受到重視。一個學生生在社會、學校、家庭之中是一個完整的個體無法切割。相對地，在他周圍提供照顧與服務的人亦無法完全區分清楚。因此，學校教育一定要與學生家長密切配合，藉由共同努力，組合而成堅固、紮實、緊密的親師聯絡網，使得孩子能獲得更多的協助。而家長在孩子的求學過程亦應積極參與，了解孩子的能力與所學，並提供資訊，替孩子爭取應得之權利，都是家長未來努力之方向。

10.師資培育多元化與精緻化

特殊教育師資之優劣為特殊教育改革成敗的關鍵。高品質的特殊教育，必須先有高品質的教師。因此，師資的培育與師資品質的提升都是刻不容緩的事。未來師資在特殊教育方面會朝向多元化方式，除國內外大學特殊教育系所培育之外，應提升至碩士學位為宜。並以特教需求決定師資培育模式，再以培育模式決定進用方式。而重視教師

之在職進修，重視教師權益與福利，確保教師流動率降低，都有助於教師品質之提升。

11.落實個別化教育計畫

隨著融合教育的理念逐步落實，部分特殊學生將被安置於普通教育中。而沒有個別化教育計畫的特殊教育是空的。即使學生在普通班級中亦應特別強調適合個別學生學習與設計的目標，因此，個別化教育計畫就成為相當重要的項目。在顧及學生個別的需求及個別的教學服務措施下，鼓勵教師以較少的時間編寫適合學生的計畫，進而照顧到每一位特殊學生。

12.全人化的趨勢

由於特殊兒童的缺陷較易被人所感知，常以其特殊性來看待特殊兒童，例如吾人常從視覺缺陷來看視障兒童，從聽覺缺陷來看聽障兒童，從肢體缺陷來看肢障兒童……等。其實他們都和普通兒童有較多相似之處，其缺陷只是一小部分而已。如果吾人能夠先不去看他的缺陷，則他們之間幾乎沒有兩樣。

在特殊全人化的輔導概念下，除一般教學的教導外，更重視人格發展的輔導，使特殊兒童不因特殊缺陷而形成偏差心理，期許能敞開心胸擁抱社會，親近家人、朋友，樂於貢獻而非只求他人的憐憫和給予。透過全人化的教學與輔導，才能使身心健全發展，也才是特殊教育的目標。

參考書目

Aresani, A. J., & Millar, L.（1998）. Positive behavior supports in general education settings: Combining person-centered planning and functional analysis. *Intervention in School and Clinic, 34*, 33-38.

Carta, J. J., & Greenwood, C. R.（1997）. Barriers to the implementation of effective educational practices for young children with disabilities. In J. W. Lloyd, E. J. Kameenui, & D. Chard（Eds.）, *Issues in educating students with disabilities,* pp.261-274. Mahwah, NJ: Erlbaum.

Collet-Klingenberg, L. L.（1998）. *The reality of best practices in transtion: A case study. Exceptional Children, 65*, 67-78.

Dupre, A. P.（1997）. Disability and the public schools: The case against "inclusion". *Washington Law Review, 72*, 775-858.

Kauffman, J. M.（1999）. Today's special education and its messages for tomorrow. *Journal of Special Education, 32*, 244-254.

Nelson, J. R., Martella, R., & Galand, B.（1998）. The effects of teaching school expectations and establishing a consistent consequence on formal office disciplinary actions. *Journal of Emotional and Behavioral Disorders, 6*, 153-161.

附錄一　特殊教育法

中華民國七十三年十二月十七日
總統(73)華總（一）義字第六六九二號令公布
中華民國八十六年五月十四日
總統華總（一）義字第八六○○一一二八二○號令修正公布
（註：第二條條文修正草案正由立法院審議中）

第　一　條　為使身心障礙及資賦優異之國民，均有接受適性教育之權利，充分發展身心潛能，培養健全人格，增進服務社會能力，特制定本法；本法未規定者，依其他有關法律之規定。

第　二　條　本法之主管教育行政機關；在中央為教育部；在省（市）為省（市）政府育廳（局）；在縣（市）為縣（市）政府。

本法所定事項涉及各目的事業主管機關業務時，各該機關應配合辦理。

第　三　條　本法所稱身心障礙，係指因生理或心理之顯著障礙，致需特殊教育和相關特殊教育服務措施之協助者。

本法所稱身心障礙，指具有左列情形之一者：

一、智能障礙。

二、視覺障礙。

三、聽覺障礙。

四、語言障礙。

五、肢體障礙。

六、身體病弱。

七、嚴重情緒障礙。

八、學習障礙。

九、多重障礙。

十、自閉症。

十一、發展遲緩。

十二、其他顯著障礙。

第　四　條　本法所稱資賦優異，係指在左列領域中有卓越潛能或傑出表現者：

一、一般智能。

二、學術性向。

三、藝術才能。

四、創造能力。

五、領導能力。

六、其他特殊才能。

第　五　條　特殊教育之課程、教材及教法，應保持彈性，適合學生身心特性及
需要；其辦法，由中央主管教育行政機關定之。

對身心障礙學生，應配合其需要，進行有關復健、訓練治療。

第　六　條　各級主管教育行政機關為研究改進特殊教育課程、教材教法及教具
之需要，應主動委託學術及特殊教育學校或特殊教育機構等相關單
位進行研究。

中央主管教育行政機關應指定相關機關成立研究發展中心。

第　七　條　特殊教育之實施，分下列三階段：

一、學前教育階段，在醫院、家庭、幼稚園、托兒所、特殊幼稚園
（班）、特殊教育學校幼稚部或其他適當場所實施。

二、國民教育階段，在醫院、國民小學、國民中學、特殊教育學校
（班）或其他適當場所實施。

三、國民教育階段完成後，在高級中等以上學校、特殊教育學校
（班）、醫院或其他成人教育機構等適當場所實施。

為因應特殊教育學校之教學需要，其教育階段及年級安排，應保持
彈性。

第　八　條　學前教育及國民教育階段之特殊教育，由直轄市或縣（市）主管教
育行政機關辦理為原則。

國民教育完成後之特殊教育，由各級主管教育行政機關辦理。

各階段之特殊教育，除由政府辦理，並鼓勵或委託民間辦理。主管
教育行政機關對民間辦理特殊教育應優予獎助；其辦法，由中央主
管教育行政機關定之。

第　九　條　各階段特殊教育之學生入學年齡及修業年限，對身心障礙國民，除
依義教育之年限規定辦理外，並應向下延伸至三歲，於本法公布施
行六年內逐步完成。

身心障礙學生因故休學者，得再延長其修業及復學年限。

對於失學之身心障礙國民，各級攻府應規劃實施免費之成人教育。

對資賦優異者，得降低入學年齡或縮短修業年限；其辦法，由中央主管行政機關定之。

第 十 條　為執行特殊教育工作，各級主管教育行政機關應設專責單位，各級政府承辦特殊教育業務人員及特殊教育學校之主管人員，應優先任用相關專業人員。

第 十 一 條　各師範校院應設特殊教育中心，負責協助其輔導區內特殊教育學生之鑑定、教學及輔導工作。

大學校院設有教育院、糸、所、學程或特殊教育系、所、學程者，應鼓勵設特殊教育中心。

第 十 二 條　直轄市及縣（市）主管教育行政機關應設特殊教育學生鑑定及就學輔導委員會，聘請衛生及有關機關代表、相關服務專業人員及學生家長代表為委員，處理有關鑑定、安置及輔導事宜。有關之學生家長並得列席。

第 十 三 條　各級學校應主動發掘學生特質，透過適當鑑定，按身心發展狀況及學習需要，輔導其就讀適當特殊教育學校（班）、普通學校相當班級或其他適當場所。身心障礙學生之教育安置，應以滿足學生學習需要為前提下，最少限制的環境為原則。直轄市及縣（市）主管教育行政機關應每年重新評估其教育安置之適當性。

第 十 四 條　為使就讀普通班之身心障礙學生得到適當之安置與輔導，應訂定就讀普通班身心障礙學生之安置原則與輔導辦法；其辦法，由各級主管教育行政機關定之。

為使普通班老師得以兼顧身心障礙學生及其他學生之需要，身心障礙學生就讀之普通班應減少班級人數；其辦法，由各級主管教育行政機關定之。

第 十 五 條　各級主管教育行政機關應結合特殊教育機構及專業人員，提供普通學校輔導特殊教育學生之有關評量、教學及行政支援服務；其辦法，由中央主管教育行政機關定之。

第 十 六 條　特殊教育學校（班）之設立，應力求普及，以小班、小校為原則，並朝社區化方向發展。

少年監獄、少年輔育院、社會福利機構及醫療機構附設特殊教育班，應報請當地主管教育行政機關核准後辦理。

私立特殊教育學校，其設立標準，由中央主管教育行政機關定之。

第 十 七 條　為普及身心障礙兒童及青少年之學前教育、早期療育及職業教育，各級主管教育行政機關應妥當規劃加強推動師資培訓及在職訓練。

特殊教育學校（班）、特殊幼稚園（班），應依實際需要置特殊教育教師、相關專業服務人員及助理人員。特殊教育教師之資格及任用，依師資培育法及教育人員任用條例之規定；相關專業人員及助理人員之遴用辦法，由中央主管教育行政機關定之。

特殊教育學校（班）、特殊幼稚園（班）設施之設置，應以適合個別化教學為原則，並提供無障礙之學習環境及適當之相關服務。

前二項人員及設施之設置標準，由中央主管教育行政機關定之。

第 十 八 條　設有特殊教育系（所）之師範大學、師範學院或一般大學，為辦理特殊教育各項實驗研究，並供教學實習，得附設特殊教育學校（班）。

第 十 九 條　接受國民教育以上之特殊教育學生，其品學兼優或有特殊表現者，各級政府應給予獎助；家境清寒者，應給予助學金、獎學金或教育補助費。

前項學生屬身心障礙者，各級政府應減免其學雜費，並依其家庭經濟狀況，給予個人必需之教科書及教育輔助器材。

身心障礙學生於接受國民教育時，無法自行上下學者，由各級政府免費提供交通工具；確有困難，無法提供者，補助其交通費。

前三項之獎助辦法，由各級政府定之。

第 二 十 條　身心障礙學生，在特殊教育學校（班）修業期滿，依修業情形發給畢業證書或修業證書。

對失學之身心障礙國民，應擬定各級學校學力鑑定辦法及規劃實施成人教育辦法；其相關辦法，由各級主管教育行政機關定之。

第二十一條　完成國民教育之身心障礙學生，依其志願報考各級學校或經主管教育行政機關甄試、保送或登記、分發進入各級學校，各級學校不得以身心障礙為由拒絕其入學；其升學輔導辦法，由中央主管教育行政機關定之。

各級學校入學試務單位應依考生障礙類型、程度，提供考試適當服務措施，由各試務單位於考前訂定公告之。

第二十二條　身心障礙教育之診斷與教學工作，應以專業團隊合作進行為原則，集合衛生醫療、教育、社會福利、就業服務等專業，共同提供課業學習、生活、就業轉銜等協助；身心障礙教育專業團隊設置與實施

辦法，由中央主管教育行政機關定之。

第二十三條　各級主管教育行政機關應每年定期舉辦特殊教育學生狀況調查及教育安置需要人口通報，出版統計年報，並依據實際需求規劃設立各級特殊學校（班）或其他身心障礙教育措施及教育資源的分配，以維護特殊教育學生接受適性教育之權利。

第二十四條　就讀特殊學校（班）及一般學校普通班之身心障礙者，學校應依據其學習及生活需要，提供無障礙環境、資源教室、錄音及報讀服務、提醒、手語翻譯、調頻助聽器、代抄筆記、盲用電腦、擴視鏡、放大鏡、點字書籍、生活協助、復健治療、家庭支援、家長諮詢等必要之教育輔助器材及相關支持服務；其實施辦法，由各級主管教育行政機關定之。

第二十五條　為提供身心障礙兒童及早接受療育之機會，各級政府應由醫療主管機關召集，結合醫療、教育、社政主管機關，共同規劃及辦理早期療育工作。

對於就讀幼兒教育機構者，得發給教育補助費。

第二十六條　各級學校應提供特殊教育學生家庭包括資訊、諮詢、輔導、親職教育課程等支援服務，特殊教育學生家長至少一人為該校家長會委員。

第二十七條　各級學校應對每位身心障礙學生擬定個別化教育計畫，並應邀請身心障礙學生家長參與其擬定與教育安置。

第二十八條　資賦優異學生經學力鑑定合格者，得以同等學力參加高一級學校入學考試或保送甄試升學；其辦法，由中央主管教育行政機關定之。

縮短修業年限之資賦優異學生，其學籍及畢業資格，比照應屆畢業學生辦理。

第二十九條　資賦優異教學，應以結合社區資源、參與社區各類方案為主，並得聘任具特殊專才者為特約指導教師。

各級學校對於身心障礙及社經文化地位不利之資賦優異學生，應加強鑑定與輔導。

第 三 十 條　各級政府應按年從寬編列特殊教育預算，在中央政府不得低於當年度教育主管預算百分之三；在地方政府不得低於當年度教育主管預算百分之五。

地方政府編列預算時，應優先辦理身心障礙學生教育。

中央政府為均衡地方身心障礙教育之發展，應視需要補助地方人事

及業務經費以辦理身心障礙教育。

第三十一條　各級主管教育行政機關為促進特殊教育發展及處理各項權益申訴事宜，應聘請專家、學者、相關團體、機構及家長代表為諮詢委員，並定期召開會議。

為保障特殊教育學生教育權利，應提供申訴服務；其服務設施辦法，由中央主管教育行政機關定之。

第三十二條　本法施行細則，由中央主管教育行政機關定之。

第三十三條　本法自公布日施行。

⟡ 附錄二　特殊教育法施行細則

中華民國七十六年三月二十五日教育部台（七六）參字第一二六一九
號令訂定發布
中華民國八十七年五月二十九日教育部台（八七）參字第八七○五七
二六六號令修正發布
中華民國八十八年八月十日教育部台（八七）參字第八八○九七五五
一號令修正發布第四條條文

第　一　條　本細則依特殊教育法（以下簡稱本法）第三十二條規定訂定之。

第　二　條　本法第三條第二項各款所列身心障礙者及第四條各款所列資賦優異
者，其鑑定原則、鑑定基準，由中央主管教育行政機關會商相關機
關定之。

第　三　條　本法第七條第一項第一款所稱特殊幼稚園，指為身心障礙或資賦優
異者專設之幼稚園；所稱特殊幼稚班，指在幼稚園為身心障礙或資
賦優異者專設之班。

本法第七條第一項第一款及第三款所稱特殊教育學校，指為身心障
礙或資賦優異者專設之學校；所稱特殊教育班，指在國民小學、國
民中學、高級中學、職業學校或依本法第十六條第二項為身心障礙
或資賦優異者專設之班。

本法第七條第一項第三款所稱高級中等以上學校，指高級中學、職
業學校、專科學校及大學。

第　四　條　政府、民間依本法第八條規定辦理特殊教育學校（班）者，其設
立、變更及停辦之程序如下：

一、公立特殊教育學校：

㈠國立者，由中央主管教育行政機關核定。

㈡直轄市及縣（市）立者，由直轄市及縣（市）主管教育行政機
關核定，報請中央主管教育行政機關備查。

二、公立學校特殊教育班：由學校之主管教育行政機關核定。

三、私立特殊教育學校：依私立學校法規定之程序辦理。

四、私立學校之特殊教育班：由學校之主管教育行政機關核定。

各階段特殊教育除依前項規定辦理外，公、私立學校並得依學生之

特殊教育需要，自行擬具特殊教育方案，向各級主管教育行政機關申請辦理之；其方案之基本內容及申請程序，由各級主管教育行政機關定之。

第　五　條　各級主管教育行政機關得依本法第八條第三款委託民間辦理特殊教育學校（班）或其他教育方案，其委託方式及程序由各該主管教育行政機關定之。

第　六　條　為辦理本法第九條第一項身心障礙學生入學年齡向下延伸至三歲事項，直轄市、縣（市）政府應普設學前特殊教育設施，提供適當之相關服務。

直轄市、縣（市）政府對於前項接受學前特殊教育之身心障礙學生，應視實際需要提供教育補助費。

第一項所稱學前特殊教育設施，指在本法第七條第一項第一款所定場所設置之設備或提供之措施。

第　七　條　學前教育階段身心障礙兒童，應以與普通兒童一起就學為原則。

第　八　條　本法第十條所稱專責單位，指於各級主管教育行政機關置專任人員辦理特殊教育行政工作之單位。

第　九　條　本法第十二條所稱特殊教育學生鑑定及就學輔導委員會（以下簡稱鑑輔會），應以綜合服務及團隊方式，辦理下列事項：

一、議決鑑定、安置及輔導之實施方式與程序。

二、建議專業團隊及特殊教育資源中心應遴聘之專業人員。

三、評估特殊教育工作績效。

四、執行鑑定、安置及輔導工作。

五、其他有關特殊教育鑑定、安置輔導事項。

直轄市、縣（市）主管教育行政機關應從寬編列鑑輔會年度預算，必要時，由中央主管教育行政機關補助之。

鑑輔會應置主任委員一人，由直轄市、縣（市）主管教育行政機關首長兼任之；並指定專任人員辦理鑑輔會事務。鑑輔會之組織及運作方式，由直轄市、縣（市）主管教育行政機關定之。

第　十　條　直轄市、縣（市）主管教育行政機關應結合鑑輔會、特殊教育資源中心、特殊教育諮詢委員會、身心障礙教育專業團隊及其他相關組織，建立特殊教育行政支援系統；其聯繫及運作方式，由直轄市、縣（市）主管教育行政機關定之。

前項所稱特殊教育資源中心，指直轄市、縣（市）主管教育行政機關為協助辦理特殊教育相關事項之任務編組；其成員，由直轄市、縣（市）主管教育行政機關就學校教師、學者專家或相關專業人員聘兼之。

第 十 一 條　鑑輔會依本法第十二條安置特殊教育學生，應於身心障礙學生教育安置會議七日前，將鑑定資料送交學生家長；家長得邀請教師、學者專家或相關專業人員陪同列席該會議。

鑑輔會應就前項會議所為安置決議，於身心障礙學生入學前，對安置機構以書面提出下列建議：

一、安置場所環境及設備之改良。

二、復健服務之提供。

三、教育輔助器材之準備。

四、生活協助之計畫。

前項安置決議，鑑輔會應依本法第十三條每年評估其適當性；必要時，得視實際狀況調整安置方式。

第 十 二 條　國民教育階段特殊教育學生之就學以就近入學為原則。但其學區無合適特殊教育場所可安置者，得經其主管鑑輔會鑑定後，安置於適當學區之特殊教育場所。

前項特殊教育學生屬身心障礙者，直轄市、縣（市）主管教育行政機關應依本法第十九條第三項規定，提供交通工具或補助其交通費。

第 十 三 條　依本法第十三條輔導特殊教育學生就讀普通學校相當班級時，該班級教師應參與特殊教育專業知能研習，且應接受特殊教育教師或相關專業人員所提供之諮詢服務。

本法第十三條所稱輔導就讀特殊教育學校（班），指下列就讀情形：

一、學生同時在普通班及資源班上課者。

二、學生同時在特殊教育班及普通班上課，且其在特殊教育班上課之時間超過其在校時間之二分之一者。

三、學生在校時間全部在特殊教育班上課者。

四、學生在特殊教育學校上課，且每日通學者。

五、學生在特殊教育學校上課，且在校住宿者。

申請在家教育之身心障礙學生，除依強迫入學條例第十三條規定程序辦理外，其接受安置之學校應邀其家長參與該學生之個別化教育

計畫之擬定；其計畫內應載明特殊教育教師或相關專業人員巡迴服務之項目及時間，並經其主管鑑輔會核准後實施。

第 十 四 條　資賦優異學生入學後，學校應予有計畫之個別輔導；其輔導項目，應視學生需要定之。

第 十 五 條　資賦優異學生，如須轉入普通班或一般學校就讀者，原就讀學校應輔導轉班或轉校，並將個案資料隨同移轉，以便追蹤輔導。

第 十 六 條　各級主管教育行政機關於依本法第二十三條實施特殊教育學生狀況調查後，應建立各階段特殊教育學生通報系統，並與衛生、社政主管機關所建立之通報系統互相協調、結合。

本法第二十三條所定出版統計年報，應包含接受特殊教育服務之學生人數與比率、教育安置狀況、師資狀況及經費狀況等項目。

第 十 七 條　本法第二十六條所定提供特殊教育學生家庭支援服務，應由各級學校指定專責單位辦理。其服務內容應於開學後二週告知特殊教育學生家長；必要時，應依據家長之個別需要調整服務內容及方式。

第 十 八 條　本法第二十七條所稱個別化教育計畫，指運用專業團隊合作方式，針對身心障礙學生個別特性所擬定之特殊教育及相關服務計畫，其內容應包括下列事項：

一、學生認知能力、溝通能力、行動能力、情緒、人際關係、感官功能、健康狀況、生活自理能力、國文、數學等學業能力之現況。

二、學生家庭狀況。

三、學生身心障礙狀況對其在普通班上課及生活之影響。

四、適合學生之評量方式。

五、學生因行為問題影響學習者，其行政支援及處理方式。

六、學年教育目標及學期教育目標。

七、學生所需要之特殊教育及相關專業服務。

八、學生能參與普通學校（班）之時間及項目。

九、學期教育目標是否達成之評量日期及標準。

十、學前教育大班、國小六年級、國中三年級及高中（職）三年級學生之轉銜服務內容。

前項第十款所稱轉銜服務，依據各教育階段之需要，包括升學輔導、生活、就業、心理輔導、福利服務及其他相關專業服務等項目。

參與擬定個別化教育計畫之人員,應包括學校行政人員、教師、學生家長、相關專業人員等,並得邀請學生參與;必要時,學生家長得邀請相關人員陪同。

第 十 九 條　前條個別化教育計畫,學校應於身心障礙開學後一個月內訂定,每學期至少檢討一次。

第 二 十 條　依本法第二十九條第二項鑑定身心障礙學生之資賦優異學生及社經文化地位不利之資賦優異學生時,應選擇適用該學生之評量工具與程序,得不同於一般資賦優異學生。

依本法第二十九條第二項輔導身心障礙之資賦優異學生及社經文化地位不利之資賦優異學生時,其教育方案應保持最大彈性,不受人數限制,並得跨校實施。

學校對於身心障礙之資賦優異學生之教學,應就其身心狀況,予以特殊設計及支援。

第二十一條　主管教育行政機關對各階段特殊教育,應至少每二年評鑑一次;其評鑑項目,由各級主管教育行政機關定之。

第二十二條　本細則自發布日施行。

國家圖書館出版品預行編目資料

特殊教育導論／傅秀媚主編.
--初版.--臺北市：五南，2000[民89]
面；　公分
ISBN 978-957-11-2227-4（平裝）
1.特殊教育
529.6　　　　　　　　89014182

1IFA

特殊教育導論

主　　編 － 傅秀媚(276)
發 行 人 － 楊榮川
總 編 輯 － 王翠華
主　　編 － 陳念祖
責任編輯 － 李敏華
文字編輯 － 雅典編輯排版工作室
出 版 者 － 五南圖書出版股份有限公司
地　　址：106台北市大安區和平東路二段339號4樓
電　　話：(02)2705-5066　傳　　真：(02)2706-6100
網　　址：http://www.wunan.com.tw
電子郵件：wunan@wunan.com.tw
劃撥帳號：01068953
戶　　名：五南圖書出版股份有限公司
台中市駐區辦公室/台中市中區中山路6號
電　　話：(04)2223-0891　傳　　真：(04)2223-3549
高雄市駐區辦公室/高雄市新興區中山一路290號
電　　話：(07)2358-702　傳　　真：(07)2350-236
法律顧問　林勝安律師事務所　林勝安律師
出版日期　2000年9月初版一刷
　　　　　2013年9月初版十一刷
定　　價　新臺幣500元